アジア英語における口語表現の比較

●コーパスにもとづく分析

高橋真理子 Mariko Takahashi

Colloquial Expressions in Asian Englishes

ナカニシヤ出版

はじめに

英語の世界各地への広まりに伴い，異なる特徴を帯びた英語が各地で発達してきた。英語はアジアでも用いられ，地域ごとの特色が生まれている。特に英語が主に第二言語として話されている地域では，その地域の英語の研究が進み，記録も行われている。収集された言語データはコーパスの形で整理・公開されることがあり，アジア英語についても，コーパスが作成されてきた。アジア英語が含まれたコーパスの代表的なものに，International Corpus of English プロジェクトがある。一定の基準に合致する条件の話者が産出した英語データを，地域ごとにまとめたコーパスを用いると，各地域の英語の特徴を比較することができる。

本書は著者が 2016 年 3 月に京都大学大学院人間・環境学研究科から博士の学位を授与された博士論文および，2013 年 3 月から 2018 年 3 月までに刊行した論文の一部を英語から日本語に翻訳し，加筆・修正を行ったものである。主に会話で使われる表現，すなわち口語表現の中から，付加疑問文，不変化タグ，曖昧表現の general extenders，そして be like などの新しい引用表現の 4 つに焦点をあて，これらの表現のアジア英語における特徴を探るために，International Corpus of English から香港英語，フィリピン英語，インド英語，シンガポール英語のコーパスを使用した分析を行った。

第 1 章では研究の背景と目的および使用したコーパスについて述べる。第 2 章は付加疑問文，第 3 章は不変化タグ，第 4 章は general extenders，第 5 章は新しい引用表現についてである。手法については各章で述べる。第 6 章では，日本人話者の英語特徴に触れ，今後の研究の展望について述べる。

博士論文および既刊論文との主な対応は，以下のとおりである。詳細な論文名等については，引用文献に記してある。

第 1 章… Takahashi（2016a）に部分的にもとづく

第 2 章… Takahashi（2013），Takahashi（2014a），Takahashi（2016a）にもとづく

第 3 章… Takahashi（2014d），Takahashi（2016a），Takahashi（2016b）にもとづく

第 4 章… Takahashi（2015），Takahashi（2016c）を元に再構成

第 5 章… Takahashi（2014b），Takahashi（2018）を元に再構成

第 6 章… Takahashi（2014c），Takahashi（2016a）に部分的にもとづく

International Corpus of English プロジェクトで収集されたアジア英語のデータは，主に 1990 年代から 2000 年代前半にかけてのデータであるため，そのデータを用いた研究を，2022 年現在あらためてまとめることで，21 世紀を迎えた前後のアジア英語の特徴の記録の一つとできると考えている。

本研究にあたり，京都大学大学院でご指導くださった齋藤治之先生に，心から感謝申し上げます。また，本書の出版にあたり，ナカニシヤ出版の宍倉由高様には，大変お世話になりました。深く御礼申し上げます。

2022 年 10 月 12 日

高橋真理子

目　次

第 1 章
研究の背景と目的および使用コーパス

第 1 章では研究の背景にある枠組みとして，世界諸英語（World Englishes）およびアジア英語（Asian Englishes）の分野について概観し，本書で扱う言語事象の位置づけおよび本書の目的を示したい。さらに，本書で使用した主なコーパスである International Corpus of English プロジェクトについて述べる。

1.1 世界諸英語（World Englishes）

世界諸英語とは，英語の広まりと多様化を探究し，それが世界の国と地域に与える影響を研究することを目的とする，学際的な分野である。たとえば，B. B. Kachru, Y. Kachru, and Nelson（2006）によると，「前例のない英語の世界への広がりに関する理論的，イデオロギー的，応用的，教育学的概念の重要な側面」（p. 1）などが，世界諸英語の分野で探索される。この分野においては，英語の多様性に焦点があてられるため，English という単語が Englishes と複数形で用いられている。よって，アジアの英語変種を集合的に英語で示す際は，Asian Englishes（アジア英語）と複数形で示される[1)]。以下では，まず英語の世界への広まりを時系列に従い概観した上で，現在の英語の状況について簡潔に述べたい。そして，英語の広まりの影響および，それに対する反応についてまとめる。

1.1.1 歴史的文脈

Jenkins（2015）によると，17 世紀の初めには，英語話者はわずか数百万人しかいなかった。それ以来，英語話者の数は急激に増加し，21 世紀の初めには

1）日本語に訳す場合は，アジア諸英語ではなくアジア英語と示される場合が多い。

「20 億人にも」なった（p. 2）。この節では時系列に沿って，英語の広まりと話者数の増加を概観する。

英語の起源

英語はインド・ヨーロッパ語族のゲルマン諸語に属する言語である（King, 2006a）。英語の起源に関する以下のまとめは，Barber（2000）および Gooden（2009）にもとづいている。英語の原形は，今から 1500 年以上前に，アングロ・サクソン人のイングランドへの移住に伴って，イギリスに初めてもたらされた。つまり，古英語は 5 世紀に，アングロ・サクソン人とともに，現在のイギリスに「到着」したのである。英語にとって最初の転機となったのは，11 世紀にノルマン人がイングランドに侵入してきた時であった。1066 年のノルマン征服により，フランス語が支配階級の言語となったのであった。その結果，ノルマン人の支配下にあった時代の英語は，フランス語の影響を大きく受け，英語は後に中英語と呼ばれる形に発展していった。その後，フランスとイングランドの敵対関係が強まると，再び英語が，この地域の支配的な言語となった。15 世紀後半からの英語は，現在，初期近代英語と呼ばれている。この時期に始まった大母音推移により，英語の発音は大きく変化した。発音の大きな変化は 17 世紀末までに完了し，この頃の英語は現在使われている英語に近いものになった。この時期までに，英語はイングランドだけでなく，ウェールズ，アイルランド，スコットランド，つまり，現在のイギリスおよびアイルランドに広がっていた。また，「新世界」にイギリスの植民地ができたことで，英語は世界各地に広がり始めていた。

「離散」の第一段階

イギリスとアイルランドから外への英語の広まりは，英語の「離散」と呼ばれることがある。Jenkins（2015）によると，英語の「離散」の第一段階とは，北アメリカ（アメリカ合衆国およびカナダ），オーストラリア，そしてニュージーランドへの英語の広まりのことである（pp. 6–8）。これらの地域に英語が広まったのは，17 世紀初期に始まった，イギリスによる入植がきっかけであった。現在，これらの地域では，人口の大半が英語を第一言語として話していて，内部圏（The Inner Circle）と呼ばれている（例：B. B. Kachru, 1992）。英語はそれぞれの地域で変化を続け，今日のアメリカ英語（例：Schneider, 2006），カナダ英語（例：Boberg, 2004），オーストラリア英語（例：Kiesling, 2006），ニュージーランド英語（例：Bauer & Warren, 2004）へと発達した[2)]。この時期に英語はカリブ地域へも広まり，そこでは主に，英語にもとづくピジンやクレオールへと発達した（Jenkins, 2015, p. 6）。

「離散」の第二段階

英語の「離散」の第二段階は主に，英語のアフリカとアジアへの広まりを指し示す（Jenkins, 2015, pp. 8–10）。この広まりは，大半が18世紀に始まった，イギリスの植民地建設の結果であった。アフリカでは英語は南アフリカ（南アフリカ共和国，ボツワナ，レソト，ナミビア，ジンバブエなど），東アフリカ（ケニア，タンザニア，ウガンダ，マラウイ，ザンビアなど），西アフリカ（カメルーン，ガーナ，リベリア，ナイジェリア，シエラレオネなど）へと広まった（Crystal, 2003, pp. 49–54; Kirkpatrick, 2007, pp. 100–116）。特に西アフリカには，英語は早くは15世紀末期から広まり始めていた。しかし，西アフリカが植民地とされる過程においては，イギリス人の大規模な移住を伴わなかったため，この地域では英語にもとづくピジンやクレオールが発達した。

アジアにおいても，植民地化の結果として，英語は東南アジアと南太平洋地域（香港，マレーシア，パプアニューギニア，フィリピン，シンガポールなど）と南アジア（バングラデシュ，ブータン，インド，ネパール，パキスタン，スリランカなど）へと広まった（Kirkpatrick, 2007, pp. 84–98, 118–152; Honna, 2008; Murata & Jenkins, 2009）。アジアのこれらの地域および過去にイギリス（もしくはアメリカ合衆国）の植民地であったアフリカの地域は，外部圏（The Outer Circle）と呼ばれ，英語の公的な地位が保たれていることが多い（B. B. Kachru, 1992）。外部圏では英語は第一言語ではなく第二言語として，主に用いられている。

---

2) King（2006b）やDouglas（2006）など，研究者によっては，英語の広まりのこの段階を「離散」の第二段階とみなしている。その場合，英語のウェールズ，アイルランド，スコットランドへの広まりを「離散」の第一段階と考える。本書ではJenkins（2015）の分類に従う。

英語はさらに東アジア（日本，韓国，中国，台湾など），大陸ヨーロッパ（ドイツ，ノルウェー，フィンランドなど），そして世界の他の国々（サウジアラビア，カザフスタン，ブラジルなど）にも広まった。これらの地域への英語の広まりは，植民地化によるものではなかった。人々は英語を外国語として学び，英語は公的な地位は与えられていない。そのような地域は拡張圏（The Expanding Circle）と呼ばれている（例：B. B. Kachru, 1992）。なお，これらの地域への英語の広まりは，「離散」の新たな段階とみなすことができると，Y. Kachru and Smith（2008）は述べている（p. 5）。

1.1.2 現在の英語話者

この節においては，現在の英語話者について，英語の話者数と英語の分類という２つの観点から概観する。

英語の話者数

世界の英語話者数を推測するのは難しい。話者数は常に変化する上に，「英語話者」の定義も問題となるからである。Crystal（2003）においては，複数の統計データにもとづいた英語話者数の推定が試みられた。その後も英語話者数は変化しているが，Crystal（2003）による推計は総合的なデータとして，Jenkins（2015）など，その後の研究で長らく参照されている。

Crystal（2003）は，内部圏および外部圏の英語話者数の詳細なリストを作成した（pp. 62-65）。そのリストにおいては，75の国・地域について，2001年時点の人口，英語を第一言語（L1）として使う話者数，そして英語を第二言語（L2）として使う話者数が示されている。本書で使用した主なコーパスのデータは，1990年代から2000年代の初めに収集されたデータであるため，Crystal（2003）のリストから，本書で扱う国・地域を含めて，以下にいくつか抜粋する：オーストラリア（人口: 18,972,000, L1: 14,987,000, L2: 3,500,000），バングラデシュ（人口: 131,270,000, L2: 3,500,000），カメルーン（人口: 15,900,000, L2 クレオール: 7,700,000），カナダ（人口: 31,600,000, L1: 20,000,000, L2: 7,000,000），香港（人口: 7,210,000, L1: 150,000, L2: 2,200,000），インド（人口: 1,029,991,000, L1: 350,000, L2: 200,000,000），アイルランド（人口: 3,850,000,

L1: 3,750,000, L2: 100,000），ケニア（人口: 30,766,000, L2: 2,700,000），ニュージーランド（人口: 3,864,000, L1: 3,700,000, L2:150,000），ナイジェリア（人口: 126,636,000, L2 クレオール: 60,000,000），フィリピン（人口: 83,000,000, L1: 20,000, L2: 40,000,000），シンガポール（人口: 4,300,000, L1: 350,000, L2: 2,000,000），南アフリカ共和国（人口: 43,586,000, L1: 3,700,000, L2: 11,000,000），スリランカ（人口: 19,400,000, L1: 10,000, L2: 1,900,000），イギリス（人口: 59,648,000, L1: 58,190,000, L2: 1,500,000），アメリカ合衆国（人口: 278,059,000, L1: 215,424,000, L2: 25,600,000）。

このような統計データにもとづき，Crystal（2003）は内部圏にはおよそ4億人，外部圏にはおよそ4.3億人の英語話者がいると推定した。そして拡張圏にはおよそ7.5億人の英語話者がいると推定し，初級レベルの英語話者を含めると，拡張圏の英語話者は10億人を超す可能性があると述べた（pp. 67–68）。

英語の分類

世界諸英語の分野における代表的なモデルは，Braj B. Kachru によって提唱された「英語の3つの同心円のモデル」（例：B. B. Kachru, 1985; 1992; 2005）である。このモデルは世界諸英語の研究において，広く参照され続けてきた（例：Crystal, 2003; Y. Kachru & Nelson, 2006; Kirkpatrick, 2007; Y. Kachru & Smith; 2008, Jenkins, 2009; Seargeant, 2012）。このモデルにおいては，上述のように，英語が使われている国・地域が3つの同心円，すなわち内部圏・外部圏・拡張圏に分類されている。

内部圏とは，人口の大半が英語の第一言語話者である地域で，アメリカ合衆国[3]，イギリス，アイルランド，カナダ，オーストラリア，ニュージーランドなどを含む。外部圏とは，植民地時代に英語がもたらされ，それに伴い現在も英語が公的な地位を持ち続けていることが多い地域である。英語は地域の言語に加えて，主に第二言語として用いられ，行政や教育といった公的な場面で用いられる。たとえば，シンガポール，香港，フィリピン，インド，ナイジェリア，カメルーン，ケニアなどが外部圏に分類される。拡張圏とは，英語が公的

3）以下ではアメリカ合衆国のことはアメリカとする。

な地位をもたず，重要な外国語として学習されている地域のことである。たとえば，日本，中国，サウジアラビア，ロシア，イタリア，メキシコなどは拡張圏に分類される。このモデルには，外部圏と拡張圏を明確に区別しすぎであるといった批判もあるが（例：Hino, 2012, pp. 29-30），世界諸英語の分野において，現在も大きな影響力をもっているモデルである。

英語の分類のための他のモデルには，英語をネイティブ英語（ENL），第二言語としての英語（ESL），外国語としての英語（EFL）に分類するものがある（例：Seargeant, 2012, p. 28）。ENL に分類される地域はおおまかに内部圏に，ESL は外部圏に，EFL は拡張圏と対応する。３つの同心円のモデルと ENL/ESL/EFL モデルとの違いの１つは，前者は英語の多様性を強調する点にある（Kirkpatrick, 2007, p. 28）。また，ESL と EFL の区別は，常にはっきりしたものではない。たとえばCrystal（2003）は英語に関して，「『第二言語』（L2）としての使用と『外国語』としての使用の区別は，現在では以前ほど妥当ではない」（p. 67）と指摘した。

世界諸英語に関する英語の分類モデルは，他にも提唱されてきた。たとえば，McArthur（1998）は仮想の「世界標準英語」を中心に据え，その周囲に，英語が使われている地域を８つに分類したモデルを作成した。また，Yano（2009）は地理的な側面に，地域間のコミュニケーションにおける英語運用能力を加味した，３次元の円柱モデルを示した。そして，Pennycook（2009）は地域的側面よりも，話者自身と英語使用の文脈に焦点をあてた，３次元の直方体の英語使用モデルを提唱した。このように，英語が世界の多くの国・地域で使われているからこそ，分類のために様々なモデルが作成されてきたのである。

1.1.3 英語（Englishes）への反応

英語が国際的な言語になるとともに，英語の広まりに関する様々な事象が生じてきた[4]。この節では，世界諸英語の分野における主要な研究テーマのいくつかに焦点をあて，英語の普及の影響および，それに対する反応について簡潔に探索する。

4）Phillipson（1992; 2009）が，英語の広まりが言語帝国主義につながったと指摘したように，英語の広まりそのものに対する否定的な反応もある。

様々な英語の記述

世界諸英語の分野における研究の中心の１つは，多様化した英語の特徴を記述することである（例：Kirkpatrick, 2007, p. 1)。本書で扱う分析は，アジア英語の記述・比較に関するものであるため，このカテゴリーに属する。

イギリス英語やアメリカ英語など内部圏の英語，つまりネイティブ英語の特徴に関する研究は非常に多くなされてきた。たとえば Finegan（2004）はアメリカで話されている言語についてまとめ，その中でアメリカ英語についての記述も行った。また，Algeo（2006）はイギリス英語とアメリカ英語を，品詞および統語構造の観点から詳細に比較した。そして，世界諸英語が分野として確立されていく中で，外部圏の英語の記述に関する研究も蓄積されてきた。たとえば，B. B. Kachru（1990）は，南アジアの英語に関する研究の中で，南アジアで話されている英語の言語的特徴についての記述も行った（pp. 38-45)。また，Lim（2004）は口語的なシンガポール英語の構造的特徴を，Grammar of Spoken Singapore English Corpus というコーパスにもとづいて記述した。研究者が関心を向けてきた英語には，他にインド英語（例：Sedlatschek, 2009)，香港英語（例：Setter, Wong, & Chan, 2010）などがある。このような英語の記述的な研究においては，対象とされた英語の音声的・音韻的・形態的・統語的・語彙的・談話的特徴などの記述が行われてきた。

言語態度

言語態度とは，言語変種に対して人々が抱く意識的・無意識的な考えのことである。言語態度は，発音，統語構造，語彙など，言語のあらゆる側面に向けられている（Garrett, 2010, p. 2)。たとえば，Lai（2005）は，香港の中学生の広東語，英語，標準中国語に対する言語態度を調査した。この研究において Lai (2005) は，アンケート，Matched Guise 法，インタビューを用いてデータを収集し，そのデータを統合的志向と道具的志向の２つの側面から分析した。Matched Guise 法とは，同じ話者が異なる発音で読み上げた同じテキストを参加者が聞き，「話者」への印象を形容詞対で評価することで，異なる発音への言語態度を探る方法である。その結果，当時の香港の中学生は，広東語に対して高い統合的志向をもち，英語に対しては高い道具的志向をもっていたことが明らかにされた。

世界諸英語の分野における言語態度の研究は主に，様々な英語変種の発音（アクセント）に着目してなされてきた。たとえば Dailey, Giles, and Jansma（2005）は，声質・話すスピードの似通った，英語の発音が異なる話者が同じテキストを読み上げた Verbal Guise 法を用いて，アメリカ標準英語の発音とヒスパニック系の英語の発音への反応を調査し，実験参加者の民族性にかかわらず，アメリカ標準英語のアクセントが高く評価される傾向を見出した。また，Tokumoto and Shibata（2011）では，日本・韓国・マレーシアの大学生が，それぞれの英語アクセントについて抱いている言語態度が調査された。アンケート調査の結果，マレーシア人大学生はマレーシア英語の発音に対して肯定的な態度を抱いているが，日本人大学生は日本英語の発音に対して，韓国人大学生は韓国英語の発音に対して，否定的な態度を抱いていることが示された。特に，日本人大学生の日本英語発音への態度は，強く否定的であったという指摘もなされた。

Takahashi（2012）は，Verbal Guise 法ならびにアンケートによって，日本人大学生の日本英語，中国英語，アメリカ英語への言語態度を分析した。t 検定，因子分析，相関分析を用いた分析の結果，日本人大学生は異なる英語に対して，親近感（solidarity）と地位（status）の観点から，複雑な言語態度を抱いていることが明らかになった。親近感の面においては，研究参加者は「自分のものではない」中国英語を最も高く評価し，次に日本英語の評価が高く，最も評価が低かったのは，ネイティブ英語であるアメリカ英語であった。一方，地位の面においては，参加者はアメリカ英語を，日本英語と中国英語よりも高く評価した。この結果から，Takahashi（2012）においては，日本人大学生は実は，日本英語に対して両価的な態度を抱いていることが明らかとなった。また，英語学習への動機および英語教師に関する好みと，言語態度の差異には，いくらかの相関がみられた。たとえば，日本英語と比べてアメリカ英語を高く評価した参加者は，英語学習の動機として，より高い統合的動機を示す傾向にあった。このように，英語の多様化に伴い，世界諸英語の分野においては言語態度もテーマの１つとして関心を集めてきた。

英語の多様化と英語教育

英語の広まりと多様化への反応は，英語教育の分野にもみられる。最も議論の的となってきたのは，どの英語を英語教育における規範とするかという点である（例：Matsuda & Friedrich, 2011; 2012）。日本など拡張圏の国では特に，アメリカ英語とイギリス英語を中心とする内部圏の英語が，英語教育における規範として伝統的に用いられてきた（例：Matsuda, 2009; Yoshikawa, 2005）。しかし，この流れを批判し，地域の英語を英語教育で用いる，もしくは少なくとも地域の英語に英語教育で触れるべきだという考え方もある（例：Hino, 2012; Honna, 2006; McKay, 2002）。

さらに，英語は現在では，第二言語もしくは外国語話者同士のコミュニケーションにおいて使われることが多いという考え方にもとづいた提案が，英語教育に対してなされてきた。つまり，リンガフランカ（Lingua Franca: 共通語）としての英語の役割を重視する考え方である（例：Seidlhofer, 2011）。たとえば，Jenkins（2000）が提唱したLingua Franca Coreは，そのような提案の例である。Lingua Franca Coreとは，第一言語を異にする英語話者同士が話す際に，互いが理解できるようにするために必須の音韻的特徴の一覧で，単語の冒頭の子音連結を簡略化しないこと，などが含まれている。Lingua Franca CoreはJenkins（2002; 2006）やWalker（2010）でも扱われている。

世界諸英語の概念を反映させた教科書も作成されてきている。日本の例をあげると，たとえばHonna, Takeshita, and D'Angelo（2012）は日本の大学生向けの教科書で，大学生が国際語としての英語の役割について学び，考えられるよう構成してある。具体的には，アジアのリンガフランカとしての英語の役割といった，世界諸英語の主要なトピックに関するリーディング，内容理解問題，およびディスカッション問題が含まれている。また，Shishido, Allen, and Takahashi（2012）に始まるAFPシリーズは，Agence France-Presse（フランス通信社）のニュース素材を用いた大学生向けの英語総合教材である。世界諸英語の立場で作られた教科書ではないが，特にShishido, Allen, and Takahashi（2014）は，各ユニットで異なる国からのニュース素材を用い，現地の人への英語インタビューが含まれるニュースも多いため，学生が各地の英語に触れることができる。そのニュースのリスニング問題，また関連する内容のオリジナルエッセイにもとづくリーディング問題，さらにはディスカッション問題を通して，英語スキルとともに批判的思考力の養成を目指す構成になっている。Shishido, Murphy, and Takahashi（2016）以降でも，様々な発音の英語話者が登場するニュース素材が使われている。

その他

英語の広まりに関しては，他にも様々な問題やトピックがある。現地の英語で書かれた文学の分析もその 1 つである（例：Lowry, 1992; Thumboo, 1992)。たとえば，Bamiro（2011）は英語で書かれたナイジェリア文学を分析し，著名なナイジェリア人作家 Wole Soyinka と Chinua Achebe が書いた小説が，「支配的な言説と周縁化された言説の間に弁証法を確立」した「超文化的な創造性」を明確に示したと指摘した（p. 14)。また，外部圏や拡張圏のポピュラー文化における，英語の使用も研究されてきた（例：Lee & Moody, 2011)。Takahashi and Calica（2015）は，日本のポピュラー音楽における英語使用の頻度および社会言語学的機能を，2013 年に日本で最も売れた CD シングル 100 曲の歌詞の形態的・統計的分析にもとづいて探索した。その結果，歌詞の全トークン数の 15.0%，全タイプ数の 11.4%が英語で，英単語ごとの頻度は Zipf 分布に近似していた。また，回帰分析により，若手の男性歌手の CD シングルに最も英語が多く使われている傾向が明らかになった。英語は指示的機能を担うだけでなく，言葉遊び，コードの曖昧化（英語と日本語どちらにも聞こえ，両方の意味を同時に担わせる)，大胆な感情表現など，日本語だけでは表現することのできない様々な目的に使用されていた。よって，Takahashi and Calica（2015）においては，英語は日本のポピュラー音楽において，その使用頻度の高さに加え，日本の文化的文脈の中でイメージを作り上げるという，ユニークかつ重要な役割を果たしていることが明らかとなった。

理解度，すなわち多様化した英語を互いが理解できるかということも，重要な研究課題とされてきた。理解度に関する影響力のある枠組みは，Smith and Nelson（1985）が提唱した枠組みである。その枠組みでは理解度が intelligibility（明瞭性：単語・発話の要素が認識されるか)，comprehensibility（理解可能性：単語・発話の意味が理解されるか)，interpretability（解釈可能性：単語・

発話の意図や目的が伝わるか）の3つの側面から捉えられている（C. Nelson, 2008; 2011も参照）。この枠組みにもとづき，たとえばKirkpatrick, Deterding, and J. Wong（2008）は香港英語の理解度に関する研究を行った。方法としてはリスニングのタスクを用い，教育を受けた話者によって話される香港英語は，国際的な場面で理解度が高いことを示した。

このように，英語の広まりと多様化に伴って，世界諸英語の分野においては，様々な観点から研究が重ねられてきた。本書で扱う研究は，既述のように「様々な英語の記述」のカテゴリーに属する。次に本書で扱う言語事象の位置づけおよび本書の目的について，より具体的に説明する。

1.2 本書で扱う言語事象の位置づけおよび本書の目的

1.1.2で示したように，現在では，英語話者は内部圏よりも外部圏・拡張圏に多い。そして，英語を第一言語ではなく第二言語もしくは外国語として使う話者は急激な増加を続け，その数は第一言語話者を大きく上回っている（Jenkins, 2015, p. 2）。世界に広まった英語は「文化的な変容（acculturation）と現地化（nativization）」によって，多様な英語へと変化を遂げてきた（Y. Kachru & Smith, 2009, p. 3）。アジアの多くの国・地域で，英語は重要な言語として使用されたり学ばれたりしてきたため，アジアでは英語の現地化が長らく見受けられてきた（例：B. B. Kachru, 2005; Y. Kachru & Nelson, 2006）。そして特に，英語が公的な地位をもつ地域において，英語の地域的な特徴が発達してきた（Honna, 2008, pp. 19-21）。よって，アジアの様々な英語の特徴についての記述および比較研究を行うことは，アジア英語の特徴を記録するために重要である。そこで，本書ではアジア英語に焦点をあて，いくつかの言語事象の特徴について，コーパスを用いた分析を通して記述・比較し，記録することを目的とした。

アジア英語にも様々な英語があるが，本書で主に扱うのは香港英語・フィリピン英語・インド英語・シンガポール英語の4つの英語である。これらは外部圏に分類されるアジア地域の主要な英語であり，後述のように，同一の構造のコーパスによって，正確な比較研究が可能な英語であったため，研究対象として選択した。既述のようにCrystal（2003）によると，この4つの地域の英語話者数は以下のとおりであった：香港（人口: 7,210,000, L1: 150,000, L2: 2,200,000），フィリピン（人口: 83,000,000, L1: 20,000, L2: 40,000,000），インド（人口: 1,029,991,000, L1: 350,000, L2: 200,000,000），シンガポール（人口: 4,300,000, L1: 350,000, L2: 2,000,000）（pp. 62-65）。このように，これらの地域では英語は第一言語ではなく，主に第二言語として用いられてきた。英語は香港，フィリピン，シンガポールの公用語の1つであり，インドの準公用語である。主な分析・比較対象は，これら4つのアジア英語であったが，章ごとに必要に応じて内部圏の英語との比較も行った。さらに，拡張圏の英語の1例として，日本人話者の英語を第6章では扱う。一般的に，第一言語としての英語はネイティブ英語と呼ばれ，第二言語もしくは外国語としての英語は非ネイティブ英語と呼ばれてきたため，その呼称を用いる箇所もある。

本書で扱う言語事象は付加疑問文，不変化タグ，曖昧表現のgeneral extenders，そしてbe likeなどの新しい引用表現の4つである。主に会話において出現する言語表現，つまり口語表現の中から4つを選択した。以下に，それぞれの言語事象および各言語事象の研究意義について簡潔にまとめる。詳しい定義や先行研究については，各章において扱う。なお，先行研究については，博士論文および既刊論文を元にするという本書の性質に鑑み，原則として各論文の出版時点までの先行研究について扱う。引用方法はAPAの第6版に従うこととする。

1.2.1 **付加疑問文**

第2章で扱う言語事象は付加疑問文である。英語の付加疑問文（tag questions）とは，主節（anchor）と，それに付属するタグ（tag）からなる疑問構文である（Huddleston, 2002a, pp. 891-895）。英語の付加疑問文は，主節に合わせてタグの部分が変化し得るという特徴を帯びていて（Kimps, 2007, p. 271），疑問構文の習得の最終段階において習得される構文である（Brown, 1973, p. 103）。具体例をあげると“You are a university student, aren't you?” “He plays soccer, doesn't he?” “English is an international language, isn't it?” にみられる構文が，付加疑問文である。どの型の文・節・句でも主節部分に用いられ，タグ部分には補助動詞と人称代名詞が，この順序で含まれる。典型的には，タグの補助動詞と主節の補助動詞は一致し，主節に含まれるのが本動詞で補助動詞がない場合は，タグには do の活用形が用いられる。同様に，タグの代名詞と主節の主語は，典型的には同じものを指し示す。これは典型的な傾向であり，主節とタグは，必ずしもこのように一致するとは限らない。タグには肯定形と否定形があり，否定形の場合は総合的否定（synthetic negation）と分析的否定（analytic negation）のどちらも使われ，aren't they または are they not といった形をとる。付加疑問文は主節とタグの極性が反対の場合は「極性不一致の付加疑問文」，同じ場合は「極性一致の付加疑問文」と呼ばれる（Bieber, Johansson, Leech, Conrad, & Finegan, 1999, pp. 208-210; Huddleston, 2002a, pp. 891-895; Quirk, Greenbaum, Leech, & Svartvik, 1985, pp. 810-813 なども参照）。

付加疑問文について，アメリカ英語やイギリス英語などのネイティブ英語に関しては，音声学・音韻論・統語論・意味論・語用論・社会言語学・歴史言語学など，様々な観点から多くの研究がなされてきた（例：Algeo, 1988; Kimps, 2007; Násslin, 1984）。また，異なるネイティブ英語における付加疑問文の比較研究も，たとえば Algeo（2006, pp. 293-303）や Tottie and Hoffmann（2006）などで行われてきた。非ネイティブ英語の付加疑問文に関する研究も，いくつか行われてきている。たとえば，W. Cheng and Warren（2001）や M. Wong（2007）は香港英語における付加疑問文を分析し，Borlongan（2008）はフィリピン英語における付加疑問文の分析を行った。しかし，ネイティブ英語の付加疑問文の研究に比べ，非ネイティブ英語の付加疑問文の研究は少ない。また，異なる非ネイティブ英語における付加疑問文の，特徴および機能についての体系的な比較研究は，ほとんど行われてこなかった。よって，主節とタグからなる複雑な構造をもつ付加疑問文について，アジア英語における特徴と機能を分析して記述と比較を行うことには，意義があると考えられる。

付加疑問文はコミュニケーションにおいて，発話内容に何らかの語用論的意味を付加するために用いられる。付加疑問文のタグ部分は主に発話の最後に出現する。同様に発話の最後に付加され，機能面においても付加疑問文と重なる部分のある言語事象に，不変化タグがある（例：Columbus, 2010b; Stubbe & Holmes, 1995）。そこで，第3章では不変化タグを取り上げる。

1.2.2 不変化タグ

第3章で扱う言語事象は不変化タグである。英語の不変化タグとは，発話に付加される一群の談話標識であり，付加される主節によって，それぞれの不変化タグの形が変化することはない（Columbus, 2010b, pp. 27-28）。具体例をあげると，“You are a linguistics major, right? ”における right，“The view from this balcony is amazing, eh?”における eh は，不変化タグの例である。不変化タグは，話し相手から返事やフィードバックを得るために用いることができ，発話の命題に何らかの意味を付け加えることができるという特徴をもつ（例：Algeo, 2006, pp. 302-303; Bieber et al., 1999, p. 210）[5)]。疑問構造の習得順序においては，付加疑問文よりも先に習得される（Brown, 1973, p. 103）。

これまでの研究においては，1つの英語に着目して，その英語の不変化タグについての分析・記述が行われることが主であった。たとえば，Gold（2004）はカナダ英語の特徴的な不変化タグとされている，eh のカナダ英語における使用について，研究を行った。他にも，アメリカ英語の hunh に着目した Norrick（1995），シンガポール英語の lor に焦点をあてた Wee（2002）など，1つの英語に関する研究は蓄積されてきた。いくつかの英語における不変化タグの比較研究に目を向けると，Columbus（2009）はイギリス英語，ニュージーランド英語，インド英語，シンガポール英語，香港英語の不変化タグの形式について，詳細な分析を行った。そして，Columbus（2010a, 2010b）はイギリス英語，ニュージーランド英語，インド英語の不変化タグの機能について分析した。このように注目すべき研究がなされてはいるものの，英語の不変化タグに関する体系的な比較研究は限られている。不変化タグは形式が変わることなく発話に付加されるため，地域の言語の影響を受けやすい可能性がある。そこで，アジア英語の不変化タグについて，コーパスを用いて体系的に分析し，記述および比較する意義があると考えられる。

1.2.3 曖昧表現の general extenders

第4章で扱う言語事象は曖昧表現のひとつの general extenders である。付

5）不変化タグは response elicitor など，他の名称で呼ばれることもある。これについては第3章で述べる。

加疑問文や不変化タグと同様，主に文末に出現する表現であるが，疑問構造という枠組みには入らない。曖昧表現が会話の中で用いられる理由には，「正確な表現」に比べて，意図・含意を効果的に伝えられることがあげられる（Jucker, Smith, & Lüdge, 2003）。英語の主に会話において使用される一連の曖昧表現に，general extenders と呼ばれる言語事象がある。General extenders は「発話に何らかの延長を行うことで一般化する」という意味をもつが，日本語の適訳が存在しないため，本書では英語の用語のまま，もしくは短縮形の GE を用いる。General extenders は or something like that や and all other things のように，典型的には接続詞と名詞句で構成され，主に発言の最後に出現する（Martínez, 2011）。文における具体例をあげると，“The name of the shop was Café Maple or something.” の or something や，“I've bought bread, cheese, ham, vegetables, and everything.” の and everything や，“I'm interested in fantasy novels and stuff like that.” の and stuff like that は GE の例である。GE は and で始まる順接の GE（adjunctive general extenders）と逆接の GE（disjunctive general extenders）の 2 つに大きく分けられる。

この言語事象に関する研究も，内部圏の英語であるアメリカ英語（例：Overstreet & Yule, 1997），イギリス英語（例：Martínez, 2011），カナダ英語（例：Tagliamonte & Denis, 2010）などについての研究が中心となってきた。単一の英語に関するものが多く，たとえば Tagliamonte and Denis（2010）においては，カナダ英語において最も頻繁に使われる GE は and stuff と or something であることが特定された（pp. 13-14）。また，英語教育の文脈において，英語の第一言語話者と学習者が使用する GE の違いに焦点があてられることもあった（例：Fernandez & Yuldashev, 2011; Watanabe, 2010）。一方，外部圏の GE 使用については，たとえば Aijmer（2013）が GE 使用に関する英語間の比較研究を行った際に，内部圏からの 5 つの英語に加えて，外部圏のシンガポール英語を扱った例などはあるが，あまり注目されてこなかった。よって，アジアの他の英語についても，GE の特徴や機能を分析することで，アジア英語における GE 使用について，記述・比較することができると考えた。

1.2.4 新しい引用表現

第 5 章で扱う言語事象は「新しい引用表現」である。付加疑問文，不変化タグ，general extenders のように，主に文末に出現する表現ではないが，会話で主に使われる「新しい」表現であることから，コーパスを使った記述・比較の一例として本書に含めることにした。会話においては，他者の発言や自分の過去の発言を直接引用する際に，引用であることを示すための表現が用いられる。直接引用をする際に従来，用いられてきた主要な動詞は say であった。具体例をあげると，“Why did you go to that restaurant?” “Because my friend Cindy said, ‘it’s very pretty.’” の say の過去形 said は，直接引用を示すために使われている。一方，近年では be like や go といった表現も，直接引用を示す際に使われることがある（例：Buchstaller, 2013; Barbieri, 2009; Tagliamonte & Hudson, 1999）。つまり，“I told her I wanted to visit Paris but she was like ‘I have been there before, so I want to go somewhere else.’” の be like の過去形 was like のような，従来とは異なる引用表現が「新しい引用表現」と呼ばれる。

新しい引用表現については，内部圏の英語において，詳しく研究がなされてきた。be like の引用表現としての使用は，カリフォルニアに起源があるとされているため（D’Arcy, 2007），特にアメリカ英語に関する研究が蓄積されてきた。たとえば，Romaine and Lange（1991）は，アメリカ英語における新しい引用表現の初期の研究であり，新しい引用表現の文法化過程において，go は動作を示す動詞であるため「遠称の」引用表現として用いられるようになり，be like は話者が自分の内的な感情を示すことができるため「近称の」引用表現として用いられるようになってきたと述べた（pp. 265–266）。英語間の比較研究としては，たとえば Buchstaller（2008）はアメリカ英語とイギリス英語における GE の比較を行い，Buchstaller（2013）で，さらに詳細にアメリカ英語およびイギリス英語の GE の特徴について検討している。また，Buchstaller（2013）では新しい引用表現が多様な英語で使われていると述べられ，シンガポール英語や香港英語などの具体例もいくつか示された。また，Sand（2013）では，新しい引用表現のシンガポール英語における使用についての分析も含められた。しかし，アジア英語における新しい引用表現の使用についての，体系的な比較研究はほとんど行われてこなかった。よって，複数のアジア英語での新しい引用表現に着目することは，アジア英語の記述・記録にとって意義があると考えた。

1.3 使用コーパス

それぞれの言語事象に関する体系的なデータを分析するために，本書では主に International Corpus of English プロジェクトにおいて編纂されたコーパスを用いた。それぞれの言語事象に合わせて，コーパスからの抽出等において異なる手法を用いたため，手法については各章で述べる。本節では，International Corpus of English についてまとめ，本書でデータ抽出の対象となった具体的なコーパスについて説明する。

International Corpus of English（ICE）は，世界の様々な国・地域の英語のデータを体系的に収集することを目的とした，1990 年に開始された国際的なプロジェクトである。Greenbaum（1996）によると，プロジェクトの目的は以下のとおりであった：

> ICE（International Corpus of English）は 20 以上の国に住む研究者による，大掛かりなプロジェクトである。その主な目的は，英語が主要な第一言語である国（カナダやオーストラリアなど），もしくは公用語や第二言語の 1 つとする国（インドやナイジェリアなど）で使われている英語を，比較研究するための資源を提供することである。どちらの言語状況においても，英語はこれらの国に住む人々の間で，コミュニケーションの手段として使われている。
>
> ICE が比較研究のために提供する言語資源は，プロジェクトへの参加各国の，英語の書き言葉や話し言葉のサンプルを集めたコンピュータ・コーパスである。ICE プロジェクトは，ほとんどの国にとって，その国で使われている英語に関する，初めての体系的な研究を促している（p. 3）。

2015 年 1 月末の時点では，プロジェクトには 26 チームが参加していた。すなわち，オーストラリア，バハマ，カナダ，東アフリカ，フィジー，ガーナ，ジブラルタル，イギリス，香港，インド，アイルランド，ジャマイカ，マレーシア，マルタ，ナミビア，ニュージーランド，ナイジェリア，パキスタン，フィリピン，スコットランド，シンガポール，南アフリカ，スリランカ，トリニダード・トバゴ，ウガンダ，アメリカの26チームであった。また，データ収集を完全に終えて公開済みのコーパスは10コーパスで，そのうち7コーパス（カナダ，東アフリカ，香港，インド，ジャマイカ，フィリピン，シンガポール）が，2015年時点では，学術目的であれば無料かつ自由に利用できるものであった。また，その他3コーパス（ナイジェリア，スリランカ，アメリカ）については，書き言葉コーパスのみが公開済みであった[6)]。

すべてのコーパスは共通の構造に従って作成されたため，英語間の比較分析に適している。実際，このプロジェクトでは，「国際的な比較の基礎」となるように，「参加国で使用されている英語の標本を抽出したパラレル・コーパス」の作成が目指されていた（Greenbaum, 1996, p. 5）。ここでのパラレル・コーパスとは翻訳コーパスという意味ではなく，同一構造をもつコーパスという意味である。すべてのコーパスに共通する主要な特徴は以下のとおりである。

1．各コーパスは，およそ100万語からなる。
2．各コーパスは500のテキスト（標本）からなり，各テキストはおよそ2000語である。
3．テキストは事前に定められたカテゴリーに合わせて収集し，それぞれのカテゴリーのテキスト数も指定されている。
4．テキストのカテゴリーに関して，一番大きな区別は話し言葉と書き言葉である。話し言葉については，さらにダイアローグとモノローグに分けられ，原稿のあるモノローグ（原稿の読み上げ）も含まれている。書き言葉については，原稿もしくは出版物である。
5．テキストは基本的に，1990年から1994年のデータを含むものとする。ただしコーパスによっては（特に話し言葉について），それ以降のデータを含むであろう。
6．ICEは「教育のある人の使う」もしくは「標準の」英語を調査してい

6）2016年2月にプエルトリコ・チームが加わり，全部で27チームが参加するプロジェクトとなった。しかし，ナイジェリアとスリランカの話し言葉コーパスのリリースを除き，その後あまり大きな動きはない。

> る。しかし，テキストを分析して，そのテキストが「教育のある人の使う」もしくは「標準の」英語というICEの定義に合致するか調べるのではない。そうすると，主観的な循環を導入してしまうことになり，教育のある人の間での差異および状況による変動を軽視することになるからである。よって，コーパスに含めるかの判断基準はテキストで用いられている言葉自体ではなく，誰がその言葉を用いるかである。コーパスに含められている話者は，18歳以上の大人で，中等教育を終えるまでは必ず，英語が教授言語の正規の教育を受けた人である。ただし，この基準に合致していなくても，その話者の社会での地位（政治家，アナウンサー，作家など）によって，適切と判断された場合はコーパスに含まれている。(Greenbaum, 1996, pp. 5-6)

よって，それぞれのコーパスには，各国の「教育のある」人々が，データ収集時点で使っていた英語が反映されている（上の基準の5および6）。本書では，各英語の名称として，たとえば「フィリピン英語」といった名称を用いているが，それはコーパスのデータが収集された時点における，「フィリピンの教育のある人が用いる英語」という意味である。それぞれの英語にはもちろん，内的な差異がある。本書ではICEプロジェクトによって定義された「教育のある人の」もしくは「標準の」英語に焦点をあてるが，そういった英語が完全に均質であるというわけではない。たとえば教育のある人の使うインド英語内には，話者の第一言語からの「転移の影響」によって，「特に発音面において目立つ」差異がある（Mukherjee, 2012, p. 174)。しかし同時に，Gupta（2010）が指摘したように，標準英語は特に文法面において，「標準ではない方言」に比べて差異が小さい（pp. 58-59)。また，100万語のコーパス（上の基準の1）は一般的に，高頻度語彙や主な連語，主要な形態的・統語的・談話的過程，そして英語の体系の記述を行うのに十分な基礎となるとされている（Kennedy, 1996; Kjellmer, 1991)。

各コーパスの500のテキスト（上の基準の2）は，話し言葉300テキストと書き言葉200テキストからなる。話し言葉テキストと書き言葉テキストはそれぞれ，あらかじめ決められたテキスト記号に従って，発話の重なりといった表示がなされている。そして，その表示方法は，コーパス間でほぼ共通している。

自由に用いることのできた7コーパスは，研究を行った時点ではすべて，品詞や統語のタグ付けはなかった。コーパスの保存形式はテキストファイルで，テキストごとに分けて保存してあったため，各コーパスにつき500ファイルからなっていた。話し言葉と書き言葉はさらに，詳細なカテゴリーに分類されていた（上の基準の3と4）。以下にはテキストのカテゴリー（テキストタイプ）および各カテゴリーの数をまとめる（詳細はG. Nelson, 1996を参照）。

コーパスの構成の説明は，各コーパスとともに配布されているマニュアルにも掲載されている（例：Newman & Columbus, 2010）。

- 話し言葉… S
  - ダイアローグ（対話）… S1
    - プライベート（私的）… S1A
      - 対面での会話… S1A-001 to S1A-090
      - 電話… S1A-091 to S1A-100
    - パブリック（公的）… S1B
      - 授業… S1B-001 to S1B-020
      - テレビ番組内での討論… S1B-021 to S1B-040
      - テレビ番組内でのインタビュー… S1B-041 to S1B-050
      - 議会での討論… S1B-051 to S1B-060
      - 法廷での尋問… S1B-061 to S1B-070
      - ビジネスにおける取引… S1B-071 to S1B-080
  - モノローグ… S2
    - 原稿なし… S2A
      - その場でのコメント… S2A-001 to S2A-020
      - 原稿のないスピーチ… S2A-021 to S2A-050
      - 商品紹介… S2A-051 to S2A-060
      - 法廷での弁論… S2A-061 to S2A-070
    - 原稿あり… S2B
      - ニュース番組… S2B-001 to S2B-020
      - テレビ放送… S2B-021 to S2B-040
      - テレビ以外の放送… S2B-041 to S2B-050
- 書き言葉… W
  - 出版物ではないもの… W1

非専門的な文書… W1A
学生のエッセイ… W1A-001 to W1A-010
試験問題… W1A-011 to W1A-020
手紙… W1B
社交のための手紙… W1B-001 to W1B-015
ビジネスのための手紙… W1B-016 to W1B-030
出版物… W2
論文… W2A
人文系… W2A-001 to W2A-010
社会科学系… W2A-011 to W2A-020
自然科学系… W2A-021 to W2A-030
技術系… W2A-031 to W2A-040
論文以外… W2B
人文系… W2B-001 to W2B-010
社会科学系… W2B-011 to W2B-020
自然科学系… W2B-021 to W2B-030
技術系… W2B-031 to W2B-040
報道… W2C
報道記事… W2C-001 to W2C-020
指示書… W2D
行政文書… W2D-001 to W2D-010
趣味やスキル… W2D-011 to W2D-020
説得のための文書… W2E
新聞の社説… W2E-001 to W2E-010
創作… W2F
小説と物語… W2F-001 to W2F-020

各テキスト内のユニットには「ICE-HK:S2A-005#34:1:A」といったラベルがつけられている。この場合，ICE-HK は ICE プロジェクトの香港コーパス，つまりコーパスの名前である。S2A-005 はテキストの番号であり，テキストタイプも示している。S2A とは，そのテキストが話し言葉で，原稿のないモノローグであることを示し，005 という番号から，そのテキストがその場でのコメントであることがわかる。#34 というのは，テキスト内のユニット番号で，おおまかに文の番号と対応している。1はサブ・テキストの番号で，1つのテキスト内に文字数の関係で複数のテキストがまとめてある場合に表示されている。たとえば，1つのテキストが7つの手紙からなる場合，1つ目の手紙には1，2つ目の手紙には2という番号が割り当てられる。最後にAというのは，話者を示す記号で，話し言葉のテキストのみに使用される記号である。

本書で分析のために使用したアジア英語のコーパスは，ICE香港コーパス（ICE-HK: Bolt & Bolton, 2006）[7]，ICEフィリピンコーパス（ICE-PHI: Bautisa, Lising, & Dayag, 2004），ICEインドコーパス（ICE-IND: Shastri & Leitner, 2002），ICEシンガポールコーパス（ICE-SIN: Nihilani, Yibin, Pakir, & Ooi, 2002）の4つである。また，後述するが，第2章および第3章では，内部圏の英語データとしてICEカナダコーパス（ICE-CAN: Newman & Columbus, 2010）を分析に用いた。分析には言語事象の特徴を捉えるために，各コーパス全体を用いた場合とテキストの種類を限定して用いた場合があるため，それについては各章で説明を行う[8]。

7）ICE-HKに関しては，香港の主権がイギリスから中国となった1997年以前のデータおよび以後のデータが混在している。

8）シンガポールはシングリッシュと呼ばれる口語シンガポール英語と標準シンガポール英語のダイグロシアの状況にあるとも言われており（例：Zhiming & Huaqing, 2006），研究者によってはシンガポールで使われている英語を分析する際に，コーパスの話し言葉部分を独立させて用いている（例：Sheng, 2007）。しかし，ICE-SINはシンガポールの「教育のある人の」「標準の」英語を反映しているとされているため，他のICEコーパスとの比較を行う際に，コーパス全体を用いて比較することは可能である。これは，たとえばMukherjee and Gries（2009）やNesselhauf（2009）にみられる立場である。

第２章 アジア英語の付加疑問文

第２章では香港英語・フィリピン英語・インド英語・シンガポール英語における付加疑問文の特徴および機能について，ICE コーパスを用いた分析を行う。はじめに，付加疑問文についての先行研究における定義を踏まえ，本書における定義について説明する。そして，付加疑問文についての，これまでの主な研究を概観した上で，研究の目的について述べる。次に手法を説明し，細かい分析を行っていく。

2.1 付加疑問文とは

1.2.1 で述べたように，付加疑問文（tag questions）とは，主節（anchor）と，主節に付属するタグ（tag）からなる疑問構文である（Huddleston, 2002a, pp. 891-895）。2.1.1 では，これまでの研究における付加疑問文の定義をまとめ，2.1.2 において，本書における定義を確認する。また，2.1.3 において，主節とタグの一致に関する，本書における立場について説明する。

2.1.1 先行研究における付加疑問文の定義

付加疑問文（例：You went to college in Tokyo, didn't you?）は，英語では研究者によって，異なる用語を用いて定義づけられてきた。用語にかかわらず，付加疑問文（tag question）の核となる共通の構造は，主節と主節に付加される疑問形のタグからなるということである。Huddleston（2002a, pp. 891-895）は主節を「アンカー（anchor）」と呼び，タグ部分は「タグ（tag）」と呼んだ。主節は他には単に「先行する文（the preceding statement）」（Quirk et al., 1985, p. 810）や，タグが「付属する節」（Bieber et al., 1999, p. 208）や，「先行する節（主に主節）」（Algeo, 2006, p. 293）と呼ばれることもある。タグ部分も

「疑問タグ（question tag）」（Bieber et al., 1999, p. 208）といった，異なる用語で呼ばれることがある。また，Quirk et al.（1985, pp. 810-813）や Algeo（2006, p. 293）のように，タグ部分のみを付加疑問文と定義づけた研究もあった。本書では，Tottie and Hoffmann（2006）などの研究と同様，主節とタグの組み合わせ全体を付加疑問文と呼ぶ。また，「主節」と「タグ」という用語を用いる。

主節とタグの極性が異なる付加疑問文は，極性不一致の付加疑問文（reversed polarity tag questions）と呼ばれ，主節とタグの極性が一致する付加疑問文は，極性一致の付加疑問文（constant polarity tag questions）と呼ばれる。また，主節とタグはそれぞれ，肯定形・否定形をとることができるため，付加疑問文は極性によって４つに分類することもできる（McGregor, 1995, p. 94）。すなわち，主節とタグの極性の組み合わせが，肯定－否定，否定－肯定，肯定－肯定，否定－否定の４分類である。前者２つが極性不一致，後者２つが極性一致の付加疑問文である。極性不一致の付加疑問文の方が，より典型的である（Quirk et al., 1985, p. 810）。しかし，英語では極性一致の付加疑問文，特に肯定－肯定の付加疑問文も用いられる（Bieber, 1999, pp. 208-209）。そして Huddleston（2002a）は，意味については，付加疑問文の極性が一致であるか不一致であるかということが，タグの肯定と否定よりも重要であると述べた（p. 892）。

主節は典型的には平叙節であるが，疑問節，命令節，感嘆節にもタグは付加することができる（McGregor, 1995, p. 94）。主節は完全な節とは限らず，タグは句や不完全な節に付加されることもよくある（Bieber, 1999, p. 209）。また，タグは発言の最後に生じるとは限らない（Tottie & Hoffman, 2006, p. 285）。

タグ部分は補助動詞と代名詞からなる。Huddleston（2002a）はタグの形式およびタグの典型的な作成について，以下のようにまとめている：

［タグの形式］
述語動詞としての補助動詞 ＋ 主語としての代名詞（＋not）

［典型的な作成法］
ⅰ主語：主節における主語が代名詞である場合は，それを繰り返す。そうでない場合は主節の主語を先行詞として，適切な代名詞を選択する。

ii 補助動詞の語彙素：主節における述語動詞に補助動詞が含まれれば，同じ語彙素を選択する。そうでない場合は，do を選択する。

iii 補助動詞の時制：主節の時制と同一。

iv 補助動詞の数・人称に関する属性（該当する場合）：主語との一致により決定される。

v 極性：極性不一致の場合は主節の反対，極性一致の場合は主節と同一。

vi 否定：タグが否定形の場合，総合的否定（synthetic negation：補助動詞の否定形）もしくは，よりフォーマルな分析的否定（analytic negation：補助動詞の原形に最後に not を付ける）を用いる。

（p. 893）

これらは一般的な原則であり，Kim and Ann（2008）が指摘したように，「実際には，より多様な使用が認められる」（p. 3）。

2.1.2 本書における付加疑問文の定義

先行研究にもとづき，本書では付加疑問文を以下のように定義づける。付加疑問文とは主節と，それに付加されるタグからなる疑問構造である。主節は平叙節，疑問節，命令節，もしくは感嘆節である。また，主節は必ずしも完全な文である必要はなく，主語もしくは動詞がない場合もある[9)]。タグは補助動詞と代名詞を，この順序で含む。代名詞の代わりに there か one を用いることもできる。典型的に，タグの補助動詞は主節の補助動詞に対応し，主節に補助動詞が含まれない場合は do の活用形が用いられる。タグの代名詞についても同様に，典型的には，主節の主語に対応する。つまり，主節とタグの文法的属性は典型的には一致する。ただし，この一致があることは，付加疑問文の必須条件ではない。タグの極性には肯定形と否定形があり，否定形は総合的否定（例：don't you）もしくは分析的否定（例：do you not）で形成される。主節の極性とタグの極性の組み合わせにより，付加疑問文の極性には主節－タグの極性が，肯定－否定，否定－肯定，肯定－肯定，否定－否定の 4 つの組み合わ

9) このようなケースには主「節」よりもアンカーという用語の方が適切であるとも考えられるが，日本語訳の都合上，「主節」という言葉を用いる。

せがある。主節とタグの極性が反対の付加疑問文は極性不一致の付加疑問文であり，極性が同一のものは極性一致の付加疑問文である。タグは文・発話のどの位置にも出現することができるが，主節より先に出現することはできない。

2.1.3 主節とタグの一致しない付加疑問文について

主節とタグの文法的属性が一致しない付加疑問文は先行研究において，研究者の立場によって異なる扱いがされてきた。一方では，主節とタグが一致しない付加疑問文を，不変化タグとみなす立場がある。たとえば Columbus (2010b) は「主節における主語および動詞の単数・複数とタグが一致しない場合において」，タグの isn't it と is it を不変化タグと考えた (p. 296)。その一方で，M. Wong (2007) や Borlongan (2008) などにおいては，付加疑問文が統語的な構造によって定義づけられ，その構造があれば，主節・タグの一致にかかわらず付加疑問文として扱われてきた。このように扱いが異なってきた理由には，たとえば Tottie and Hoffmann (2006) にみられるように，ネイティブ英語においては，主節・タグの不一致の頻度が高くなかったことがあげられる。ただし Algeo (2006) は，タグの補助動詞は主節の補助動詞と異なることがあると指摘し，イギリス英語における innit が，主節によらず一定の形で使われる例もみられると述べた (p. 303)。また，Kim and Ann (2008) はイギリス英語の付加疑問文において，主語・補助動詞の両方がタグと主節で異なる場合があることを見出し，そのような付加疑問文を「状況の」付加疑問文とした (pp. 12-13)。しかし次節で概観するように，付加疑問文の研究の中心は長らくネイティブ英語であったため，一致の問題について詳細に考慮する必要は，必ずしもなかったと考えられる。

本書では，2.2.1 の定義に合致する構造を，主節とタグの文法的属性の一致を前提とせず，付加疑問文と分類する立場をとる。この立場は付加疑問文の研究である M. Wong (2007) や Borlongan (2008) の立場と同一で，不変化タグの研究である Columbus (2010b) の立場とは異なる。換言すると，本書の立場は，付加疑問文を構造的な観点から定義づけ，付加疑問文の構造をもつ構文を「付加疑問文」として扱う立場である。本書では第３章で不変化タグを扱うため，構造的な観点からの定義づけによって，付加疑問文と不変化タグを客観的に分類することができる。これは，W. Cheng and Warren（2001）で述べられたように，タグが変化せずに用いられる可能性を排除するのではない。つまり，主節によってタグが変化しない付加疑問文も，構造的な観点から付加疑問文の枠組み内で分析することができる。Hoffmann, Blass, and Mukherjee（2014）は，付加疑問文の「不変化的な」使用と不変化タグを区別し，前者は付加疑問文の枠組みにおいて分析を行った。本書の立場も，この立場と同じである。ただし，「不変化的な」使用についての分析も行うため，本章には主節とタグの一致に関する節を含める。以下では，不変化タグとの混同を避けるため，「不変化的な」という言葉は用いず，「主節とタグが一致しない」といった表現を用いることとする。今後，英語の地域的特徴がますます発展する中で，主節とタグが一致しない付加疑問文のタグの，不変化タグとの境界がさらに曖昧になったり，付加疑問文の枠組みから分離された不変化タグへと発展したりする可能性はあるが，現時点では構造的な観点から，付加疑問文の枠組みで分析できると考える立場をとる。

2.2 付加疑問文に関する先行研究について

本節では付加疑問文に関する先行研究を概観する。2.2.1 はネイティブ英語における付加疑問文についての先行研究，2.2.2 はそれ以外の英語における付加疑問文についての先行研究についてである。

2.2.1 ネイティブ英語における付加疑問文の研究

イギリス英語やアメリカ英語といったネイティブ英語における付加疑問文については，これまで多くの研究が，様々な観点からなされてきた。Nässlin（1984）はイギリス英語の付加疑問文について，コーパスにもとづいた量的な分析を提供した。具体的には，付加疑問文の頻度，統語的構造，イントネーションのパターン，意味的な構造，話者の態度，ジェンダー差など，付加疑問文の多様な側面に焦点があてられた。アメリカ英語との比較も少しなされたが，2つの英語の比較は研究の中心ではなかった。

Algeo（1988）は付加疑問文について echo tag という用語を用い，イギリス英語における基本的な構造および作成方法について説明した。また，語用論的な機能にもとづいて，付加疑問文を情報取得（informational），確認（confirmatory），断定（peremptory），攻撃（aggressive）の４つに分類できると提案した。Algeo（1990）では機能面での分類に，さらに強調（punctuational）が加えられた。この研究では付加疑問文がポライトネスと謙遜との関係で論じられ，イギリス英語の付加疑問文は敵対的な意味をもつことがあると述べられた。これらの研究に沿って，Algeo（2006, pp. 293-303）では，イギリス英語における付加疑問文の使用を記述するため，イギリス英語とアメリカ英語の付加疑問文の比較が行われた。そして，たとえば，イギリス英語話者はアメリカ英語話者に比べ，付加疑問文を頻繁に使うことが示された（p. 296）。

Kimps（2007）は平叙文を主節とする極性一致の付加疑問文の形式，意味，用法を分析し，このタイプの付加疑問文は証拠性を修正したり，相手の反応を誘発したりするのに関連があると述べた。そしてKimps and Davidse（2008）は，命令文を主節とする極性一致の付加疑問文に焦点をあてた。その形式的属性と，文脈における使用，発話内効力，相手の反応の誘発，そして話者と聞き手どちらに焦点があるかについての関係性について論じ，その中でも，発話内効力の観点から分類が可能であることを示した。Kim and Ann（2008）はイギリス英語の付加疑問文の特徴を分析し，付加疑問文の統語的なモデルを示した。さらに，Kimps, Davidse, and Cornillie（2014）は会話分析の観点から，イギリス英語の付加疑問文の言語機能による分類を行った。そして，付加疑問文の指向（情報取得を目的とするか，望む行動が起こされることを目的とするか），実現される事象（話者のＡ事象，相手のＢ事象，もしくはAB事象），そして隣接が３つの主要な特徴であると特定した（pp. 69-70）。その結果，データの半数以上の付加疑問文は，疑問文だけではなく平叙文の特徴があり，提供，命令，反論，承認など，多様な言語機能をもつことが明らかにされた（p. 74）。

また，ネイティブ英語における付加疑問文の社会言語学的側面も，研究者の関心を集めてきた。たとえばHolmes（1995, pp. 79-86）は付加疑問文使用のジェンダー差に着目し，女性は付加疑問文をポジティブ・ポライトネスを示すために用いる傾向があり，男性は情報を確認するために用いる傾向があると示した。Coates（1996）も同様に，女性は付加疑問文を会話の促進の目的で使う傾向があると述べた（p. 193）。さらに，付加疑問文の歴史的な発達についても研究がなされていて，Tottie and Hoffmann（2009）はイギリス英語における付加疑問文を歴史言語学の観点から分析した。そして16世紀のイギリスの演劇の分析を通して，付加疑問文の発達について，「文の単独の否定語としてnotが発達したことが，最も重要な単一の要因であった」と結論づけた（p. 130）。

上記の研究はすべてネイティブ英語に着目したもので，いわゆる非ネイティブ英語は扱われていない。量的な分析が行われた研究もあれば，質的な分析が行われた研究もあった。分析においてイギリス英語とアメリカ英語の比較などが含まれた研究もあったが，量的なアプローチからネイティブ英語の付加疑問文の詳細な比較研究を初めて行ったのはTottie and Hoffmann（2006）であった。Tottie and Hoffmann（2006）はイギリス英語とアメリカ英語の付加疑問文に関する，影響力のある研究である。この研究の主要な目的は，イギリス英語とアメリカ英語の付加疑問文の特徴を研究し，「これまで欠如していた統計による比較および分析を提供すること」であった（p. 284）。イギリス英語データにはBritish National Corpusが用いられ，アメリカ英語のデータにはLongman Spoken American Corpusが用いられた。研究ではあらかじめ定めた制約に従ってコーパスの検索が行われ，付加疑問文が抽出された。そして，100万語あたりの付加疑問文の頻度，主節とタグの極性，タグの補助動詞，タグの代名詞，タグの補助動詞と代名詞の組み合わせ，語用論的機能，社会言語学的要因の観点から，２つの英語の付加疑問文の比較が行われた。分析の結果，イギリス英語コーパスではアメリカ英語コーパスの９倍の頻度で付加疑問文が出現したことが明らかになった。また，アメリカ英語では否定－肯定の付加疑問文がイギリス英語よりも頻度が高いことが示された。さらに，アメリカ英語の付加疑問文は促進の機能をもつことが多かったが，イギリス英語の付加疑問文は確認や強調の機能をもつことが多いことも明らかにされた。Tottie and Hoffmann（2006）は２つの主要なネイティブ英語における付加疑問文の特徴を明らかにしたが，それぞれの英語データを抽出したコーパスの構造が異なり，有意性の検定はなされなかった。また，いわゆる非ネイティブ英語は，研究対象に含まれてはいなかった。

2.2.2 その他の英語における付加疑問文の研究

第 2 言語もしくは外国語としての英語，いわゆる非ネイティブ英語における付加疑問文に関する，包括的な研究は限られた数しかなされてこなかった。研究者は地域の英語の文法を記述する際に，付加疑問文も含めることがある［例：Bhatt（2004, pp. 1021-1022：インド英語について），Mahboob（2004, pp. 1050-1051：パキスタン英語について）］。たとえば K. Cheng（1995）と Razali（1995）は，マレーシア英語におけるタグと付加疑問文についての研究を行った。K. Cheng（1995）はスピーキングタスクと翻訳タスクを通して，マレーシアの英語話者は，タグと主節の一致を考慮せずに付加疑問文を用いる傾向があることを示し，それはマレー語からの転移の影響の可能性があると示唆した。Razali（1995）は会話データの分析を行い，マレーシアの英語話者が用いる付加疑問文はイギリス英語の付加疑問文に比べて「削減されている」，すなわちパターンと頻度が限られていると示した。

比較研究に関しては，たとえば W. Cheng and Warren（2001）は，香港に住む英語のネイティブ話者と非ネイティブ話者の用いる付加疑問文について，Hong Kong Corpus of Spoken English を用いて，頻度・形式・機能の観点から比較分析を行った。分析を通して，ネイティブ話者は非ネイティブ話者より 4 倍の頻度で付加疑問文を用いることが示された。また，非ネイティブ話者は主節との一致のない isn't it と is it をタグに用いる傾向があることが示され，これは広東語の不変化タグの影響ではないかと示唆された。さらに，非ネイティブ話者は付加疑問文を確認のために最も頻繁に用いていたのに対し，ネイティブ話者は情報取得もしくは強調のために用いていたことが明らかにされた。この研究はネイティブ話者と非ネイティブ話者間の自然な会話における，付加疑問文の使用を体系的に例証した。ただし，非ネイティブ話者による付加疑問文は 25 例のみであったため，データは限られていた。

M. Wong（2007）も香港英語における付加疑問文に着目し，ICE-HK から抽出したデータを用いて，テキストの種類，極性の組み合わせ，補助動詞，代名詞，補助動詞と代名詞の組み合わせ，意味的および語用論的な機能の観点から分析を行った。そして結果は Tottie and Hoffmann（2006）におけるアメリカ英語とイギリス英語のデータと比較された。M. Wong（2007）は，香港英語では肯定－否定の付加疑問文の頻度が最も高く，次に頻度が高いのは肯定－肯定の付加疑問文であることを示した。そして is it と isn't it が最も頻繁に生じたタグで，これは Tottie and Hoffmann（2006）における結果とは異なると述べた。また，機能面では確認の機能を担う付加疑問文の割合が，最も高いことが示された。M. Wong（2007）の研究は，W. Cheng and Warren（2001）の研究に比べて，より包括的に香港英語の付加疑問文の特徴と機能の分析を行ったものであった。また，Tottie and Hoffmann（2006）のアメリカ英語・イギリス英語データとの比較も，100 万語あたりの頻度に合わせて比較がなされた。しかし，M. Wong（2007）と Tottie and Hoffmann（2006）で用いられたコーパスの構造および大きさは異なり，結果が一般化できるかを確認するための，有意性の検定もなされなかった。また，他の非ネイティブ英語との比較は行われなかったため，香港英語における付加疑問文の特徴が，他のアジア英語にあてはまるかは示されなかった。この点については，他のアジア英語の付加疑問文との比較研究が必要であると考えられる。M. Wong（2007）のデータには ICE-HK のうち，長さや話者の属性から「分析には含めない」と表示されている部分も含められ，一方で分析的否定が用いられたタグは含められていなかったため，他の ICE コーパスデータとの比較をする際には，付加疑問文を再度抽出することが必要であると考えられる。

Borlongan（2008）はフィリピン英語の付加疑問文についての研究を行った。ICE-PHI にみられる付加疑問文に関して，形式，補助動詞と代名詞の組み合わせ，語用論的な機能，そして極性と機能の関係性の分析がなされ，結果は Tottie and Hoffmann（2006）および M. Wong（2007）と比較された。分析の結果，Borlongan（2008）は，フィリピン英語の付加疑問文の特徴と機能は，出現頻度がかなり低いことを除いて，アメリカ英語とイギリス英語に類似していることを明らかにした。比較は統計的な検定ではなく，割合の比較で行われた。また，isn't there や do they など，実際には ICE-PHI に出現する一部のタグが，分析から抜け落ちていたようである。

Hoffmann et al.（2014）は，香港英語，インド英語，シンガポール英語，そしてイギリス英語の付加疑問文について，ICE コーパスの話し言葉テキストを用いた分析を行った。この研究は Takahashi（2013）や Takahashi（2014a）と同時期に行われ，４つの英語の付加疑問文の特徴および機能の分析がなされ，たとえば香港英語とシンガポール英語においては肯定－肯定の付加疑問文が頻繁に用いられる一方で，インド英語とイギリス英語においては肯定－否定の付加疑問文が支配的であることが示された。本章における付加疑問文の分析の目的は，Hoffmann et al.（2014）の研究目的と部分的に重なっている。しかし，本章ではICEの話し言葉テキストおよび書き言葉テキストの両方を用い，他の英語についても扱うため，研究の範囲は異なっている。また，本章のデータは部分的にTakahashi（2013）およびTakahashi（2014a）にもとづいているが，これらの研究におけるデータはHoffmann et al.（2014）が出版される以前に，独立して収集されたものであった。これらの理由から，本章の分析はHoffmann et al.（2014）を踏まえて行うことはせず，データの直接比較も行わないこととした。しかしながら，本研究とHoffmann et al.（2014）は補完的なものとなり，アジア英語における付加疑問文の実態が，より包括的に提示されると考えている。

いわゆる非ネイティブ英語における付加疑問文に関する研究は，主に外部圏の英語に焦点があてられてきた。拡張圏の英語における付加疑問文を扱った研究は少なく，付加疑問文が扱われる場合も，英語教育の文脈において論じられることが主であった。たとえばNii（2004）は日本人英語学習者を研究対象とし，書き言葉と話し言葉において，英語の付加疑問文を産出する能力を調査した。この研究においては，JAWS Tag Test（Dennis, Sugar, & Whitaker, 1982）が用いられ，付加疑問文を独立して，すなわち文脈のない状態で，産出することができるかの調査が行われた。そして，日本人英語学習者は付加疑問文を産出する文法的知識は有しているが，話し言葉において産出する際には困難を覚えると結論づけた（Nii, 2004, p. 147）。この手法は，日本人英語学習者の付加疑問文産出能力を分析するためには有効であったが，実際の会話において，どのように付加疑問文が用いられているかについては，研究の余地が残っていた[10)]。

このように，いわゆる非ネイティブ英語における付加疑問文の特徴や機能について，データを用いて体系的かつ包括的に分析を行った研究は，まだ数が限

10）日本人英語話者の付加疑問文の特徴については，第６章で扱う。

られている。そこで，本章では外部圏の英語における，付加疑問文の特徴と機能の分析を行うことにした。

2.3 本章の目的

本章では，外部圏の4つのアジア英語，すなわち香港英語，フィリピン英語，インド英語，シンガポール英語に焦点をあて，付加疑問文の特徴および機能を，コーパスからのデータを使用して，記述，分析，比較することを目的とする。本章の分析の中心となるのは，アジア英語である。同時に，ネイティブ英語との比較も行うため，カナダ英語のデータも分析対象に含めることにした。これら5つの英語の選択理由については，次の節で述べる。

2.4 本章における研究手法

本節においては，本章で用いる研究手法について述べる。使用コーパスについては，第1章の1.3において，すでに説明を行った。本節では，まず2.4.1で，5つの英語を分析対象とした理由について述べる。また，本研究で参照するネイティブ英語のデータとして，カナダ英語を用いることが目的に合致することを示すため，カナダ英語とイギリス英語における付加疑問文の比較を簡潔に含める。2.4.2では付加疑問文のコーパスからの抽出方法について説明し，2.4.3では付加疑問文の機能の分類および特定方法について述べる。なお，本章から第5章については，「アジア英語」と述べる場合は，外部圏のアジア英語について示すことにする。

2.4.1 対象とする英語の選択理由について

本研究ではアジア英語の中でも，外部圏の英語に焦点をあてた。なぜなら，先行研究において，外部圏に分類されるアジア地域では，特有の特徴の発達が見受けられることが示されてきたからである（例：B. B. Kachru, 2005; Y. Kachru & Nelson, 2006; Honna, 2008）。具体的には香港英語，フィリピン英語，インド英語，シンガポール英語を選択したのは，1.2と1.3でも述べたように，外部圏の英語に分類されるアジア英語の主要な英語であること，および，同一の構造をもつ ICE コーパスを用いた正確な比較研究が可能な英語であったことが理由である。これらの４つの地域における英語話者数は，1.2 でも示したように，香港（人口: 7,210,000, L1: 150,000, L2: 2,200,000），フィリピン（人口: 83,000,000, L1: 20,000, L2: 40,000,000），インド（人口: 1,029,991,000, L1: 350,000, L2: 200,000,000），シンガポール（人口: 4,300,000, L1: 350,000, L2: 2,000,000）となっていて（Crystal, 2003, pp. 62-65），これらの地域の英語話者の大半は，第二言語として英語を用いてきた。これらの地域の英語は，第二言語としての英語（ESL）とも分類され，英語は香港，フィリピン，シンガポールの公用語の１つであり，インドの準公用語である。

また，アジア英語とネイティブ英語の比較も行うため，内部圏からも英語を選択した。あくまで研究の焦点はアジア英語であるため，ネイティブ英語は１つだけ含めることとし，第２章および第３章では共通して，カナダ英語を比較対象とするネイティブ英語として用いた。カナダ英語を選択した大きな理由は，データ収集の時点で，アジア英語の ICE コーパスと同一の構造とフォーマットをもつコーパス，つまり ICE-CAN（Newman & Columbus, 2010）が公開されていたからである[11)]。第２章と第３章で参照するネイティブ英語として，アメリカ英語やイギリス英語を用いなかった理由は，詳細な比較分析を行うためには，アジア英語コーパスと同じ構造とフォーマットをもつコーパスを用いる必要があったからである。

アメリカ英語とカナダ英語の統語的・文法的特徴については，Trudgill and Hannah（2008, pp. 59-93）にみられるように，「北アメリカ英語」という括りで論じられることがよくある。今後の研究においては，アメリカ英語とカナダ英語において，付加疑問文や第３章で扱う不変化タグに違いがあるか分析を行う必要もある。しかし，本研究においては，比較分析のために利用できるコーパスデータが存在することを優先し，「北アメリカ英語」のうちカナダ英語の方を選択した。本研究の初期データ収集が行われた 2012 年前半の時点では，

11）ICE-CAN にデータが含まれた話者の 95％が英語の第一言語話者で，残りの５％が英語以外を第一言語とする，英語の第二言語話者であった。ICE-CAN と共に配布されるメタデータには「すべての話者がカナダ英語話者であることが確認されている」（Newman & Columbus, 2010）と記されていた。

ICE-USA（アメリカ英語）は公開前であり，その後2012年後半に書き言葉部分が公開されたものの，本調査としてのデータ収集が行われた2013年および2014年においても，話し言葉部分は公開されておらず，その後も未完成のままとなっている。Santa Barbara Corpus of Spoken American English（SBCSAE: Du Bois et al., 2000–2005）は，ICEの話し言葉部分と構造が似ていて，ICE-USAの話し言葉部分のうち，原稿のない話し言葉の主なデータとなる予定になっていた。しかし，SBCSAEとICEの規模と構造は正確に一致しているわけではないため，SBCSAEをアメリカ英語データの代替として用いるより，ICE-CANから抽出したカナダ英語データを用いる方が，本研究の目的には合致すると判断した。

イギリス英語については，ICEコーパスがあり（ICE-GB: Wallis, Nelson, & Aarts, 2006），他のICEコーパスと同じ構造をもっている。しかし本研究で用いたICEコーパスとは異なり，学術目的での無料かつ自由な使用のための配布は行われておらず，本研究を開始した当初はアクセスすることができなかった。後に入手して使用できるようにはなったが，ICECUPという特別のソフトウェアを用いて検索および分析する仕様となっていた。本研究を行った時点では他のICEコーパスはテキストフォーマットのみであり，ICECUPで分析することはできなかった。また，ICE-GBはタグ付けおよび構文解析が行われており，他のコーパスと用いられている記号が一部異なっていた。詳細な情報が付与されていることにより，構文解析が必要な研究には適しているが，ICECUPの処理速度は必ずしも早くなく，おそらく情報量の多さが一因となり，処理途中に固まってしまうことが頻繁にあった。分析に用いたコンピュータの処理速度も関係していた可能性もあるが，理由が何であれ，文脈の細かい分析を行う際には，頻繁に固まってしまうことは特に大きな問題となった。それに対し，ICE-CANとアジア英語のICEコーパスは，同じフォーマットで保存され，同じ記号が用いられ，同じ分析ツールを使用して分析することもできた。これらの理由から，本研究でアジア英語の比較対象とするのは，イギリス英語ではなくカナダ英語とした。

しかし，付加疑問文や第3章で扱う不変化タグについての先行研究においては，ICE-GBのデータにもとづいて行われたものがある。そこで，イギリス英語とカナダ英語における付加疑問文の共通点および相違点について，イギリス英語については先行研究を用いて，ここで簡単な比較を行っておく。不変化タグについては第３章の手法部分で述べる。カナダ英語のデータ（ICE-CAN）は本研究で抽出したものである。また，まだ説明を行っていない概念や用語をいくつか用いているが，詳細は後述する。なお，先行研究と本研究ではデータの抽出手法が異なるため，この比較はあくまで参考のためである。

Kim and Ann（2008）によると，ICE-GB には 754 例の付加疑問文があり，そのうち 470 例（62.3%）が私的な対話，241 例（31.9%）が公的な対話，８例（1.1%）がモノローグ，14 例（1.9%）が出版されていない文章，そして 21 例（2.8%）が出版物に出現した（p. 4）[12]。一方，ICE-CAN には 167 例の付加疑問文があり，93 例（55.7%）が私的な対話，56 例（33.5%）が公的な対話，５例（3.0%）がモノローグ，４例（2.4%）が出版されていない文章，９例（5.4%）が出版物に出現した。このように，イギリス英語話者はカナダ英語話者に比べて，付加疑問文をより頻繁に用いる。しかし，２つのネイティブ英語間で，テキストの種類による付加疑問文の分布については，有意な差はみられなかった（$\chi^2=7.76$, $df=4$, $p=0.101$; SPSS Version 19 によるカイ二乗検定）。また，ICE-GB には肯定－否定の付加疑問文が 467 例（61.9%），否定－肯定の付加疑問文が 196 例（26.0%），肯定－肯定の付加疑問文が 88 例（11.7%），否定－否定の付加疑問文が３例（0.4%）あり（Kim & Ann, 2008, p. 5），ICE-CAN には肯定－否定の付加疑問文が 113 例（67.7%），否定－肯定の付加疑問文が 37 例（22.2%），肯定－肯定の付加疑問文が 16 例（9.6%），否定－否定の付加疑問文が１例（0.5%）あった。そして，付加疑問文の極性の分布についても，イギリス英語とカナダ英語の間に有意な差はなかった（$\chi^2=2.17$, $df=3$, $p=0.539$）。

タグ部分の補助動詞に関しては，ICE-GB においては 404 例（53.6%）の付加疑問文が BE（am, are, is, was, were）を伴い，203 例（26.9%）が DO（do, does, did）を，51 例（6.8%）が HAVE（have, has, had）を，50 例（6.6%）が WILL（will, would）を，32 例（4.2%）が CAN（can, could）を，７例（0.9%）が SHALL（shall, should）を，５例（0.7%）が MAY（may, might）を，そし

12）Kim and Ann（2008）では割合について，大半が小数点第一位で四捨五入されていたため，割合については再計算を行った。

て2例（0.3%）がMUST（must）を伴っていた（Kim & Ann, 2008, pp. 6-7）[13]。一方，ICE-CANにおいては，83例（49.7%）がBEをタグに伴い，60例（35.9%）がDO，5例（3.0%）がHAVE，16例（9.6%）がWILL，3例（1.8%）がCANであった。このことは，カナダ英語話者はイギリス英語話者に比べると，タグにDOをやや頻繁に用い（χ^2=5.43, df=1, p=.020），イギリス英語話者は，より多様な補助動詞を用いることを示していた。タグ部分の人称代名詞について，ICE-GBでは53例（7.0%）がIもしくはweを伴い，172例（22.8%）がyouを，69例（9.2%）がheもしくはsheを，73例（9.7%）がthey，356例（47.2%）がit，そして31例（4.1%）がthereを伴っていた（Kim & Ann, 2008, p. 8）。ICE-CANでは，20例がIもしくはwe（12.0%），39例（23.4%）がyou，15例（9.0%）がheもしくはshe，18例（10.8%）がthey，74例（44.3%）がit，1例（0.6%）がthereを伴った。よって，タグ部分の人称代名詞の分布に関しては，有意な差はみられなかった（χ^2=9.51, df=5, p=.090）。

このように，付加疑問文の特徴の点では，イギリス英語とカナダ英語に大きな差はみられない。もちろん，タグのDOの割合の違いなど，見逃してはいけない違いは存在する。しかし，上記の比較を通して，本研究の目的においては，付加疑問文の特徴に関して，参照するネイティブ英語としてカナダ英語のデータを用いることが可能であると示された。機能の面に関して，詳細は2.4.3で述べるが，Algeo（2006, pp. 293-303）によると，イギリス英語では付加疑問文には数種類の主要な機能がある。ICE-CANのデータにおいては，イギリス英語に比べると，付加疑問文の機能は限られていた。Tottie and Hoffmann（2006）などにおいても，付加疑問文の主要機能自体はネイティブ英語で共通であっても，分布は異なることが示されている。よって，機能面についても，カナダ英語を参照するネイティブ英語として用いることはできるが，ネイティブ英語間でも付加疑問文の機能に関する分布が異なることには，留意しておく必要がある。

13）大文字となっている補助動詞はカテゴリーのラベルを示している。

2.4.2 付加疑問文の抽出方法

本研究においては，AntConc（Anthony, 2011）を用いてICEコーパスからのデータ抽出を行った。AntConcはコーパス分析とデータ駆動型学習のために開発されたフリーウェアで，バージョン3.2.4においては，コンコーダンス・ツール，コンコーダンスプロット・ツール，ファイルビュー・ツール，クラスター（Nグラム）・ツール，コロケーション・ツール，ワードリスト・ツール，キーワードリスト・ツールの7つのツールを有していた。ツールのうちコンコーダンス・ツールを，潜在的な付加疑問文をICEコーパスから抽出するために用いた。

具体的には，タグを構成することのできる代名詞と補助動詞の組み合わせすべてについて，検索を行った。検索に用いた代名詞と補助動詞はBieber et al.（1999），Huddleston（2002b），Payne and Huddleston（2002）にもとづき，さらに，Tottie and Hoffmann（2006）に出現した代名詞と補助動詞も検索対象とした。検索対象とした「代名詞」はI, we, you, he, she, it, they, there, oneである。そして，「補助動詞」はcan, could, may, might, shall, should, will, would, must, ought, need, dare, am, are, is, was, were, do, does, did, have, has, had, used toである。否定形の場合は総合的否定と分析的否定の両方を検索した。また，cannot, ain't, innit, i'n'itも検索対象に含めた。Stenström（1997）などの研究においては，innitを不変化タグと扱っていたが，アジア英語においてはinnitが付加疑問文として出現する可能性も考慮して，検索にはinnitも含めることとした。

「組み合わせすべて」を例示するため，代名詞youについての組み合わせを例示する：can you, can't you, can you not, cannot you, could you, couldn't you, could you not, may you, mayn't you, may you not, might you, mightn't you, might you not, shall you, shan't you, sha'n't you, shall you not, should you, shouldn't you, should you not, will you, won't you, will you not, would you, wouldn't you, would you not, must you, mustn't you, must you not, ought you, oughtn't you, ought you not, need you, needn't you, need you not, dare you, daren't you, dare you not, am you, amn't you, am you not, are you, aren't you, are you not, is you, isn't you, is you not, was you, wasn't you, was you not, were you, weren't you, were you not, do you, don't you, do you not, does you, doesn't you, does you not, did you, didn't you, did you not, have you, haven't you, have you not, has you, hasn't you, has you not, had you, hadn't you, had you not, used you, used to you, used you to, usen't you, usen't you to, usedn't you to, usedn't you, used you not to, used you not, ain't you. 組み合わせの一部は非文法的にみえるかもしれない。しかし，そのような組み合わせも，アジア英語においてはタグとして出現する可能性もあるため，検索に含めた。それぞれのタグは順番にコンコーダンス・ツールに入力し，各コーパスから潜在的なタグすべてを抽出した。同じ手順を5つのICEコーパスに対して繰り返した。コーパスとソフトウェアの特性上，潜在的なタグがコーパス上で2行に分かれていた場合は，自動的に抽出できなかったため，行末は目視で再確認して必要な抽出を行った。

この手法でICEコーパスから潜在的なタグを抽出したが，通常の疑問構文なども含まれるため，潜在的なタグすべてが付加疑問文を構成するというわけではなかった。そこで，潜在的なタグの中から付加疑問文を構成するものを選択するため，後述の一連の制約を適応し，潜在的なタグから付加疑問文の一部ではないものを削除した。この手順はTottie and Hoffmann（2006）やM. Wong（2007）に沿った方法で，まずは先行研究にもとづく制約を用い，新たに必要となる制約が出現した際には追加した。潜在的なタグについて1つずつ，あてはまる制約がないか確認し，新たな制約が出現した際は最初から再度確認を行った。

この手順で，潜在的なタグのうち，実際はタグではないものを取り除くことができた。残りのほとんどは，付加疑問文を構成するタグであった。しかし，その中にも付加疑問文の定義に一致しない，潜在的なタグがあった。また，下記のように境界例となるものもあった。そこで，残りの潜在的なタグから付加疑問文の定義に一致するものを選択し，そのタグおよび主節を本研究で分析対象とする最終的な「付加疑問文」とした。

以下が，実際はタグではない潜在的なタグを「取り除く」ために用いた制約である。各コーパスに潜在的なタグは数千個ずつあったため，実際にはタグではないものをできるだけ多く取り除けるよう，詳細な制約を設定した。制約には重なりもあったが，不要な潜在的なタグ取り除くためであったので，重なりがあることに問題はなかった。境界例とその扱いについても以下に述べてある。以下の（　）内の例はICE-HKからである。

〈制約〉

1．「コーパス外」のテキスト，すなわち，検索には含めないようにという指示を編纂者がつけていた部分。たとえば，会話に参加していた話者のうち１人が他の地域出身の場合，言語的分析を行う際は，その話者の発言は含めない。ただし，機能の分析をする際に文脈として参照はできる。これは特にICE-HKに顕著にみられ，Zで表記されている話者は，他の地域出身であった。よって，そういった話者の発言は文脈としては含めたが，言語特徴の分析対象には含めなかった。

2．補助動詞＋代名詞＋(副詞)＋本動詞／be動詞…
（例：can he ask …, should he be …）

3．What/why/which/where/when/how …＋補助動詞＋代名詞…
（例：what can he answer …, how could he not …, where is he …）

4．Hereの反対語として用いられているthere
（例：the police are there …）

5．主節の最初に出現する潜在的なタグ，すなわち通常の疑問構文
（例：Would he give it to you …, Will there be …, Could they possibly …, Are there …, Is he …, Has he seen …）

6．代名詞＋補助動詞＋代名詞…
（例：he will he involved in …）

7．名詞＋is＋代名詞…
（例：The incredible thing is he …, the truth was he could …）

8．補助動詞＋代名詞＋形容詞…
（例：is he all right?）

9．補助動詞＋代名詞＋-ing …
（例：is he still making …）

10. This … ＋ 補助動詞＋代名詞
（例：This is he …, It is she …）

11. Haveとdoが本動詞として使われている
（例：They have you stand …, He basically didn't he was just there …）

12. 倒　置
(例：nor does he understand …, not until grade twelve did they …, even might one dream … , nor were they, so am I, nor should it, as will I, neither would I …)
13. 仮定法
(例：one is that you know were he to move in it would be …, if you had a chance would you …)
14. One が数字として用いられている
(例：is one car per ten thousand people …)
15. … is one that …
(例：this new approach is one that …)
16. … is one of the …
(例：is one of the measures to achieve this …)
17. … what happens is it goes …
18. … this is it …
19. コメントとしての質問
(例：会話の相手への返事としての are they; And are they, Or are they, But are they)
20. 割り込み
(例：Did you tell … is he ＜相手の割り込み＞ yeah yeah first day and …)
21. 発話途中での変更
(例：Did he was he sent by …)

〈境界例と境界例に関する基準〉

1. "I think … can you." といった例は削除する。このような例は "how about you" の意味の質問を省略したものと判断した。
2. 発話者が交代した後の潜在的なタグは，タグとしては扱わなかった。
(例：A: They are not happy … B: Yes … A: Isn't it)
3. < ? > … < ? > で囲まれたものは含めたが，< - > … < - > で囲まれたものは含めなかった。前者は編纂時の書き起こしが不確かな可能性を示し，後者は書き言葉におけるスペルミスを示していて，後者は直後に同じ単語が正確なスペルで追記されていた。

4．同じタグが二度繰り返された場合は，１例の付加疑問文として数えた。
5．異なるタグが連続して出現した場合は，文脈にもとづいてどちらかを選択し，そのタグを付加疑問文のタグ部分とした。この方法をとったのは，同じ主節を２つの異なる付加疑問文として数えないようにするためであった。
6．呼びかけを伴うタグ（例：aren't they Jeff）はタグとして扱った。

なお，境界例の扱いについては，他の研究では異なる可能性もあるが，本研究においては，この基準を一貫して用いた。

2.4.3 付加疑問文の機能

付加疑問文の機能を分析するためには最初に，それぞれの付加疑問文の語用論的機能を特定する必要があった。まず，先行研究にもとづいて，分類のためのカテゴリーを作成した。そして，すべての対象コーパスの付加疑問文を，そのカテゴリーに照らし合わせて分類した。さらに，この１回目の分類時に，分類に有用となる追加の情報をカテゴリーに追加した。すべての付加疑問文を一度分類した後に，その過程で追加された情報を加味して，各カテゴリーの最終的な定義を決定し，その上で各付加疑問文の機能を確定するために，すべての付加疑問文の分類を再度行った。付加疑問文は複数の機能を担うこともある（Tottie & Hoffmann, 2006, p. 299）。よって，付加疑問文の分類は，その付加疑問文の主要機能にもとづいて行った。

分類のためのカテゴリーはAlgeo（1988, 1990, 2006），Holmes（1995），Bieber et al.（1999），W. Cheng and Warren（2001），Tottie and Hoffmann（2006），M. Wong（2006），Borlongan（2008）にもとづいて作成した。本研究で用いた分類の基礎となった分類を示すため，以下では先行研究で付加疑問文の機能的な分類に用いられたカテゴリーを示す。

2.2.1で述べたように，Algeo（1988）は付加疑問文を情報取得（informational），確認（confirmatory），断定（peremptory），攻撃（aggressive）の４つの語用論的なカテゴリーに分類した。Algeo（1990）は分類に強調（punctual）を追加した。Algeo（1988, 1990）では機能について論じる際にtagという用語を用いていたが，分類自体は付加疑問文全体にもとづいて行われていた。そして，

Algeo（2006）では同じ分類が用いられ，ただしカテゴリー名が一部変更され（confirmatory → conversational, aggressive → antagonistic），機能を論じる際には tag ではなく tag question の用語が用いられるようになった。

情報取得の付加疑問文は「相手からの積極的な返事を求めること」と「情報を求めること」と定義づけられた（Algeo, 2006, p. 298）。確認の付加疑問文は「相手を会話に引き込み，同意を引き出すことによって，会話を進める」目的で用いられる（Algeo, 1990, p. 445）。強調の付加疑問文は「相手からの返答を促すことも阻止することもせずに，強調を行う」ものである（Algeo, 2006, p. 299）。断定の付加疑問文は「一般的に認められていること，明らかなこと，不変的なこと，分析的真理を示す発言の後に出現」することで，「議論を打ち切り，相手を阻止する」ためである（Algeo, 2006, pp. 299-300）。攻撃の付加疑問文は「真実か虚偽か相手が知らない，そして知りようがない」ことを「皆が知っているべきだ」と提示することで（Algeo, 2006, p. 301），「無礼で挑発的な」付加疑問文である（Algeo, 1990, p. 447）。

Holmes（1995）は付加疑問文を，機能面で4つに分類した。Holmes（1995）では付加疑問文全体ではなく，タグ部分の機能に焦点をあて，認識的モダリティ（epistemic modal），挑戦（challenging），促進（facilitative），緩和（softening）の4つのカテゴリーを示した。認識的モダリティのタグは主に指示的な意味をもち，「話者が確信のなさを表現する」のに用いられる（Holmes, 1995, p. 80）。他の3つのカテゴリーは主に情緒的な意味をもつ。挑戦のタグは「気が進んでいない話し相手に返事をするよう圧力をかける，もしくは，否定的な言語行為を攻撃的に強める」ことで「対立的な方略」として使用されるタグである（Holmes, 1995, p. 80）。促進のタグは「ポジティブ・ポライトネス装置として働く垣根表現」であり，「話し相手に談話に参加することを促す」ものである（Holmes, 1995, p. 81）。緩和のタグは「命令といった情緒的に否定的な発言の力を弱めるネガティブ・ポライトネス装置」として用いられる（Holmes, 1995, p. 82）。

Bieber et al.（1999）においては，付加疑問文の用法は焦点ではなかったため，主要機能の概要のみが示された。示されたのは3つの機能で，情報取得，確認もしくは同意の取得，コメントの付加であった。W. Cheng and Warren（2001）

は，Algeo（1990）と同じ機能カテゴリーにもとづいて付加疑問文を分類した。

Tottie and Hoffmann（2006）は，主に Holmes（1995）と Algeo（1988, 1990, 2006）における付加疑問文の語用論的な機能の分類にもとづき，付加疑問文を分類するカテゴリーを作成した。まず初めに７つのカテゴリー，すなわち，情報取得（informational），確認（confirmatory），促進（facilitating），緩和（softening），強調（attitudinal），断定（peremptory），攻撃（aggressive）が設定されたが，データの中に緩和の機能をもつ付加疑問文がなかったため，６つのカテゴリーのみが分析では用いられた。また，タグの機能という用語が使用されていたが，分類自体は付加疑問文全体にもとづいて行われた。この研究においては，強調，断定，攻撃の付加疑問文については Algeo（1988, 1990, 2006）の定義が用いられた。ただし，強調については Algeo が用いた punctual という用語ではなく，attitudinal という用語が使用された。残りのカテゴリーについては，Tottie and Hoffmann（2006）に置いて再定義がなされた。すなわち，情報取得の付加疑問文は「情報を本当に要求する」場合のみに用いられ，確認の付加疑問文は「話者が自分の発言に確信がもてず，確認を欲する」時に使用され，促進の付加疑問文は「話者は自分の発言に確信をもっているが，聞き手を参加させたい」時に用いられる（Tottie & Hoffmann, 2006, pp. 300-301）。このように，情報取得と確認の付加疑問文については，用語は同じであったが，Algeo（1988, 1990, 2006）と Tottie and Hoffmann（2006）において，定義は異なっていた。

M. Wong（2007）は Holmes（1995），Bieber et al.（1999），Tottie and Hoffmann（2006）を参照し，付加疑問文を５つのカテゴリーに分類した。M. Wong（2007）が用いたカテゴリーは情報取得，確認，強調，断定，攻撃であり，「確認」が Tottie and Hoffmann における確認と促進の付加疑問文を包括するカテゴリーとして用いられた。Borlongan（2008）は Tottie and Hoffmann（2006）が用いたカテゴリーと同じものを分類に使用した。

本研究では，先行研究にもとづいて７つのカテゴリーを作成した。用語は Tottie and Hoffmann（2006）に従い，促進のみ，英語では facilitating ではなく facilitative という用語を用いた。以下では，最終的な分類に用いたカテゴリーの基準を，具体例とともに示す。なお，具体例については，後ほどさらに詳しく提示する。具体例には本書を通した識別番号を付与することとし，後の章・節で同じ具体例を述べる際も，新たな識別番号を付与する。なお，短い具体例については，明快にするために，テキスト記号は含めないこととした。コーパス間で疑問符の記載に一貫性がなかったため，具体例では疑問符を含めない。さらに，主節とタグの境界を明確にするため，短い具体例については，タグの直前にコンマを挿入してある。

1．情報取得の付加疑問文（informational tag questions）：情報を本当に要求する。開放的な質問もしくはyesかnoで答えられる質問と同等のもので，積極的な回答を相手に求める。要求を行う。

(1) Hotter than Hong Kong, is it

(ICE-HK: S1A-056#18:1:A)

2．確認の付加疑問文（confirmatory tag questions）：話者は自分の発言内容について，どれだけ少しであっても何らかの知識をもっている。しかし，話者は自分の発言内容に確信をもっておらず，確信がない内容についての確認を行う。確認を引き出す。

(2) You you didn't go there by coach, did you

(ICE-SIN: S1A-003#110:1:C)

3．促進の付加疑問文（facilitative tag questions）：話者は自分の発言内容について確信をもっている。話者は相手を引き込みたい。同意を引き出す。相手に会話に参加するよう招く。

(3) I think it's a very deep or enriching kind of book, isn't it

(ICE-PHI: S1A-062#24:1:A)

4．強調の付加疑問文（attitudinal tag questions）：話者の発言内容を強調する。話者の見解を強める。相手の注意を求める。相手からの返事は期待していない。立場を明確にする。

(4) We may say that ideals will cease to be ideals if they are attainable, won't they

(ICE-IND: S1A-066#31:1:B)

5．断定の付加疑問文（peremptory tag qucstions）：議論を終える意図で用いられる。話している内容について，相手がさらに議論を続けようとするのを妨げる。一般的に当然であると認められている内容の後に出現する。

(5) We'll know at the end, won't we

(Algeo, 2006, p. 299)

6．攻撃の付加疑問文（aggressive tag questions）：断定の疑問文と同じ効果があるが，相手が知りうるはずのない内容の後に出現するため，否定的な意味合いがさらに強い。

(6) Threw it away, didn't I

(Dexter, 1994, p. 262 as cited in Algeo, 2006, p. 302)

7．その他：このカテゴリーは，上記の６つに該当しない機能をもつ付加疑問文が出現した時のために，念のため準備した。

付加疑問文の機能にもとづいた分類は，文脈にもとづいて慎重に行ったが，２つの限界点を述べておく必要がある。１点目としては，分類の信頼性を高めるために，分類は複数名で確認を行ったが，それでも主観性を完全に排除することは難しかった。２点目としては，コーパスには音声データも韻律面のアノテーションも含まれていなかったため，イントネーションといった韻律情報なしで，機能を特定する必要があった。Quirk et al.（1985）は，タグが上昇調の際は疑問を示し，タグが下降調の際は話者が承認を求めていることを示すと述べた（p. 811）。また，Kimps et al.（2014）といった研究においても，特定のイントネーションをもつ付加疑問文は，特定の機能に結びつく傾向があり，その逆もあてはまると示されてきた。たとえば，話者が発言に確信をもっていないことは，タグの上昇調で示される（Kimps et al., 2014, p. 76）。このように，付加疑問文と韻律との一定の結びつきはあるが，大量のデータが含まれているコーパスには，必ずしも韻律情報は含まれておらず，ICE コーパスにも韻律情報が含まれていなかった。本研究が行われた時点では，ICE コーパスに匹敵する大きさで，英語間のコーパス構造が対応している，韻律情報をもつアジア英語のコーパスは存在しなかったため，機能の分析は文脈にもとづいて行うことにした。

韻律情報のないデータから抽出した付加疑問文を用いた先行研究においても，機能面での付加疑問文の分類は，文脈にもとづいて行われてきた（例：Tottie & Hoffmann, 2006）。これは，付加疑問文の主要な機能は一般的に，「文脈に慎重に注意を払うことで」決定できるからである（Holmes, 1995, p. 80）。実際，ネイティブ英語における付加疑問文については，文脈を検討することで，先行研究にもとづいて，ある程度はイントネーションのパターンを推測することもできる。しかし，アジア英語においては，ネイティブ英語の付加疑問文におけるイントネーションのパターンと機能の関係性が，そのままあてはまるとは限らない。よって，現段階においては，アジア英語の付加疑問文の主要な機能を特定するためには，文脈が第一の手がかりとなる可能性が高い。

2.5 アジア英語の付加疑問文の特徴

本節からは，香港英語，フィリピン英語，インド英語，シンガポール英語における付加疑問文の特徴と機能について，記述および分析を行う。ネイティブ英語との比較を可能にするため，これらの外部圏のアジア英語 4 つに加え，カナダ英語の付加疑問文についても記述する。2.5 では付加疑問文の形式と特徴に焦点をあて，2.6 では付加疑問文の機能を探索する。2.7 では付加疑問文の極性と機能の関係を分析し，2.8 でアジア英語の付加疑問文についての考察を行う。2.5 から 2.7 の各節においては，まず各英語の付加疑問文についての分析を行った後に，英語間の比較を行う。統計的な分析には SPSS Version 19 を使用した。本節では香港英語，フィリピン英語，インド英語，シンガポール英語の付加疑問文の特徴について，頻度（2.5.1），テキストの種類（2.5.2），極性（2.5.3），タグの特徴（2.5.4），主節とタグの一致度（2.5.5）の 5 つの観点から，記述および分析を行う。

2.5.1 付加疑問文の頻度

はじめに，各コーパスにおける付加疑問文の出現頻度を数え，比較した。コーパスの検索において，ICE-HK では 181 例，ICE-PHI では 54 例，ICE-IND では 125 例，ICE-SIN では 284 例，ICE-CAN では 167 例の付加疑問文が出現した。カイ二乗検定を行ったところ，付加疑問文の出現頻度について，コーパス間に有意差がみられた（$\chi^2=174.49, df=4, p=0.000$）。具体的にどのコーパス間に有意差があるのか特定するために，さらに分析を行った。分析対象が 5 つあったため，全部で 10 の可能な組み合わせがあった。そこで，多重比較における第1種の過誤を軽減するため，ホルム法を適応した。その結果，香港英語とカナダ英語の組み合わせを除いた，すべての組み合わせに有意差があった。

このことは，アジア英語間において，付加疑問文の使用頻度には有意な差があることを示した。付加疑問文はシンガポール英語で最も多く用いられ，次に香港英語，インド英語，フィリピン英語の順に多く用いられていた。カナダ英語と比較すると，シンガポール英語では有意に高い頻度で，フィリピン英語とインド英語では有意に低い頻度で，付加疑問文が用いられていた。香港英語においては，カナダ英語より，やや高い頻度で付加疑問文が出現したが，その差は有意ではなかった。この結果は，付加疑問文の使用頻度は，英語間で大きく異なることを示した。よって，英語間の以下の比較分析においては，それぞれのコーパスの付加疑問文内での出現頻度にもとづいて行った。

2.5.2 テキストの種類

次に，テキストの種類（テキストタイプ）による付加疑問文の分布の分析を行った。1.3で示したように，コーパスには大きく12種類のテキストタイプが含まれており，さらに細分化することでコーパス間の統一がなされている。12種類のテキストタイプについて，表1に再度まとめてある。各テキストタイプに含まれるテキスト数は異なっていた。しかし，コーパスにおける各テキストタイプの割合は，それぞれの英語における割合を示すとされている（G. Nelson, 1996）。よって，出現頻度にもとづいてカイ二乗検定を行ったり，パーセントで割合を表示したりする際は，各テキストタイプのテキスト数をそのまま反映した。

図1は各コーパスの話し言葉部分（spoken）と書き言葉部分（written）における，付加疑問文の分布を示している[14]。ICE-HKにおいては，付加疑問文の83.4%（151例）が話し言葉部分に出現した。その他のコーパスにおいて，話し言葉部分に出現した付加疑問文の割合は，ICE-PHIで88.9%（48例），ICE-INDで85.6%（107例），ICE-SINで88.7%（252例），ICE-CANで92.2%

14）話し言葉と書き言葉の区別はコーパスでの区分にもとづいたため，たとえば創作の中の「会話」は話し言葉に含まれていない。

表 1. テキストの種類

S1A (100 テキスト)	話し言葉，私的な対話
S1B (80 テキスト)	話し言葉，公的な対話
S2A (70 テキスト)	話し言葉，原稿なし，モノローグ
S2B (50 テキスト)	話し言葉，原稿あり，モノローグ
W1A (20 テキスト)	書き言葉，出版物ではない非専門的な文書
W1B (30 テキスト)	書き言葉，出版物ではない手紙
W2A (40 テキスト)	書き言葉，出版物，論文
W2B (40 テキスト)	書き言葉，出版物，論文以外
W2C (20 テキスト)	書き言葉，出版物，報道
W2D (20 テキスト)	書き言葉，出版物，指示書
W2E (10 テキスト)	書き言葉，出版物，説得のための文書
W2F (20 テキスト)	書き言葉，出版物，創作

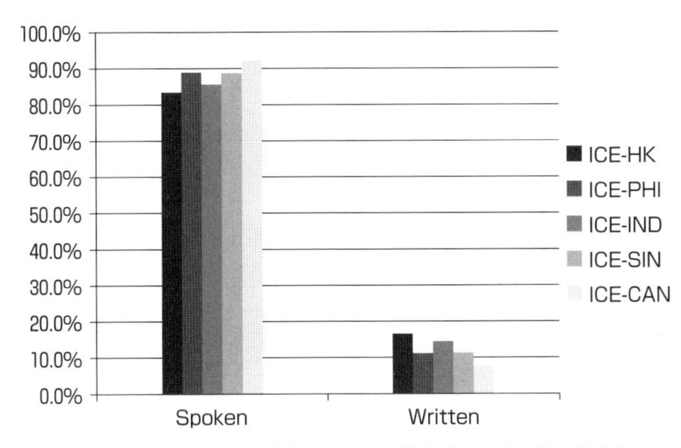

図 1. コーパスの話し言葉部分と書き言葉部分における付加疑問文

(154 例) であった。このことは，すべてのコーパスに置いて，付加疑問文の80%以上が話し言葉部分に出現したことを示していた。出現頻度にもとづいてカイ二乗検定を行ったところ，コーパス間に有意差はみられなかった (χ^2=7.13, *df*=4, *p*=.129)。よって，話し言葉と書き言葉における付加疑問文の分布は，5つの英語において大きな違いはなかった。

図 2 は，コーパスの 12 のテキストタイプ別に，付加疑問文の分布の比較を行った結果を示している。ICE-HK では，付加疑問文は 7 つのテキストタイプ

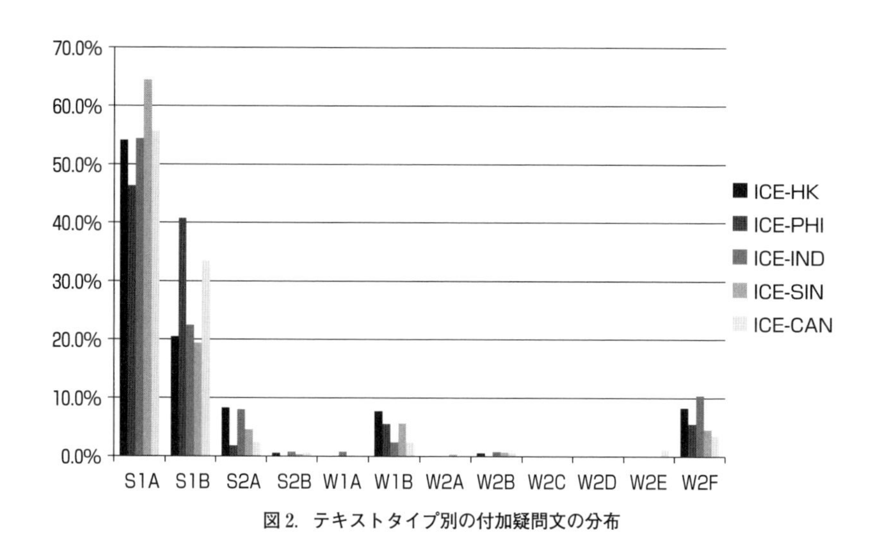

図 2. テキストタイプ別の付加疑問文の分布

において出現した。それらは付加疑問文の出現頻度順に，S1A（私的な対話，98 例，54.1%），S1B（公的な対話，37 例，20.4%），S2A（原稿なしのモノローグ，15 例，8.3%），W2F（出版物，創作，15 例，8.3%），W1B（出版物ではない手紙，14 例，7.7%），S2B（原稿ありのモノローグ，1 例，0.6%），W2B（出版物，論文以外，1 例，0.6%）であった。なお，パーセントはコーパス内の付加疑問文全体に占める，各テキストタイプの付加疑問文の割合を示している。

ICE-PHI では付加疑問文は 5 つのテキストタイプに出現し，それらは S1A（25 例，46.3%），S1B（22 例，40.7%），W1B（3 例，5.6%），W2F（3 例，5.6%），S2A（1 例，0.6%）であった。ICE-IND では 8 つのテキストタイプ，すなわち S1A（68 例，54.4%），S1B（28 例，22.4%），W2F（13 例，10.4%），S2A（10 例，8.0%），W1B（3 例，2.4%），S2B（1 例，0.8%），W1A（出版物ではない非専門的な文書，1 例，0.8%），W2B（1 例，0.8%）に付加疑問文は出現した。ICE-SIN においても，付加疑問文は 8 つのテキストタイプに出現し，それらは S1A（183 例，64.4%），S1B（55 例，19.4%），W1B（16 例，5.6%），S2A（13 例，4.6%），W2F（13 例，4.6%），W2B（2 例，0.7%），S2B（1 例，0.4%），W2A（出版物，論文，1 例，0.4%）であった。そして，ICE-CAN では S1A（93 例，55.7%），S1B（56 例，33.5%），W2F（6 例，3.6%），

S2A（4例，2.4%），W1B（4例，2.4%），W2E（出版物，説得のための文書，2例，1.2%），S2B（1例，0.6%），W2B（出版物，論文以外，1例，0.6%）の8つのテキストタイプであった[15)]。

結果として，W2C（報道）とW2D（指示書）を除くすべてのテキストタイプにおいて，いずれかのコーパスで少なくとも1例の付加疑問文がみられた。ただし，S2B，W1A，W2A，W2Bにおける付加疑問文の頻度はかなり低かった。W2E（説得のための文書，すなわち新聞の社説）に付加疑問文が出現したのは，ICE-CANのみであった。各テキストタイプにおける付加疑問文の具体例を，以下に1例ずつ示す。

(7) I guess you don't have to do those sit-ups and thousand meter dashes, do you

(ICE-PHI: S1A-034#142:1:A)

(8) This was done with your knowledge, wan't it

(ICE-SIN: S1B-066#100:1:A)

(9) He's an eighteen hundred metre horse though, isn't he

(ICE-HK: S2A-005#34:1:A)

(10) And people certainly cannot be happy if they are starving, can they

(ICE-IND: S2B-045#49:1:A)

(11) Tho' we think we have progressed but we have failed to admire nature, isn't it

(ICE-IND:W1A-002#109:2)

(12) The mail sure takes a long time, doesn't it

(ICE-CAN:W1B-005#27:3)

(13) Mr Braddell: It would be impossible, would it not …

(ICE-SIN: W2A-010#61:1)

(14) … You were the original boy band, weren't you

(ICE-HK: W2B-003#111:2)

15) パーセントを足すと100.0%にならない箇所があるのは，SPSSおよびExcelにおいて，小数点第2位で四捨五入が行われたからである。

（15）But we have to put our garbage somewhere, don't we

(ICE-CAN: W2E-001#65:2)

（16）We can afford that, can't we

(ICE-PHI: W2F-006#71:1)

すべてのコーパスにおいて，付加疑問文はS1A，S1B，S2A，W1B，W2Fに集中していた。S1Aは私的な対話，S1Bは公的な対話であった。また，W2F（創作）に出現した付加疑問文の大半は，テキスト内の会話に出現した（ICE-HKでは15例中13例，ICE-PHIでは3例中2例，ICE-INDとICE-SINでは13例中11例，ICE-CANでは6例中5例)。さらに，W1B（手紙）にみられた付加疑問文は，すべてのコーパスにおいて，社交のための手紙に出現した。社交のための手紙は通常，特定の人に向けて書かれるという点で，対話に似ているといえる。よって，この結果は，どの英語においても付加疑問文が，「対話」に結びついていることを示している。S2A（原稿なしのモノローグ）の付加疑問文について，ICE-HK，ICE-IND，ICE-CANではすべて，その場でのコメントに出現した。ただし，ICE-PHIとICE-SINにおいては，その限りではなかった。このように付加疑問文は，対話以外の場面おいては，その場でのコメントなどの特定の使用域のみで用いられることが示唆された。

英語間の具体的な違いを探るためにカイ二乗検定を行ったところ，テキストタイプ別の付加疑問文の分布には，英語間に有意な差があることがわかった（χ^2=60.18, df=36, p=0.007)。そこで，どこに有意差がみられるのか特定するために，テキストタイプごとにカイ二乗検定を行った。有意差があったテキストタイプについては，さらに英語間の比較を行った。各テキストタイプの比較および英語間の比較は，両方とも多重比較にあたった。しかし，第１種の過誤と第２種の過誤のバランスをとるため，ホルム法は英語間の比較にのみ適応した。この修正方法は，以下の節においても使用した。

検定の結果，S1B（χ^2=21.07, df=4, p=0.000）およびS1A（χ^2=9.92, df=4, p=0.042）において有意差がみられた。S1Bのテキストタイプに関して，付加疑問文はフィリピン英語とカナダ英語において，香港英語とシンガポール英語よりも高い頻度で用いられることがわかった。また，インド英語に比べても高頻度ではあったが，その差は有意ではなかった。S1A のテキストタイプに関しては，ホルム法の適応後は，どの英語の組み合わせにも有意差はみられなかった。最も差が大きかったのはフィリピン英語とシンガポール英語の間であったが，その差は有意ではなかった。結果として，私的な対話において，いくつかの英語では他の英語に比べ，付加疑問文をより高い頻度で用いることが示されたと同時に，上述のように，付加疑問文は特定のテキストタイプに集中して出現することが明らかになった。

したがって，付加疑問文の使用頻度は，コミュニケーションの手段が話し言葉か書き言葉かによって，大きく異なった。また，付加疑問文は対話において最も高い頻度で用いられ，社交のための手紙や創作の中の会話においても出現した。この結果は，どの英語においても，付加疑問文は主に，対話や対話に類似した場面において用いられることを示した。また，付加疑問文は報道や指示書ではめったに用いられず，対話に関連しない使用域での出現は，その場でのコメントなどに限られていることも示唆された。

2.5.3 極　性

次に分析を行ったのは，付加疑問文の極性，すなわち主節の極性とタグの極性の組み合わせについてであった。以下の図において Neg は極性が否定 (negative) であることを示し，Pos は極性が肯定 (positive) であることを示す。極性不一致 (reversed polarity) の付加疑問文とは主節とタグの極性が異なる付加疑問文であり，極性一致 (constant polarity) の付加疑問文とは主節とタグの極性が同一の付加疑問文である。

この部分の分析を行うためには，コーパスに出現した付加疑問文すべての極性を特定する必要があった。タグの極性は否定辞の not が含まれるかどうかで判別した。すなわち，タグに not もしくはその短縮形の n't が含まれた場合，そのタグは否定の極性をもつと分類した。主節については，文脈から否定ではないと判別される場合を除き，文否定があれば極性を否定と判断した。主語や動詞を含まない主節は，必要な言語要素を文脈にもとづいて慎重に補完した後に，同様に極性の判断を行った。タグと異なり，主節は多様な言語標識で否定が示されていた。つまり，否定を示す言語標識には Payne (1985) に述べられたように，否定辞の not だけでなく，数量詞の否定（例：not many, not much, hardly any, scarcely any），否定の数量詞（例：nothing, nobody, none），副詞や副詞句の否定（例：not often, not always, not for long），否定の副詞（never, nowhere）があった。よって主節は，これらの言語標識のどれかを有し，その否定の作用域に主節全体が含まれた際に，否定の極性をもつと判断した。また，タグに先行するのが，I think や they said のように証拠性を示す主節をもつ複文の場合は，その主節の極性だけではなく，文全体のコミュニケーション上の意味にもとづいて極性を判断した（Huddleston, 2002a, p. 893 参照）。

付加疑問文は主節とタグの極性にもとづいて，以下の４つに分類された。

1．肯定－否定

（17）You are going to say something, aren't you

（ICE-IND: S2A-011#98:1:N）

（18）That's what you said, isn't it

（ICE-SIN: S1A-020#129:1:B）

2．否定－肯定

（19）You don't have time tomorrow, do you

（ICE-PHI: S1A-096#188:1:A）

（20）You are not here all the time to watch, are you

（ICE-IND: S1A-055#196:1:A）

3．肯定－肯定

（21）They all said that it is very difficult, is it

（ICE-HK: W1B-008#133:2）

（22）Maybe at this point you have made a decision already, have you

（ICE-PHI: S1B-014#123:1:A）

4．否定－否定

（23）Uh ha but I guess Putonghua is not English, isn't it

（ICE-HK: S1B-079#34:1:C）

（24）It is not on cats, isn't it

（ICE-SIN: S1A-061#31:1:A）

肯定－否定の付加疑問文および否定－肯定の付加疑問文は，極性不一致の付加疑問文とも分類され，肯定－肯定の付加疑問文および否定－否定の付加疑問文は，極性一致の付加疑問文とも分類された。

ICE-HK において最も頻度が高かったのは肯定－肯定の付加疑問文であった (84 例，46.4%)。次に多かったのは肯定－否定の付加疑問文で（71 例，39.2%)，否定－肯定の付加疑問文（23 例，12.7%）が続いた。否定－否定の付加疑問文は 3 例（1.7%）のみであった。カイ二乗検定を行ったところ，付加疑問文の出現頻度は，極性によって有意に異なることがわかった（χ^2=98.23, df=3, p=.000)。さらなる分析をホルム法を適応して行ったところ，肯定－肯定の付加疑問文と肯定－否定の付加疑問文の組み合わせを除き，すべての可能な組み合わせの間に有意差がみられた。このことは，香港英語においては肯定－肯定の付加疑問文と肯定－否定の付加疑問文が，否定－肯定の付加疑問文と否定－否定の付加疑問文に比べ，有意に高い頻度で出現したことを示した。さらに，否定－肯定の付加疑問文も，否定－否定の付加疑問文よりも有意に多く出現していた。データを別の視点からみると，ICE-HK には 94 例の極性不一致の付加疑問文（51.9%）と 87 例の極性一致の付加疑問文（48.1%）が出現し，その出現頻度の違いは有意ではなかった（χ^2=0.27, df=1, p=.603)。よって，香港英語においては極性不一致の付加疑問文と極性一致の付加疑問文が，おおよそ同じ頻度で出現したことが示された。

ICE-PHI においては，肯定－否定の付加疑問文が最も多くみられた（34 例，63.0%)。そして，否定－肯定の付加疑問文が 9 例（16.7%)，肯定－肯定の付加疑問文が 8 例（14.8%)，否定－否定の付加疑問文が 3 例（5.6%）であった。極性による出現頻度の違いは有意であり（χ^2=43.04, df=3, p=.000)，さらなる分析によって，肯定－否定の付加疑問文が他の 3 つのカテゴリーの付加疑問文に比べて，有意に多く出現したことがわかった。他の 3 つのカテゴリー間の違いは有意ではなかった。また，極性不一致の付加疑問文が 43 例（79.6%）と極性一致の付加疑問文が 11 例（20.4%）であり，違いは有意であった（χ^2=18.96, df=1, p=.000)。したがって，フィリピン英語においては極性不一致の付加疑問文の方が，極性一致の付加疑問文よりも有意に多く出現した。

ICE-IND では，肯定－否定の付加疑問文の頻度が最も高かった（99 例，

79.2%)。他の３つのカテゴリーについては，肯定－肯定の付加疑問文が13例（10.4%），否定－肯定の付加疑問文が7例（5.6%），否定－否定の付加疑問文が6例（4.8%）であった。極性による付加疑問文の出現頻度には有意な差があり（χ^2=196.76, *df*=3, *p*=.000），さらなる分析によって，肯定－否定の付加疑問文が，他の３つのカテゴリーの付加疑問文よりも有意に高い頻度で出現したことが示された。他の３つのカテゴリーについては，出現頻度の違いに有意な差はみられなかった。極性不一致に分類される付加疑問文は106例（84.8%），極性一致に分類されるものは19例（15.2%）であった。その違いは有意であったため（χ^2=60.55, *df*=1, *p*=.000），インド英語では極性不一致の付加疑問文の方が極性一致の付加疑問文よりも，有意に多く出現していた。

ICE-SINにおいては，肯定－肯定の付加疑問文が最も多く（166例，58.5%），次に肯定－否定の付加疑問文（85例，29.9%），否定－肯定の付加疑問文（26例，9.2%），否定－否定の付加疑問文（７例，2.5%）の順であった。極性による出現頻度の違いは有意であり（χ^2=216.09, *df*=3, *p*=.000），すべての組み合わせの間に有意差がみられた。つまり，シンガポール英語では，肯定－肯定の付加疑問文が肯定－否定の付加疑問文よりも有意に多く出現した。そして，肯定－否定の付加疑問文は否定－肯定の付加疑問文よりも有意に高い頻度で出現し，否定－肯定の付加疑問文は否定－否定の付加疑問文よりも有意に多くみられた。また，極性不一致の付加疑問文が111例（39.1%）で，極性一致の付加疑問文が173例（60.9%）であった。この差は有意であり（χ^2=13.54, *df*=1, *p*=.000），シンガポール英語においては，極性一致の付加疑問文の方が極性不一致の付加疑問文より，より多く出現したことを示していた。

ICE-CANでは肯定－否定の付加疑問文が最も高い頻度（113例，67.7%）で出現した。否定－肯定の付加疑問文が次に多く（37例，22.2%），肯定－肯定の付加疑問文（16例，9.6%），否定－否定の付加疑問文（１例，0.6%）と続いた。極性によって出現頻度には有意な差があり（χ^2=177.79, *df*=3, *p*=.000），さらなる分析の結果，すべての組み合わせにおいて有意な違いがあることが示された。このことは，カナダ英語では，肯定－否定の付加疑問文が否定－肯定の付加疑問文よりも有意に高い頻度で出現し，否定－肯定の付加疑問文は肯定－肯定の付加疑問文よりも有意に多く，肯定－肯定の付加疑問文は否定－否定の付加疑問文よりも有意に多いことを示した。全体の90%近くが極性不一致の付加疑問文（150例，89.8%）であり，極性一致の付加疑問文は17例（10.2%）であった。違いは有意であり（χ^2=105.92, *df*=1, *p*=.000），カナダ英語においては，極性不一致の付加疑問文が極性一致のものに比べて，有意に高頻度でみられることが示された。

図3は，5つのコーパスの付加疑問文の，極性別の割合を示したものである。パーセントは，それぞれのコーパスに出現した付加疑問文全体における，各カテゴリーの割合を示す。出現頻度にもとづいてカイ二乗検定を行ったところ，極性別の付加疑問文の分布について，英語間に有意な違いがあることがわかった（χ^2=198.05, *df*=12, *p*=0.000）。さらなる分析により，肯定－否定の付加疑問文（χ^2=121.22, *df*=4, *p*=0.000），否定－肯定の付加疑問文（χ^2=23.32, *df*=4, *p*=0.000），肯定－肯定の付加疑問文（χ^2=168.45, *df*=4, *p*=0.000）については，英語間に有意差があることが示された。否定－否定の付加疑問文については，コーパス間の差は有意ではなく（χ^2=7.89, *df*=4, *p*=0.096），どの英語においても出現頻度が低かった。そこで，否定－否定を除いたカテゴリーについて，どの英語間に違いがあるかを特定するためにカイ二乗検定を行った。各カテゴリーについて，10の組み合わせが存在したため，ホルム法を適応した[16)]。

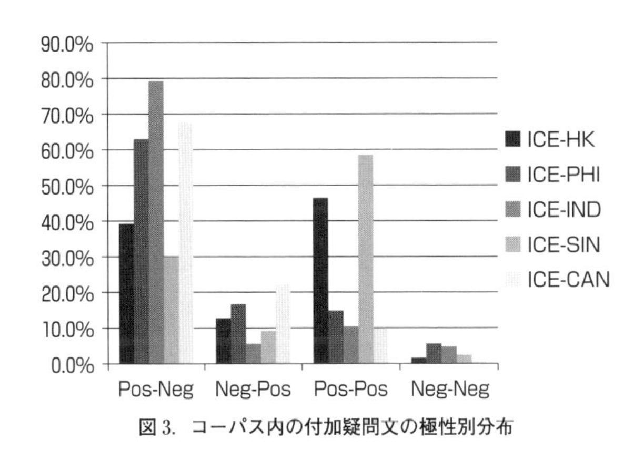

図3. コーパス内の付加疑問文の極性別分布

16）付加疑問文の頻度はコーパスごとに異なったため，コーパス間の比較には，各コーパス内の付加疑問文全体の頻度に対する，そのカテゴリーに分類される付加疑問文の頻度を基準に用いた。

まず，フィリピン英語，インド英語，カナダ英語においては，香港英語，シンガポール英語に比べて，付加疑問文における肯定－否定の出現頻度の割合が有意に高かった。香港英語とシンガポール英語の付加疑問文における肯定－否定の割合に有意な差はなく，同様に，フィリピン英語，インド英語，カナダ英語における割合にも有意な差がなかった。否定－肯定の付加疑問文に関しては，4つのアジア英語の間に有意な差はみられなかった。しかし，カナダ英語と比較した際に，インド英語とシンガポール英語は付加疑問文における否定－肯定の割合が，有意に低かった。香港英語とフィリピン英語に関しては，カナダ英語との差は有意ではなかった。次に肯定－肯定の付加疑問文について，シンガポール英語と香港英語は，その割合が，フィリピン英語，インド英語，カナダ英語よりも有意に高かった。さらに，シンガポール英語は香港英語よりも，付加疑問文における肯定－肯定の割合が有意に高く，フィリピン英語，インド英語，カナダ英語の間の違いは有意ではなかった。

図4は付加疑問文を極性不一致と極性一致に2分類した際の，5コーパス間の比較を示している。カイ二乗検定により，付加疑問文を極性によって2分類した際の分布には，英語間に有意な違いがあることがわかった（χ^2=160.88, df=4, p=0.000）。さらなる分析の結果，極性不一致が付加疑問文に占める割合は，フィリピン英語，インド英語，カナダ英語において，香港英語とシンガポール英語よりも有意に高いことが示された。また，香港英語については，極性不一致の割合がシンガポール英語よりも有意に高かった。フィリピン英語，インド英語，カナダ英語の間には，有意な差はみられなかった。付加疑問文を2分類したため，極性一致については逆の傾向がみられた。すなわち，極性一致が付加疑問文に占める割合は，シンガポール英語と香港英語において，他の3英語よりも有意に高く，シンガポール英語については，香港英語よりも有意に高かった。そして，フィリピン英語，インド英語，カナダ英語の間の違いは有意ではなかった。

結果として，アジア英語のタグは，肯定の主節と結びつけて用いられる傾向がみられた。しかし，タグに関して，シンガポール英語話者と香港英語話者は，より肯定形を用い，フィリピン英語話者とインド英語話者は，より否定形を用いていた。カナダ英語話者については，タグに関しては，より否定形を使用し

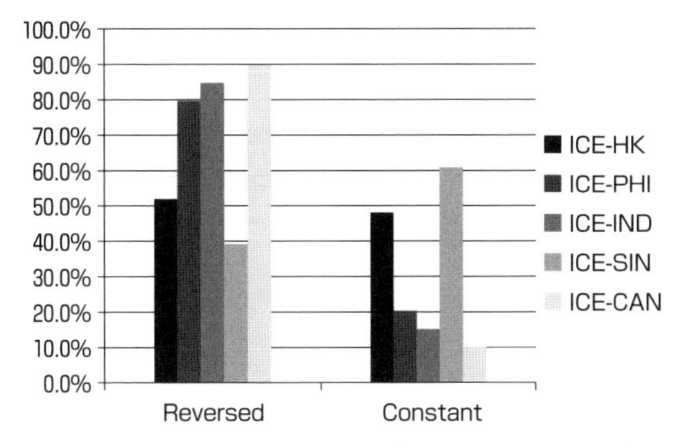

図 4.　コーパス内の極性不一致と極性一致の付加疑問文の分布

ていた。この傾向は，結果を極性不一致と極性一致の観点からみた際に，さらにはっきりとした。シンガポール英語話者と香港英語話者はフィリピン英語話者とインド英語話者，そしてカナダ英語話者よりも，有意に高い割合で極性一致の付加疑問文を使っていた。極性による付加疑問文の分布の違いは，各英語でよく用いられるタグの特徴によって，部分的に説明できる可能性があるため，次節ではタグの特徴に焦点をあてる。

2.5.4 タグの特徴

次にタグの特徴，すなわち，タグに含まれる補助動詞および代名詞，そしてその組み合わせについての分析を行った。換言すると，本節では付加疑問文のタグ部分のみを扱う。補助動詞は分析のために，いくつかのカテゴリーに分類し，コーパスで少なくとも 1 回は出現した補助動詞のみを含めた。分析に使用したカテゴリーは BE（am, are, is, was, were），DO（do, does, did），HAVE（have, has, had），WILL（will, would），CAN（can, could），SHALL（shall, should）であった。このカテゴリー分けは Tottie and Hoffmann（2006），M. Wong（2007），Borlongan（2008）にもとづいた。May, might, must, ought, need, dare, used to は，どのコーパスのタグにも出現しなかったため，以下の分析においては除外した。これらの補助動詞は分析対象の英語でまったく用いられないというわけではないが，頻度は非常に低いと考えられる。分析に用いた代名詞はI, We, You, He, She, It, Thereであった。ラベルであるため，最初の文字は大文字にしてある。どのコーパスのタグにもOneは出現しなかったため，Oneは以下の分析には含めなかった。組み合わせに関しては，総合的否定（例：don't we）と分析的否定（例：do we not）は1つにまとめて扱い，両方を含むラベルとして前者を用いた。

ICE-HKでは，タグにおける補助動詞の種類の内訳は，BE（134例，74.0%），DO（28例，15.5%），WILL（13例，7.2%），HAVE（6例，3.3%）であり，CANとSHALLはみられなかった。代名詞の内訳は，It（124例，68.5%），You（30例，16.6%），He（11例，6.1%），They（9例，5.0%），We（4例，2.2%），There（2例，1.1%），I（1例，0.6%）であった。Sheはコーパスに出現しなかったが，これは香港英語のタグにSheが使われないということではない。ICE-HKのタグには41種類の組み合わせが出現した。最も頻度の高かったタグはis itであり（81例，44.8%），isn't it（33例，18.2%），didn't you（7例，3.9%）と続いた。3例（1.7%）出現したのはwill you, have you, wouldn't you, didn't he, wasn't itであった。ICE-HKに出現したタグの一覧は，他のコーパスにおけるタグとともに，表2に掲載してある。分析的否定がみられたタグは5種類で，did you not（6例），would it not（3例），would you not（1例），did he not（1例），did they not（1例）であった。

ICE-PHIにおいては，タグの補助動詞の内訳は，BE（38例，70.4%），DO（10例，18.5%），WILL（2例，3.7%），CAN（2例，3.7%），HAVE（1例，1.9%），SHALL（1例，1.9%）であった。タグの代名詞の内訳は，It（33例，61.1%），You（13例，24.1%），They（4例，7.4%），I（2例，3.7%），We（2例，3.7%）で，He，She，Thereは出現しなかった。組み合わせは18あり，isn't itが最も高頻度で（28例，51.9%），do you（5例，9.3%），is it（3例，5.6%）と続いた。また，is it notが7例とare you notが1例，分析的否定のタグとして出現した。

ICE-INDのタグにおいて，補助動詞の種類の内訳は，BE（102例，81.6%），DO（15例，12.0%），HAVE（3例，2.4%），CAN（2例，1.6%），SHALL（2例，1.6%），WILL（1例，0.8%）であり，代名詞の内訳はIt（96例，76.8%），You（11例，8.8%），They（5例，4.0%），We（4例，3.2%），I

（3例，2.4%），He（3例，2.4%），She（2例，1.6%），There（1例，0.8%）であった。24の異なる組み合わせがあり，割合の高いものはisn't it（80例，64.0%），is it（13例，10.4%），don't you（5例，4.0%），doesn't it（3例，2.4%）であった。5例のis it notと1例のshould we notが分析的否定の形式で出現した。

ICE-SINについては，タグの補助動詞の内訳はBE（247例，87.0%），DO（21例，7.4%），WILL（9例，3.2%），HAVE（4例，1.4%），CAN（3例，1.1%）で，SHALLはコーパス内にはみられなかった。代名詞の内訳はIt（231例，81.4%），You（26例，9.2%），We（7例，2.5%），They（7例，2.5%），She（5例，1.8%），He（4例，1.4%），I（3例，1.1%），There（1例，0.4%）であった。タグとしては45の組み合わせが出現し，is itが最も頻度が高く（160例，56.3%），isn't it（59例，20.8%）がその次であった。そして，4例（1.4%）のdo youが出現し，was it，were you，wasn't it，doesn't itが3例（1.1%）ずつ出現した。また，分析的否定のタグとしては，is it notが2例，would it notが1例みられた。

ICE-CANでは，タグの補助動詞の内訳は，BE（83例，49.7%），DO（60例，35.9%），WILL（16例，9.6%），HAVE（5例，3.0%），CAN（3例，1.8%）であり，SHALLは出現しなかった。代名詞の内訳はIt（74例，44.3%），You（39例，23.4%），They（18例，10.8%），We（17例，10.2%），He（8例，4.8%），She（7例，4.2%），I（3例，1.8%），There（1例，0.6%）であった。54の組み合わせがあり，頻度が高かったものにはisn't it（41例，24.6%），doesn't it（11例，6.6%），don't youとaren't they（9例，5.4%），wasn't itとdo you（7例，4.2%），did you（6例，3.6%）がみられた。分析的否定が出現したのは2つの組み合わせで，did we notとhad you notが各1例ずつであった。

図5は5つのコーパスにおいて，付加疑問文のタグに用いられていた補助動詞の種類の分布を示している。図5が示すように，すべてのコーパスにおいてBEとDOが，使用頻度の1番目と2番目に高い，補助動詞の種類であった。HAVE，CAN，SHALLの頻度は低く，どのコーパスのタグにおいても5%を越えなかった。ICE-INDを除く4つのコーパスで，WILLの頻度はHAVE，

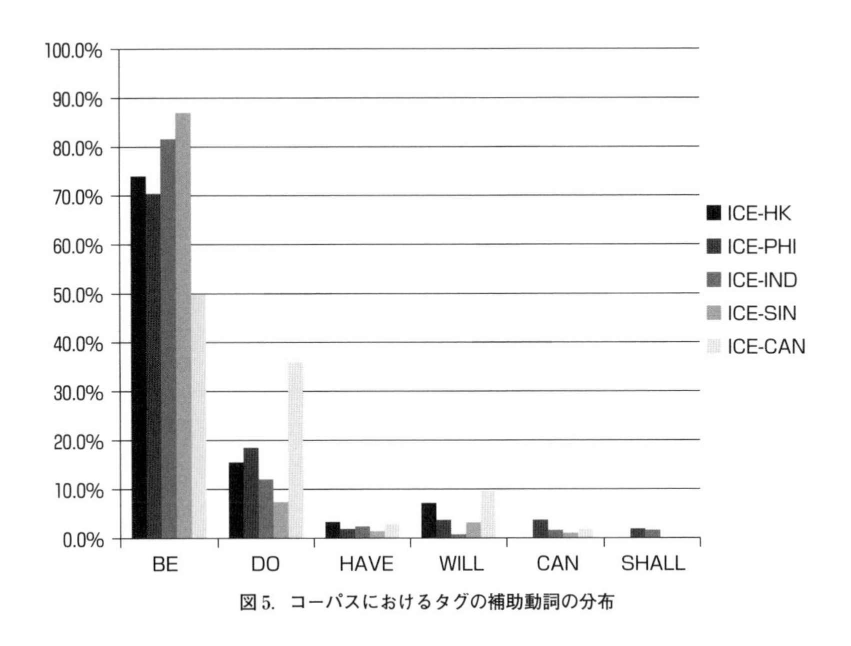

図 5.　コーパスにおけるタグの補助動詞の分布

CAN，SHALL の頻度より高く，すべてのコーパスで，WILL の頻度は DO と BE の頻度よりは低かった。

出現頻度にもとづいてカイ二乗検定を行ったところ，付加疑問文のタグに関して，英語間には補助動詞の種類の分布に有意な差がみられた（χ^2=108.28, df=20, p=.000）。さらに分析を行うと，BE（χ^2=81.09, df=4, p=.000），DO（χ^2=64.91, df=4, p=.000），WILL（χ^2=15.86, df=4, p=.003）について，有意な違いがあった。４つのアジア英語のタグにおける BE の出現頻度の割合は，カナダ英語における割合よりも有意に高く，アジア英語間では，シンガポール英語での割合が香港英語とフィリピン英語における割合よりも有意に高かった。タグにおける DO の割合はカナダ英語において，香港英語，インド英語，シンガポール英語よりも有意に高く，香港英語においてもシンガポール英語より有意に高かった。WILL については，カナダ英語のタグにおける割合が，インド英語とシンガポール英語よりも有意に高かった。

図６は５つのコーパスにおける，タグの代名詞の分布を示している。補助動詞の種類において BE と DO が集中して用いられたように，代名詞の場合も特

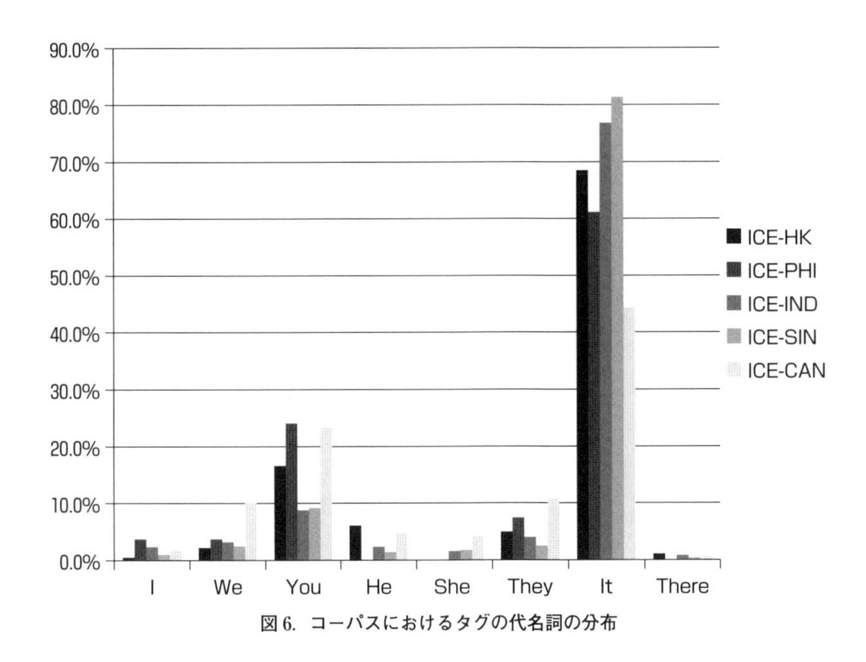

図 6. コーパスにおけるタグの代名詞の分布

定の 2 つの代名詞，すなわち It と You が，すべてのコーパスにおいて多く出現した。タグに出現した 8 つの代名詞のうち，I，He，She，There は，どのコーパスにおいても頻度が低かった。これらの代名詞は ICE-HK で He が 6.1%であったのを除き，割合が 5 %を越えることはなかった。We はアジア英語コーパスでは割合が低かったが，ICE-CAN においては 10%以上（10.2%）であった。

カイ二乗検定の結果，タグの代名詞の分布についても，英語間には有意な違いがあることが示された（χ^2=102.96, *df*=28, *p*=.000）。I，He，She，There の頻度は，すべてのコーパスにおいて低かったため，以下の分析からは除外した。さらなる分析を行ったところ，We（χ^2=19.12, *df*=4, *p*=.001），You（χ^2=24.76, *df*=4, *p*=.000），They（χ^2=14.00, *df*=4, *p*=.007），It（χ^2=72.68, *df*=4, *p*=.001）に，英語間で有意差がみられた。具体的には，カナダ英語において，付加疑問文のタグに We が占める出現頻度の割合が，香港英語とシンガポール英語より有意に高く，They が占める割合も，シンガポール英語より有意に高かった。

また，フィリピン英語とカナダ英語において，タグにおける You の割合が，インド英語とシンガポール英語より有意に高かった。そして，It の割合は，シンガポール英語において，香港英語，フィリピン英語，カナダ英語より有意に高く，インド英語と香港英語において，カナダ英語より有意に高いことが示された。

表２は，各コーパスにおいてタグとして出現した組み合わせを，頻度が高かったタグから順に示してある。既述のように，総合的否定の形式を，総合的否定のタグと分析的否定のタグを含むラベルとして使用した。ICE-HK には 41，ICE-PHI には 18，ICE-IND には 24，ICE-SIN には 45，ICE-CAN には 54 の組み合わせがみられた。各コーパスにおいて多様な種類のタグが出現したが，それぞれのコーパスで特に頻度が高かったのは，ICE-HK と ICE-SIN においては is it，ICE-PHI と ICE-IND と ICE-CAN においては isn't it であった。また，isn't it は ICE-HK と ICE-SIN において，２番目に頻度が高いタグで，is it は ICE-IND で２番目に頻度が高く，ICE-PHI でも３番目に頻度が高かった。このことは，４つのアジア英語コーパスすべてにおいて，isn't it と is it の頻度が高いことを意味していた。そして，isn't it と is it（と ICE-PHI の do you）のみが，各アジア英語コーパスのタグとして，タグ全体の５％以上を占めていた。２つのタグを比較すると，香港英語話者とシンガポール英語話者は isn't it よりも is it を用い，フィリピン英語とインド英語話者は is it よりも isn't it を用いることがわかった。ICE-CAN においても isn't it は最も頻度の高いタグであったが，is it は２例のみ（1.2%）であった。カナダ英語コーパスにはアジア英語コーパスよりも，幅広い組み合わせのタグが出現し，doesn't it，don't you，aren't they も全体の５％以上を占めていた。

2.5.5 主節とタグの一致度

次に，各英語の付加疑問文においては，主節とタグの一致がどの程度みられるか調べるため，主節とタグの一致の分析を行った。「一致」とは，付加疑問文のタグ部分が，補助動詞と代名詞の両方について，主節に一致しているかということである。上述の付加疑問文の定義で述べたように，主節とタグの一致は，付加疑問文であることの前提条件ではない。また，タグが主節と偶然一致して

表 2. 各コーパスにおける付加疑問文のタグ

ICE-HK	ICE-PHI	ICE-IND	ICE-SIN	ICE-CAN
is it (81, 44.8%)	isn't it (28, 51.9%)	isn't it (80, 64.0%)	is it (160, 56.3%)	isn't it (41, 24.6%)
isn't it (33, 18.2%)	do you (5, 9.3%)	is it (13, 10.4%)	isn't it (59, 20.8%)	doesn't it (11, 6.6%)
didn't you (7, 3.9%)	is it (3, 5.6%),	don't you (5, 4.0%),	do you (4, 1.4%)	don't you, aren't they (9, 5.4%)
will you, aren't you, did you, have you, wouldn't it, wasn't it, didn't he (3, 1.7%)	will you, have you, aren't you (2, 3.7%),	doesn't it (3, 2.4%),	was it, were you, wasn't it, doesn't it (3, 1.1%)	wasn't it, do you, (7, 4.2%)
don't we, would you, do you, don't you, isn't he, did he, are they, weren't you (2, 1.1%)	don't they, shouldn't I, didn't I, can't we, are we, can you, are you, did you, aren't they, do they, was it, wasn't it (1, 1.9%)	aren't you, didn't you, isn't she, don't they (2, 1.6%)	didn't I, are we, will you, won't you, would you, are you, don't you, didn't you, does she, aren't they (2, 0.7%)	did you (6, 3.6%)
wasn't I, aren't we, have we, won't you, wouldn't you, are you, was he, wasn't he, does he, doesn't he, will they, wouldn't they, aren't they, do they, don't they, didn't they, haven't they, will it, was it, did it, hasn't it, isn't there, wasn't there (1, 0.6%)		can I, aren't I, have I, shall we, haven't we, can you, are you, haven't you, isn't he, doesn't he, didn't he, can they, won't they, do they (1, 0.8%)	am I, would we, aren't we, were we, do we, haven't we, can't you, could you, couldn't you, aren't you, weren't you, did you, haven't you, would he, is he, isn't he, wasn't he, isn't she, wasn't she, hadn't she, are they, were they, do they, didn't they, haven't they, wouldn't it, does it, didn't it, is there (1, 0.4%)	aren't we, are you, don't we, would it (4, 2.4%)
				are we, would you, do they, didn't you, wouldn't it, isn't he (3, 1.8%)
				didn't I, have you, did he, did she, did they, is it (2, 1.2%)
				was I, can we, would we, wouldn't we, weren't we, didn't we, have we, wouldn't you, aren't you, were you, weren't you, hadn't you, was he, wasn't he, does he, can she, isn't she, does she, hadn't she, will they, don't they, didn't they, can't it, won't it, was it, does it, did it, didn't it, isn't there, didn't she, won't they (1, 0.6%)

いる付加疑問文も含まれている可能性があるが，一致が偶然であるかどうかを客観的に判断することはできない。よって，タグにおける補助動詞および代名詞が両方とも主節と一致している付加疑問文のみ，「一致している」と判断した。以下の例においては，(25) と (26) は主節とタグが一致していて，(27) と (28) は一致していない。

(25) Yeah we are the same kind of people, aren't we
(ICE-HK: S1A-035#382:1:A)

(26) I think it's a very deep or enriching kind of book, isn't it
(ICE-PHI:S1A-062#24:1:A)

(27) So you have it stand a chance, isn't it
(ICE-IND:S1A-092#224:1:B)

(28) The rest of them you all take turns, is it
(ICE-SIN: S1A-054#83:1:A)

表３は，コーパス内の付加疑問文について，主節とタグの一致度に関する分布を示している。一致は agree，不一致は disagree と表記してある。表が示すように，ICE-CAN では，ほぼすべての付加疑問文において，主節とタグに一致がみられた。アジア英語コーパスにおいては，ICE-HK と ICE-PHI ではおおよそ 75%，ICE-SIN では 60%，ICE-IND では 50% ほどの付加疑問文が，主節とタグの一致を示した。カイ二乗検定を行ったところ，主節とタグの一致度について英語間に有意な違いがみられ（χ^2=94.19, df=4, p=.000），さらなる分析の結果，一致度はカナダ英語において，アジア英語よりも有意に高いことが示された。アジア英語間では，香港英語とフィリピン英語における一致度が，シンガポール英語とインド英語における一致度よりも有意に高かった。２分類であるため，主節とタグが不一致の付加疑問文に関しては，順序が逆であった。

表 3. 主節とタグの一致度

	ICE-HK	ICE-PHI	ICE-IND	ICE-SIN	ICE-CAN
Agree	135 (74.6%)	42 (77.8%)	62 (49.6%)	168 (59.2%)	159 (95.2%)
Disagree	46 (25.4%)	12 (22.2%)	63 (50.4%)	116 (40.8%)	8 (4.8%)

前節で述べたように，アジア英語コーパスには isn't it と is it が多く出現したため，これら 2 種類のタグを除いて分析を行った。その結果，表 4 が示すように，isn't it と is it をタグとする付加疑問文を除くと，すべてのコーパスにおいて，付加疑問文の主節とタグには 90% 以上の一致がみられた。一方，表 5 が示すように，isn't it と is it をタグとする付加疑問文の主節とタグの一致度は，コーパス間で異なった。カナダ英語コーパスとアジア英語コーパスの間には明確な違いがみられ，前者では isn't it と is it をタグとする付加疑問文すべてにおいて，主節とタグが一致していたが，後者においては一致度が低かった。

表 4. Isn't it と Is it を除いた主節とタグの一致度

	ICE-HK	ICE-PHI	ICE-IND	ICE-SIN	ICE-CAN
Agree	62 (92.5%)	22 (95.7%)	29 (90.6%)	64 (98.5%)	116 (93.5%)
Disagree	5 (7.5%)	1 (4.3%)	3 (9.4%)	1 (1.6%)	8 (6.5%)

表 5. Isn't it と Is it に関する主節とタグの一致度

	ICE-HK	ICE-PHI	ICE-IND	ICE-SIN	ICE-CAN
Agree	73 (64.0%)	20 (64.5%)	33 (35.5%)	104 (47.5%)	43 (100%)
Disagree	41 (36.0%)	11 (35.5%)	60 (64.5%)	115 (52.5%)	0 (0%)

結果として，アジア英語の付加疑問文の多くは，isn't it と is it をタグとする付加疑問文の一部を除き，「典型的な」付加疑問文にみられる一致を示すことがわかった。主節との一致度が低いのは，isn't it と is it をタグとする付加疑問文であった。このことは，2.1.3 で触れたように，アジア英語話者は実際に，付加疑問文のタグ部分における isn't it と is it の「不変化的な」用法を，発達させていることを示していた。この 2 つのタグに関する主節との一致度が，各コーパスにおける付加疑問文の，主節とタグの全体的な一致度を部分的に決定していた。しかし，この 2 つの形式が，普遍的なタグとして用いられていたわけではない。アジア英語でも多様なタグが付加疑問文のタグとして使用されていた。さらに，ICE-HK と ICE-PHI では，isn't it と is it をタグとする付加疑問文においても，主節との一致度は 60% を越え，香港英語とフィリピン英語では，ある程度の一致度が保たれていた。一方で ICE-SIN と ICE-IND では，isn't it と is it をタグとする場合の一致度は 47.5％および 35.5％と，ICE-HK と ICE-PHI に比べて低かった。

2.6 付加疑問文の機能

本節では，アジア英語の付加疑問文の使用法を調べるため，コーパスに出現した付加疑問文の機能の分析を行った。分類には，2.4.3 で示したように，先行研究にもとづいた７つのカテゴリー，すなわち情報取得，確認，促進，強調，断定，攻撃，その他を用いた。カテゴリーおよび定義を以下に再掲する。

1．情報取得の付加疑問文（informational tag questions）：情報を本当に要求する。開放的な質問もしくは yes か no で答えられる質問と同等のもので，積極的な回答を相手に求める。要求を行う。
2．確認の付加疑問文（confirmatory tag questions）：話者は自分の発言内容について，どれだけ少しであっても何らかの知識をもっている。しかし，話者は自分の発言内容に確信をもっておらず，確信がない内容についての確認を行う。確認を引き出す。
3．促進の付加疑問文（facilitative tag questions）：話者は自分の発言内容について確信をもっている。話者は相手を引き込みたい。同意を引き出す。相手に会話に参加するよう招く。
4．強調の付加疑問文（attitudinal tag questions）：話者の発言内容を強調する。話者の見解を強める。相手の注意を求める。相手からの返事は期待していない。立場を明確にする。
5．断定の付加疑問文（peremptory tag questions）：議論を終える意図で用いられる。話している内容について，相手がさらに議論を続けようとするのを妨げる。一般的に当然であると認められている内容の後に出現する。
6．攻撃の付加疑問文（aggressive tag questions）：断定の疑問文と同じ効果があるが，相手が知りうるはずのない内容の後に出現するため，否定的な意味合いがさらに強い。
7．その他：このカテゴリーは，上記の６つに該当しない機能をもつ付加疑問文が出現した時のために，念のため準備した。

これらのカテゴリーのうち，情報取得，確認，促進，強調の付加疑問文は，すべてのコーパスにおいて出現した。このことは，付加疑問文の基本的な機能が英語間で共有されていたことを示していた。以下に各カテゴリーについて2例ずつ，具体例を掲載する。断定，攻撃，その他を主要な機能とする付加疑問文は，どのコーパスにおいても出現しなかったため，対象とした英語では，これらの目的で付加疑問文を用いることはほとんどないと考えられる。よって，断定，攻撃，その他のカテゴリーは，さらなる分析からは除外した。

下記の具体例においては，文脈も提示してある。なぜなら，それぞれの付加疑問文の主要機能を特定するためには，文脈の情報が重要な役割をもっていたからである。また，文脈の分析に必要なテキスト記号を保持してある。すなわち，< , > 短い休止，< ,, > 長い休止，< [> … < /[> 発言の重なり，< { > … < /{ > 互いに重なった部分，< . > … < /. > 不完全な単語，< ? > … < /? > 書き起こしが不確かな部分，< unc > … < /unc > はっきりと聞こえない単語，< O > … < /O > 書き起こしではない部分（例：笑い声があったことを示す laugh）である。発言の重なりとは，各話者の発話のどの部分が，相手と同時に行われたかを示す記号である。そして，互いに重なった部分とは，重なりが生じた両者の発話について，重なった部分全体を囲うようにつけられている記号である。なお，重なりが2つ以上生じた場合には，対応がわかるように番号が付与されている。各テキスト・ユニットの冒頭のアルファベットは，話者を示している。また，付加疑問文は斜体字にしてある。

1．情報取得

(29) A: So you have to have the text books
A: So it's a great problem we are now facing < , >
A: I don't know what will be done in future maybe < { > < [> they'll < /[>
B: < [> But < /[> < /{ > couldn't you have chosen < , > uh some other book which < { > < [> is uh or < /[> readily available
A: < [> Now the other < /[> < /{ >

A: The reason uh < , > problem now is that in fact no book is available < ,, > not a single book is available < , > even those which are popular
B: *Not even Wagner is it* < ,, >
A: < . > Wa < /. > even Wagner which is published in Delhi < { > < [> and which is not available now < /[>
(ICE-IND:S1A-060#156:1:A ~ ICE-IND:S1A-060#163:1:A)

ＡとＢは大学教員で，ＡがＢに対して，学生のために教科書が手配できないことを話していた。Ｂが入手しやすい教科書が他にあるのではと尋ねたところ，Ａが否定したため，Ｂは具体例を出して再び質問した。本例において，付加疑問文は情報を要求するために用いられていたため，情報取得の付加疑問文であった。

(30) A: But in Britain is there any < , > Chinese supermarket
Z: Yes there is < { > < [> very < /[> < unc > two words < /unc > there
A: < [> Yes < /[> < /{ >
A: Have you buy have you bought any food from it
Z: You can get any from there
Z: You get noodles the the beef < { > < [> < , > uh < /[> what else do you get
Z: Tense of Chinese food
A: < [> Uh ha < /[> < /{ >
A: Sweet and sour pork
Z: Well you know I'm only get them from the < { > < [> Big Way < /[> Shop
Z: Yeah
A: < [> The restaurant < /[> < /{ >
A: Yeah
A: Uh it's quite good
Z: But it's quite expensive as < {1 > < [1 > well < /[1 >
Z: It take < {2 > < [2 > < unc > two-words < /unc > < /[2 >
A: < [1 > Yeah < /[1 > < /{1 >
A: < [2 > *Much more* < /[2 > < /{2 > *expensive than the restaurant in Hong Kong is it*

Z: Yeah yeah < { > < [> it's < /[>
A: < [> Oh < /[> < /{ > my god
Z: For one dish we got pay maybe < ,, > seventy or eighty dollars for sweet sour pork

(ICE-HK:S1A-056#185:1:A ~ ICE-HK:S1A-056#X205:1:Z)

AとZはイギリスで入手できる中華食材と中華料理について話していた。AはZに，Zがあげた中華料理レストランは，香港のレストランより高いか尋ねた。Aのoh my godというコメントは，Aが実際の価格を知らなかったことを示していた。よって本例の付加疑問文は，yesかnoで答えられる質問と同等のものとして用いられていた。なお既述のようにZの発言は分析対象に含めていない。

2．確　認

(31) A: And this would also be consistent with the injuries caused
C: By a sharp instrument like that of parang
A: Third injury Doctor Wee is an tangential slash wound
C: Yes
C: This is seen in P thirty-five
A: P thirty-five also
C: And thirty-three
A: This is where part of the scalp being slashed off
C: Yes
B: One moment P
A: Thirty-three and thirty-five
A: Thirty-three is the injury
B: *Somewhere near the ear is it*
A: Yes where part of the scalp is sliced off
A: Doctor Wee could you see photographs eight and nine
C: Yes
A: Would that be the piece of scalp that had been sliced off
C: Yes it would

(ICE-SIN: S1B-070#42:1:A ~ ICE-SIN:S1B-070#59:1:C)

この対話は裁判所で行われ，Bは司法解剖の結果を確認していた。Bが使用した付加疑問文は，確認の付加疑問文であった。

(32) A: Yeah football in the Philippines is so sad < , >
A: It's like the saddest sport there is next to < , > hockey
B: Well actually I am I'm a part of the tennis varsity < , > training team and < , > < { > < [> it's training < /[> for the U L 'no
A: < [> Oh yeah < /[> < /{ > *you don't you don't take P E do you*
B: Of course I don't because I'm in the training team
A: So < , > you're on a training team
A: *I guess you don't have to do those sit-ups and thousand meter dashes do you*
B: I mean thank God I don't
B: I mean < , > it's it's so tiresome
A: Uh yeah while on < , > on the topic of sports uhm < , > what can you say about our La Salle's number one basketball team
(ICE-PHI:S1A-034#135:1:A ~ ICE-PHI:S1A-034#145:1:A)

ＡとＢは両者とも運動部に所属していた。Ａはサッカーで，Ｂはテニスであり，運動部に所属していることは何を伴うのか両者とも知っていた。よって，Ａの用いた付加疑問文は，Ａのもっている考えを確認するための，確認の付加疑問文であった。

３．促　進

(33) A: < {1 > < [1 > Seems to be < /[1 > reaching consensus < { >
A: < {2 > < [2 > and < /{ > < unclear > word < /unclear > < ,, > a decision< /[2 >
C: < [1 > Mhh hmm < /[1 > < /{1 >
C: < [2 > Yes < ,, >
C: Ya uhm < /[2 > < /{2 > and uhm that's right
C: There's < { > also a < /{ > problem with capitalism < , > in the north
C: There's a
B: Problem with capitalism everywhere
A: < { > < [> < O > laugh < /O > < /[>
Z: < [> < { > < [> < O > laugh < /O > < /[> < /[> < /{ >
C: < [> < O > laugh < / O > < /[> < /{ >
B: < O > laugh < /O > *It starts at home doesn't it*

A: < { > < [> Ya < unclear > a few words < /unclear > < /[> ya

(ICE-CAN: S1B-012#1:1:A ~ ICE-CAN:S1B-012#13:1:A)

この会話では，社会問題についての議論が行われていた。B は他の話者を引き込み，同意を引き出すために，付加疑問文を用いていた。よって，この付加疑問文は促進の機能を担っていた。

(34) B: Thing like really generally stuff and then suddenly my tutor sort of just suddenly turned up
A: Uh < { > < [> huh < /[>
B: < [> And < /[> < /{ > we're like uh what are you doing here
B: < { > < [> Yeah we all there < /[> < , > we were all there like < , > we < . > u < /. > < , > just got there thinking okay that we just treat it like an office visit you know
B: Ove Arup's got like a nice office so
A: < [> We were supposed to be here < /[> < /{ >
A: *Yeah they got really nice office haven't they*
B: Yeah it's a actually it's really nice
B: First uhm what fifth floor of Festival Walk
A: Yeah they've got like I I don't remember < { > < [> which is < /[>
B: < [> They've < /[> < /{ > got like one and like two levels < { > < [> two < /[> storeys
A: < [> Yeah < /[> < /{ >
A: And there's escalator going up to the second level
B: Yeah and then like they have this triangular void in the middle
A: Uh huh yeah
B: And then like on the lower floors uh and and they've got like < . > o < /. > uh other offices but not theirs
B: Other companies firms < { > < [> whatever < /[>

(ICE-HK:S1A-100#344:1:B ~ ICE-HK:S1A-100#360:1:B)

B は先生に出くわした時のことを話していた。B は A に，どこで先生に会ったかを話し，B は施設についてのコメントをする際に付加疑問文を用いた。これは，主に会話の相手を引き込むために用いられていたため，促進の付加疑問文であった。

4. 強　調

(35) A: I am supposed to be there but uh since it was a previous commitment I'm here
A: In any case I hope that you will uh seeing it a lot of uh values that I just mentioned about uh solidarity and subsidiarity
A: But I'll tell you much < . > late < /. > much more about this later on
A: But first < , > let's talk about solidarity and subsidiarity < ,, >
A: How many of you here would say that business is based on greed < ,, >
A: You know I've I went I've gone through the mission statement of of uh La Salle and there is a lot of it *there's a lot of social responsibility there isn't it*
A: And uh there's one thing that I observed also here that every six o'clock I dunno if also every twelve o'clock you say the Angelus
A: That's very admirable < , >
(ICE-PHI: S2A-022#23:1:A ~ ICE-PHI:S2A-022#31:1:A)

Aは銀行家で，大学で講演を行っていた。話の途中で用いられた付加疑問文は，本例ではsocial responsibilityについての発言内容を，強調するために主に使用されていた。よって，これは強調の付加疑問文であった。

(36) B: We looked at the map and what was available
B: It's still a long way for them < , > but < { > < ,, > by bus < { > it's not < /{ > < /{ > that far
B: I mean < { > it's < /{ > < { > just down< /{ > Fatima boulevard
A: < { > < [> Mm mmm < /[>
B: < [> You know < /[> < /{ >
B: It's a straight straight route not too bad < , > but uhm < , > there isn't too much else < { > < [> < , > otherwise < /[>
A: < [> Mm hmm < /[> < /{ >
A: Mm hmm mm hmm
B: Uhm so I don't know if that's going to happen
B: If there's going to be a joining < { > of the < /{ > two schools but uh < { > if < /{ > that is the case it would < , > bring our population up to the point where we would need a fairly large

school < { > to < /{ > handle our
A: Or if they were allowed to maintain where they were < { > would < /{ >
A: Moving our school it's difficult to say < { > < [> < , > < /[> how much additional clientele one would get < , > by moving our school to a more central location
B: < [> Mm hmm < /[> < /{ >
B: And *we wouldn't know for a couple years would we* because uhm < , > we'd have to settle and let the community get to know us and < { > < [> < , > < /[> find out if there's a market for our kind of school
A: < [> Mm hmm < /[> < /{ >
B: But uhm < { > < [> < , > I think < /[>
(ICE-CAN:S1B-071#83:1:B ~ ICE-CAN:S1B-071#98:1:B)

A と B は学校の移設について議論していた。B は付加疑問文を用いて，自分の主張を強調した。よって，これは強調の付加疑問文であった。

ICE-HK においては，確認の付加疑問文が最も多く（83 例，45.9%），強調（49 例，27.1%），促進（32 例，17.7%）と続いた。そして，情報取得の付加疑問文が最も少なかった（17 例，9.4%）。カイ二乗検定を行ったところ，カテゴリーごとの付加疑問文の頻度には，有意な違いがみられた（χ^2=53.32, df=3, p=.000）。さらなる分析を行ったところ，香港英語においては確認の付加疑問文が，強調，促進，情報取得の付加疑問文より，有意に多く出現したことがわかった。また，強調の付加疑問文の頻度は，情報取得の付加疑問文より有意に高かった。強調と促進の付加疑問文の出現頻度の差，および促進と情報取得の付加疑問文の出現頻度の差は有意ではなかった。

ICE-PHI では，最も多いのは確認の付加疑問文で（20 例，37.0%），強調の付加疑問文が次に多かった（19 例，35.2%）。そして，促進の付加疑問文が 13 例（24.1%）で，残りの 2 例（3.7%）が情報取得の付加疑問文であった。カイ二乗検定の結果，付加疑問文の機能によって，出現頻度に有意な差があった（χ^2=15.19, df=3, p=.002）。さらなる分析の結果，フィリピン英語において，確認，強調，促進の付加疑問文の出現頻度には，有意な違いがみられなかった。

しかし，情報取得の付加疑問文の出現頻度は，他のカテゴリーに比べて有意に低かった。

ICE-IND については，促進の付加疑問文の頻度が最も高かった（48 例，38.4％）。次に，強調の付加疑問文（42 例，33.6％），確認の付加疑問文（31 例，24.8％）と続いた。情報取得の付加疑問文は 4 例（3.2％）であった。出現頻度には有意な差があった（χ^2=36.44, df=3, p=.000）。さらなる分析によると，促進，強調，確認の付加疑問文が，情報取得の付加疑問文よりも，インド英語においては多く出現したことが示された。しかし，促進，強調，確認の付加疑問文の出現頻度の違いは有意ではなかった。

ICE-SIN において，最も多く出現したのは確認の付加疑問文（147 例，51.8％）であった。促進の付加疑問文が次に頻度が高く（59 例，20.8％），強調の付加疑問文（52 例，18.3％），情報取得の付加疑問文（26 例，9.2％）と続いた。機能による出現頻度の違いは有意であった（χ^2=117.0, df=3, p=.000）。さらなる分析を行ったところ，促進－強調の組み合わせを除いて，すべての組み合わせに有意差があった。このことは，シンガポール英語において，確認の付加疑問文が，他の機能をもつ付加疑問文よりも有意に多く出現したことを示していた。また，促進の付加疑問文および強調の付加疑問文は，情報取得の付加疑問文よりも有意に高い頻度で出現した。しかし，促進と強調の付加疑問文の出現頻度の違いは有意ではなかった。

ICE-CAN では，確認の付加疑問文が最も高い頻度で（71 例，42.5％），促進の付加疑問文が次に頻度が高かった（69 例，41.3％）。強調の付加疑問文は 24 例（14.4％）で，残り 3 つ（1.6％）が情報取得の付加疑問文であった。カイ二乗検定を行ったところ，4 つのカテゴリーの間には有意差があることが示された（χ^2=81.80, df=3, p=.000）。さらなる分析の結果，カナダ英語においては，確認の付加疑問文と促進の付加疑問文が，強調の付加疑問文と情報取得の付加疑問文よりも，有意に多いことが示された。また，確認と促進の付加疑問文の出現頻度には有意な差がなかったが，強調の付加疑問文の出現頻度は，情報取得の付加疑問文よりも有意に高かった。

図 7 は，5 つのコーパスの付加疑問文について，機能面での分布を示したものである。情報取得（informational），確認（confirmatory），促進（facilitative），

強調（attitudinal）が含まれている。上述のように，断定，攻撃，その他のカテゴリーに分類される付加疑問文は，どのコーパスにも出現しなかった。カイ二乗検定の結果，コーパス間において，付加疑問文の機能面での分布に有意な差がみられた（χ^2=76.90, df=12, p=.000）。そこで，各機能について，コーパス間での違いを探るための分析を行った。カイ二乗検定を行い，ホルム法を適応して有意水準の調整を行った。

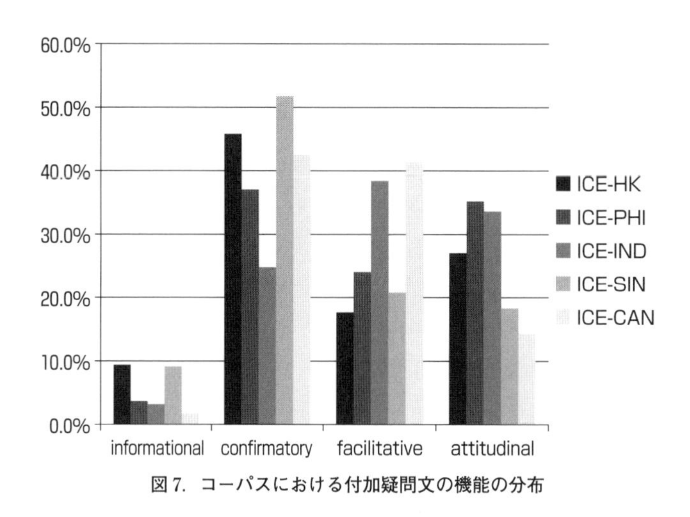

図 7. コーパスにおける付加疑問文の機能の分布

すべてのコーパスにおいて，出現頻度が最も低かったのは，情報取得の付加疑問文であった。しかし，その出現頻度の割合は英語間で有意に異なった（χ^2=14.98, df=4, p=.005）。具体的には，香港英語とシンガポール英語について，付加疑問文が情報取得の機能をもつ割合が，カナダ英語に比べて有意に高かった。また，これら2つの英語については，フィリピン英語とインド英語よりも，情報取得の付加疑問文の割合がコーパス内において高かったが，その差は有意ではなかった。確認の付加疑問文の割合も英語間で有意に差があり（χ^2=27.07, df=4, p=.000），香港英語，シンガポール英語，カナダ英語において，インド英語よりも有意に高い割合で，確認の付加疑問文が出現した。フィリピン英語についても，コーパス内の確認の付加疑問文の割合がインド英語よりも高く，その他の英語よりも低かったが，差は有意ではなかった。

促進の付加疑問文の割合も，英語間で有意な違いがあった（χ^2=39.15, df=4, p=.000）。具体的な違いとしては，香港英語とシンガポール英語において，インド英語とカナダ英語に比べ，付加疑問文が促進の機能をもつ割合が有意に低かった。また，フィリピン英語についても，このタイプの付加疑問文のコーパスでの割合が，インド英語とカナダ英語に比べて低かったが，その差は有意ではなかった。強調の付加疑問文の割合も英語間で異なり（χ^2=24.75, df=4, p=.000），フィリピン英語とインド英語の付加疑問文における割合が，シンガポール英語とカナダ英語の付加疑問文における割合に比べ，有意に高かった。また，香港英語についても，付加疑問文が強調として使われる割合が，カナダ英語よりも有意に高かった。

結果として，アジア英語の付加疑問文で多く用いられる機能は，英語によって異なることが示された。つまり，付加疑問文の基本的な機能は英語間で共通していたが，その分布は英語間で有意に異なっていた。特に，シンガポール英語とインド英語においては，４つのカテゴリーのうち３つで有意な差があり，残りのカテゴリーでもわずかに差がみられ，付加疑問文の使用目的が異なることが明らかになった。一方で，シンガポール英語と香港英語については，どのカテゴリーでも有意な違いがみられず，付加疑問文の使用目的は，同一ではないが類似していることがわかった。また，アジア英語とカナダ英語では，付加疑問文の使用目的に違いがあることも見出された。シンガポール英語と香港英語においては，カナダ英語に比べ，付加疑問文における情報取得の割合が有意に高く，促進の割合が有意に低かった。また，インド英語については，カナダ英語に比べて，付加疑問文が確認のために使われる割合が，有意に低かった。さらに，フィリピン英語，インド英語，香港英語に置いては，強調のために用いられる付加疑問文の割合が，カナダ英語よりも有意に高かった。

2.7 付加疑問文の極性と機能の関係

本節においては，付加疑問文の極性と機能の関係について探索する。なぜなら，付加疑問文の語用論的な目的が，極性の選択に部分的に寄与している可能性を，先行研究（例：McGregor, 1995）が指摘していたからである。Huddleston（2002a）は，「意味に関する限りは，重要なことはタグが肯定形か否定形かということではなく，極性が不一致か一致かということである」（p. 892）と述べた。よって，本節では極性の分類として，極性不一致（Reversed）か極性一致（Constant）かという2分類を用いることにした。

表6は，各コーパスついて，極性不一致の付加疑問文と極性一致の付加疑問文の分布を，4つの機能カテゴリーごとに示したものである。表においてパーセントは，コーパス内で同じ機能をもつ付加疑問文に占める，極性不一致と極性一致の割合を示している。上述のように，主要な機能が断定，攻撃，もしくはその他と分類される付加疑問文は，どのコーパスにも出現しなかったため，表6には情報取得，確認，促進，強調のカテゴリーのみを含めている。

2.5.3で述べたように，ICE-HKには極性不一致の付加疑問文と極性一致の付加疑問文が，ほとんど同じ頻度で出現した。しかし，表6が示すように，極性不一致と極性一致の具体的な割合には，機能によって違いがみられた。カイ二乗検定を行ったところ，極性と機能は関連があり，機能によって極性の分布が有意に異なることが示された（χ^2=30.12, df=3, p=.000）。さらなる分析の結果，情報取得と確認の付加疑問文が，促進と強調の付加疑問文に比べ，極性一致として出現する頻度が有意に高いことがわかった。このことは，香港英語話者は，会話への参加を促したり発言を強調したりする時に比べ，情報を求めたり確認を引き出したりする際に，極性一致の付加疑問文を使用する傾向があることを示した。

ICE-PHIについては，極性不一致の付加疑問文の方が，極性一致の付加疑問文よりも，有意に高い頻度で出現していた。よって，多くの機能カテゴリーにおいて，極性不一致の付加疑問文が占める割合が大きいことは予測された。しかし，カイ二乗検定の結果，分布自体には違いがあることが示され（χ^2=12.53, df=3, p=.006），具体的に差がみられたのは情報取得－促進と情報取得－強調の組み合わせであった。ただし，情報取得の付加疑問文は，極性一致として出現した2例のみであったため，この結果は決定的なものではなかった。他の3つのカテゴリー間では有意差がみられなかった。よって，フィリピン英語話者は，確認，促進，強調の付加疑問文において，極性不一致の付加疑問文を使う

表 6. 極性と機能の関係

ICE-HK	情報取得	確　認	促　進	強　調	合　計
Reversed	2 (11.8%)	33 (39.8%)	23 (71.9%)	36 (73.5%)	94 (51.9%)
Constant	15 (88.2%)	50 (60.2%)	9 (28.1%)	13 (26.5%)	87 (48.1%)
合　計	17	83	32	49	181
ICE-PHI	情報取得	確　認	促　進	強　調	合　計
Reversed	0 (　0.0%)	14 (70.0%)	13 (100.0%)	16 (84.2%)	43 (79.6%)
Constant	2 (100.0%)	6 (30.0%)	0 (　0.0%)	3 (15.8%)	11 (20.4%)
合　計	2	20	13	19	54
ICE-IND	情報取得	確　認	促　進	強　調	合　計
Reversed	3 (75.0%)	22 (71.0%)	41 (85.4%)	40 (95.2%)	106 (84.8%)
Constant	1 (25.0%)	9 (29.0%)	7 (14.6%)	2 (　4.8%)	19 (15.2%)
合　計	4	31	48	42	125
ICE-SIN	情報取得	確　認	促　進	強　調	合　計
Reversed	6 (23.1%)	37 (25.2%)	34 (57.6%)	34 (65.4%)	111 (39.1%)
Constant	20 (76.9%)	110 (74.8%)	25 (42.4%)	18 (34.6%)	173 (60.9%)
合　計	26	147	59	52	284
ICE-CAN	情報取得	確　認	促　進	強　調	合　計
Reversed	2 (66.7%)	59 (83.1%)	65 (94.2%)	24 (100.0%)	150 (89.8%)
Constant	1 (33.3%)	12 (16.9%)	4 (　5.8%)	0 (　0.0%)	14 (10.2%)
合　計	3	71	69	24	167

傾向があることが示された。違いは有意ではなかったが，確認の機能をもつ付加疑問文に占める極性一致の割合は，促進と強調の場合に比べて，やや高かった。

ICE-IND においても，極性不一致の付加疑問文の頻度が，極性一致の付加疑問文の頻度よりも有意に高かった。そして，すべての機能カテゴリーについて，極性不一致の付加疑問文の方が高い割合で生じていた。しかし，分布には違いがあり（χ^2=8.46, df=3, p=.037），有意差は確認と強調の付加疑問文の間にみられた。つまり，確認の付加疑問文において，強調の付加疑問文に比べ，極性一致の割合が有意に高かった。このことは，インド英語話者は，発言を強調する目的よりも，確認を引き出す目的の際に，より多く極性一致の付加疑問文を用いることを示していた。

ICE-SIN においては極性一致の付加疑問文が，極性不一致の付加疑問文よりも有意に高い頻度で出現した。しかし表 6 にみられるように，4 つの機能カテゴリーすべてにおいて，極性一致の頻度が高いわけではなかった。カイ二乗検定の結果，極性と機能には関連がみられ，極性の分布は機能によって有意に異なることがわかった（χ^2=38.38, df=3, p=.000)。さらに分析を行ったところ，極性一致の付加疑問文は，促進と強調の付加疑問文に比べ，情報取得と確認の付加疑問文に，より結びついていることが示された。すなわち，シンガポール英語話者が極性一致の付加疑問文を使うのは，会話への参加の促進や発言の強調を行う時よりも，情報の要求や確認を行う時の方が多いことがわかった。

ICE-CAN においては，極性不一致の付加疑問文の頻度の方が，極性一致の付加疑問文の頻度よりも有意に高かった。そして，すべての機能カテゴリーにおいて，極性不一致の付加疑問文の方が高い頻度で出現した。カイ二乗検定では分布に違いがあることが示されたが（χ^2=9.44, df=3, p=.024)，違いは強調と情報取得の付加疑問文の間のみであり，情報取得は3例であったため，実際に違いがあるのかは，さらに多くのデータによって確認する必要がある。コーパスにおいて，極性一致の付加疑問文は，促進や強調よりも確認のために，より多く用いられてはいたが，差は統計的に有意ではなかった。

英語間の比較を行うため，極性と機能の関係について各英語で明らかになったことを，統合して比較した。違いを統計的に計算しなかったのは，極性不一致の付加疑問文と極性一致の付加疑問文の割合が，コーパス間で大きく異なっていたからである。データによると，極性一致の付加疑問文について，香港英語話者とシンガポール英語話者には同様のパターンがみられた。どちらにおいても極性一致の付加疑問文が，会話への参加を促したり発言を強調したりする目的に比べ，情報を要求したり確認を求めたりする目的で，より頻繁に用いられていた。逆に，極性不一致の付加疑問文は会話への参加促進や発言の強調の目的で，より多く用いられていた。このことは，香港英語話者およびシンガポール英語話者が，極性一致の付加疑問文を極性不一致の付加疑問文から，ある程度は区別して使用していることを示唆していた。

フィリピン英語話者，インド英語話者，カナダ英語話者においては，極性一致の付加疑問文と特定の機能の強い結びつきはみられなかった。たとえばインド英語話者は，極性一致の付加疑問文を，強調に比べると確認のために用いていたが，両方の機能について，頻度自体は極性不一致の方が高かった。これら3つの英語において，促進と強調の機能をもつ付加疑問文と比べると，確認の機能をもつ付加疑問文について，極性一致の割合が高く，極性一致は確認に結びつく傾向があることを示しているのかもしれない。しかし，この点は本研究で統計的に支持されたわけではないため，検証のためにはさらなる研究が必要である。また，情報取得の付加疑問文は数が少なかったため，極性と情報取得の機能についての関係は，より多くのデータによって検討する必要がある。

このように，極性不一致の付加疑問文が，極性一致の付加疑問文よりも高い割合で出現する英語においては，機能にかかわらず，極性不一致の付加疑問文の方が多く使われる傾向があった。この傾向は，アジア英語においてはフィリピン英語とインド英語にみられ，カナダ英語にも同様の傾向がみられた。一方で，極性一致の付加疑問文が，極性不一致の付加疑問文よりも高いもしくは同等の割合で出現する英語においては，極性一致の付加疑問文は，情報取得または確認の機能と結びつけられる傾向があった。この傾向がみられたのは，香港英語とシンガポール英語においてである。

2.8 アジア英語の付加疑問文に関する考察

本節では，アジア英語の付加疑問文に関して，分析を通して明らかになったことについての考察を行う。まず，本研究で対象としたアジア英語において，大半の付加疑問文は話し言葉において出現する。具体的な分布には違いもみられるが，付加疑問文は主に，社交的な手紙と創作の中の会話を含む，対話もしくは対話に類似した場面で用いられる。そして，対話以外の場面では，その場でのコメントといった限られた使用域のみで出現するようである。この傾向はアジア英語だけでなく，カナダ英語にもみられる。このことは，どの英語においても，付加疑問文は対話に結びついた使用域で，主に用いられることを示している。

しかし，付加疑問文の具体的な特徴には，英語間で違いがある。たとえば，アジア英語話者はタグを肯定の構文に付与し，肯定－否定もしくは肯定－肯定の付加疑問文を作成する傾向がある。カナダ英語話者も，否定よりも肯定の構文にタグを付与することが多いが，否定－肯定の付加疑問文も，ある程度の頻度で用いる。実際，カナダ英語コーパスにおける，否定－肯定の付加疑問文の割合は，20.0%を越えていた。アジア英語の間では，否定－肯定の付加疑問文および否定－否定の付加疑問文について，英語間に有意な差はみられない。しかしながら，シンガポール英語話者と香港英語話者は肯定のタグの使用を好み，フィリピン英語話者とインド英語話者は否定のタグの使用を好む。この違いは，付加疑問文を極性によって2分類すると，より明らかである。シンガポール英語話者と香港英語話者は，フィリピン英語話者，インド英語話者，そしてカナダ英語話者に比べ，有意に高い割合で極性一致の付加疑問文を用いる。

この傾向は，各英語話者が好んで選択するタグによって，部分的に説明することができる。前者の2英語の話者はis itを最も高い頻度のタグとして使用し，後者の3英語の話者はisn't itを最も高い頻度のタグとして使用する。それと同時に，5つの英語すべてにおいて，タグにおいて最も多く使われる補助動詞はBEとDOであり，代名詞はItとYouである。主節とタグの一致度は，カナダ英語の付加疑問文において最も高い。そしてアジア英語の中では，フィリピン英語と香港英語において，シンガポール英語とインド英語に比べ，主節とタグの一致度が有意に高い。

付加疑問文の基本的な機能自体は英語間で共通している。すなわち，アジア英語およびカナダ英語で，大半の付加疑問文の主要な機能は，情報取得，確認，促進，強調のいずれかである。しかし，付加疑問文が特にどの機能に結びついているかは，英語間で違いがある。特に，シンガポール英語とインド英語の間の違いが大きい。シンガポール英語話者はインド英語話者と比べて，確認の付加疑問文を有意に高い割合で用い，促進および強調の付加疑問文を有意に低い割合で用いる。一方で，シンガポール英語話者と香港英語話者の間には，付加疑問文の使用目的について有意な違いはみられない。このことは，香港英語話者とシンガポール英語話者は，付加疑問文の主要な特徴および使用目的において，共通する点が多いことを示している。ただし，香港英語話者はシンガポール英語話者に比べて，高い割合で極性不一致の付加疑問文を用い，付加疑問文の主節とタグの一致度も高い。また，付加疑問文の主要機能の分布に関しては，アジア英語話者とカナダ英語話者には類似点はみられない。

フィリピン英語話者，インド英語話者，カナダ英語話者は，付加疑問文の機能にかかわらず，極性一致よりも極性不一致の付加疑問文を，より高頻度で用いる。このことは，付加疑問文の使用において，極性不一致の方が極性一致よりも高い割合で使われる英語については，すべての主要機能において，極性不一致の形式が用いられる傾向を示唆している。一方で，シンガポール英語話者と香港英語は情報取得と確認の機能を，極性一致の付加疑問文と結びつける傾向にある。よって，極性一致の付加疑問文が極性不一致の付加疑問文よりも高い割合で出現する，もしくは同等の割合で出現する英語においては，極性一致の付加疑問文は情報取得および確認の目的をもつ傾向が示唆されている。

アジア英語の付加疑問文の類似点および相違点については，２つの潜在的な説明，すなわち基層言語の影響と地域の英語の発達段階からの説明が考えられる。まず，先行研究においては，アジア英語の特徴を，基層言語の類型論にもとづく特徴から説明しようとしたものがある（例：Gisborne, 2009; Sharma, 2009)。たとえば，シナ語派に分類される言語が両地域で使用されているため，香港英語とシンガポール英語の付加疑問文は，潜在的に共通の特徴をもちうる(Lim & Gisborne, 2009)。本研究でも実際，上述のように，香港英語とシンガポール英語の間には類似点がみられた。たとえば，両方においてis itが最も頻度の高いタグであり，付加疑問文の機能の分布にも有意な違いはなかった。

しかしながら，基層言語の影響によって，アジア英語の付加疑問文の相違点および類似点の説明を行うのは難しい。各地域では多様な基層言語が使われているため，ひとつの基層言語を分析するだけでは，アジア英語の特徴と基層言語の関係を特定するのには十分ではない。それでも，各地域には主要な基層言語は存在する。すなわち，香港における広東語，シンガポールにおける標準中国語，フィリピンにおけるフィリピノ語もしくはタガログ語[17]，インドにおけるヒンディー語である。

これらの言語には，英語の付加疑問文に厳密に対応する文法構造はない。これが，アジア英語の付加疑問文を，基層言語と結びつけるのが難しい理由のひとつである。さらなる説明のため，各基層言語で付加疑問文に類似していると考えられる構文の具体例を，以下に示す。

17）本書ではフィリピノ語とタガログ語を互換的に用いる。

(37) Köü^{5} hai^{6} Yat^{6}bun^{2}yan^{4}, hai^{6} m^{4} hai^{6}?
He/she is Japanese is not is
(He/she is Japanese, isn't he/she? 広東語)

(38) Ta^{1} shi^{4} Mei^{3}guo^{2}ren^{2}, shi^{4} bu^{2} shi^{4}?
He is American is not is
(He is American, isn't he? 標準中国語)

(39) Kastila siya, hindi ba?
Spanish he/she not (question marker)
(He/she is Spanish, isn't he/she? フィリピノ語／タガログ語)

(40) Vaha bhāratīya hai na?
he/she Indian is right
(He/she is Indian, isn't he/she? ヒンディー語)

(37) と (38) の例文は，もし基層言語が英語におけるタグの形成に直接的に影響するならば，香港英語とシンガポール英語においては，isn't it が最も頻度の高いタグになる可能性が高いと示唆している。しかし，既述のように，香港英語とシンガポール英語において，実際に最も頻度の高いタグは is it である。また，(39) の例文は，フィリピン英語で isn't it が多く使用されることと，関係があるようにみえるかもしれない。しかし，hindi ba には動詞が含まれないため，確実に isn't it と結びつきがあると判断することはできない。同様に，(40) の例文では na がヒンディー語ではタグとして使用されることを示しているが，インド英語で最も頻度の高いタグである isn't it との直接的な関係性はみられない。したがって，アジア英語の付加疑問文の特徴を，基層言語の特徴から十分に説明することはできない。

2つ目の潜在的な説明は，地域の英語の発達段階である。なぜなら，先行研究において，アジア英語は英語の発達段階に関するモデルによって，分類されてきたからである。Schneider (2003) は過去に植民地だった歴史をもつ地域の「新英語」の発達について，アイデンティティ理論，言語接触理論，アコモデーション理論にもとづいた動的モデルを提案した (Schneider, 2007, 2010, 2014 も参照)。この動的モデルの中心となる考えは，「新英語の形成を推進する基盤となる共通の過程がある」(Schneider, 2003, p. 241) ことである。モデルにおいては，植民地の政治的経緯が，関連する人々，つまり支配された人々および支配した人々のアイデンティティ変遷に反映されていて，「言語接触，言語使用，言語態度の社会言語学的条件を決定づける」(Schneider, 2010, p. 381) ことが想定されている。そして，これらの要因が「関係する英語変種の言語的発達および構造的変化に影響する」(Schneider, 2010, p. 381) と主張されている。

モデルでは５つの発達段階が想定されている。すなわち，基礎段階（第一段階），外部基準による安定段階（第二段階），地域の特徴の発達段階（第三段階），内部基準による安定段階（第四段階），分化段階（第五段階）である。Schneider の一連の研究では，植民地の歴史をもつ地域の英語は典型的に，これら５つの段階に沿って発達すると指摘している（例：Schneider, 2003, p. 243)。第一段階は，その地域に英語が導入された段階で，第二段階は，宗主国の英語規範が植民地における英語規範としても用いられる段階である。第三段階が地域の英語特徴の発達において，中核となる段階である。第四段階は，発達した特徴が規範として徐々に受け入れられていく段階であり，第五段階が新英語の発達過程の完結である[18)]。

このモデルには限界点がないわけではないが，各アジア英語がどの段階にあるか，モデルによる分類が試みられてきた。Schneider (2003), Lim and Gisborne (2009), Mukherjee and Gries (2009) は，香港英語とフィリピン英語は第三段階にあり，シンガポール英語は第四段階にあると述べた。ただし，Schneider (2014) は香港英語とフィリピン英語には，第四段階の特徴も出現しつつあるとした (p. 13)。インド英語については，第三段階とされる場合も (Lim & Gisborne, 2009), 第三段階から第四段階への移行段階とされる場合も (Mukherjee & Gries, 2009), 第四段階とされる場合も (Sedlatschek, 2009) ある。先行研究で一致はみられないものの，地域の英語発達段階において，インド英語は香港英語とフィリピン英語に比べて，先に進んでいると考えられていることが示唆されている。また，Collins and Yao (2013) は，香港英語よりも

18）各段階の詳細な説明については，たとえば Schneider (2003, pp. 244-254) を参照。

フィリピン英語の方が，段階が先に進んでいると述べた（p. 93）。

モデルは包括的なものであるため，付加疑問文の具体的な特徴に，直接的に関連づけるのは難しい。たとえば，香港英語とシンガポール英語の付加疑問文における類似点を，このモデルで説明することはできない。よって，アジア英語の付加疑問文の具体的な類似点および相違点を，このモデルで十分に説明することは困難である。しかし，特徴の１つ，具体的には付加疑問文における主節とタグの一致度は，地域の英語の発達段階を反映しているかもしれない。本研究では，アジア英語の付加疑問文における主節とタグの一致度が，有意に異なることが示された。主節とタグはフィリピン英語と香港英語において，シンガポール英語とインド英語よりも，より一貫して一致している。このことは，地域の英語特徴の発達が進むにつれて，主節とタグの一致度が低下することを示唆している。

本章では，アジア英語の付加疑問文を分析するにあたり，外部圏の主なアジア英語でICEコーパスのデータのある，４つの英語に焦点をあてた。分析を通して明らかになったことが，外部圏の他のアジア英語に一般化することができるかは，今後も分析が必要である。また，もう１つの限界点は，2.3.4でも述べたように，コーパスが音声データを伴っていなかったことである。本研究を実施した時点では，十分な大きさがあり，かつ比較分析に向いた，アジア英語の音声データを伴うコーパスは存在しなかった。よって，付加疑問文の分析は文脈にもとづいて行ったため，結果は今後，さらなる確認が必要であると考えられる。

2.9 本章のまとめ

本章では，アジア英語の付加疑問文の特徴と機能について，ICEコーパスからのデータを使用し，外部圏の香港英語，フィリピン英語，インド英語，シンガポール英語に着目して，記述および比較を行うとともに，内部圏のカナダ英語との比較も行った。質的な分析と量的な分析の結果，付加疑問文は話し言葉で主に用いられるが，具体的な特徴には，英語間で類似点および相違点があることが明らかになった。アジア英語話者は付加疑問文を使用する際に，タグを肯定の構造に付加し，肯定－否定と肯定－肯定の付加疑問文を高頻度で用いる傾向がある。しかし，香港英語話者およびシンガポール英語話者は，フィリピン英語話者，インド英語話者，カナダ英語話者に比べて，極性一致の付加疑問文を高い割合で用いる。前者で最も頻度の高いタグは is it，後者では isn't it である一方，どの英語においてもタグで頻度の高い補助動詞の種類は BE と DO，代名詞の種類は It と You である。付加疑問文の主節とタグの一致度はカナダ英語で最も高く，アジア英語の中では，フィリピン英語と香港英語の方が，シンガポール英語とインド英語よりも高い。付加疑問文の主要機能は，英語間で共通して，情報取得，確認，促進，強調である。しかし，主に用いられる機能は英語間で異なり，特に，シンガポール英語話者とインド英語話者は，付加疑問文の使用目的が異なる。一方でシンガポール英語話者と香港英語話者の付加疑問文の使用目的は類似していて，極性一致の付加疑問文を，情報取得もしくは確認のために用いる傾向がある点も共通している。本研究で扱った英語では，不変化タグも使用されるため，次章では不変化タグを扱う。

第3章
アジア英語の不変化タグ

第3章においては，香港英語・フィリピン英語・インド英語・シンガポール英語の不変化タグの特徴と機能について，ICEコーパスを使用して分析する。まずは先行研究においての不変化タグの定義を踏まえて，本書における不変化タグの定義を述べる。そして，不変化タグに関する主な先行研究を概観し，研究の目的を説明する。その上で手法を述べ，細かく分析を行っていく。

3.1 不変化タグとは

1.2.2で述べたように，不変化タグ（invariant tags）とは，発言に対して付加される談話標識の一群であって，先行する主節にかかわらず，不変化タグの形が変わることはない（Columbus, 2010b, pp. 27-28）。3.1.1では，先行研究における不変化タグの定義をまとめ，3.1.2において，本書における不変化タグの定義の確認を行う。

3.1.1 先行研究における不変化タグの定義

不変化タグ（例：The new semester will start next week, right? の right）は，先行研究によって，少しずつ異なる定義が与えられてきた。しかし，核となる定義は，不変化タグは発言に付加される談話標識で，どのような主節に付加されても，形式が変化しないということである。たとえばStenström（1997）は，付加疑問文と不変化タグをまとめて，「タグ」という用語を用い，語用論的な観点から定義づけた。つまり，「タグ」は文法的な観点からは付加疑問文のことを指すと述べた上で，「語用論的な観点からは，通常の付加疑問文を含む幅広い表現が，発話ターンの途中もしくは最後に，様々な伝達および相互作用上の機能を担って用いられる」とした（Stenström, 1997, pp. 140-141）。そして，典型的な例として，right, okay, you know をあげた。Bieber et al.（1999）も不変化タグを付加疑問文と合わせて記述し，「付加疑問文とほぼ同様の効果をもち，節に付加することのできる表現は，他にも様々なものがある」と述べた（p. 210）。そして，そのようなタグを，反応を引き出すものという意味で response elicitor と呼んだ（p. 1089）。Algeo は不変化タグを，invariable tag question（変化をしない付加疑問文）という用語を用い，eh, what, innit, don't you think, hm, right を具体例としてあげ，「主語や時制の一致を伴わない」と述べた（pp. 302-303）。不変化タグの一部は，特に口語シンガポール英語の研究において，時に不変化詞（particle）と呼ばれる（例：Smakman & Wagenaar, 2013; Wee, 2002）。

Columbus（2010a）は不変化タグを，以下のように詳細に定義づけた（斜体字および太字は反映していない）：

> 不変化タグは極性の問題や主語の一致を伴わないため，典型的な付加疑問文ではないタグである（例：I can get them photocopied and send them out to people if that would be easiest, eh; And you approve of that, huh?）。不変化タグは，ここに定義づけられているように，聞き手が応答を引き出したり，会話においてフィードバックや交流を促したりすることができるが，必須条件ではない。不変化タグはさらに，話者の態度（つまり聞き手，トピック，そして自身に対しての態度）を，発言の命題的意味を越えて伝える（p. 87）。

また，Columbus（2010a）は，不変化タグは「発言内の概念や構文」に付加できるため，発言の末尾だけでなく，発言の最初や途中でも出現すると指摘した（p. 87）。

Columbus（2010a）による不変化タグの定義は，最初の部分に問題がみられる。なぜなら，不変化タグを，典型的な付加疑問文（すなわち付加疑問文）ではないタグと定義づけることは，定義の循環を起こしてしまう可能性がある。さらに，不変化タグを，フィラーといった他の談話標識と，特に発言の途中で出現する際に，区別することが難しいという問題もある。たとえば Columbus（2009）では，この点について留意し，発言の末尾に出現する不変化タグのみを分析対象としていた。よって，本書ではColumbus（2010a）による定義を，上述の他の先行研究にもとづいて，より明確になるよう修正を加えたものを，不変化タグの定義として用いる。

3.1.2 本書における不変化タグの定義

本書では，不変化タグ，すなわち発言に付加されるタグは，以下の特徴をもつものとして定義づける。1）付加される節または句によって，形式が変化することはない。2）相手から反応やフィードバックを得るために用いることができる。3）発言の命題的意味に何らかの態度を追加する。以下では，付加疑問文のタグとの混同を避けるため，断り書きがない限り，不変化タグは常に「不変化タグ」と言及する。

不変化タグという名称が示すように，形式が変わらないという1つ目の基準が，定義の中心となる。不変化タグは付加疑問文のタグと異なり，それが付加される主節にかかわらず，形式が変わらない。また，句に不変化タグが付加される場合も，形式は一定である。本研究では，潜在的に形式が変化するタグは，不変化タグとはみなさない。具体的には，are you や isn't it のように動詞を伴うものは，主節と一致していないようにみえる場合でも，潜在的に活用が起きるため，不変化タグとはみなさない（2.1.3も参照）。また，2つ目と3つ目の基準が，不変化タグを意味的な観点からも定義づけようとしている印象を与えるかもしれないことである。そして，本研究では不変化タグの機能についての分析も行うため，このことは問題にみえるかもしれない。しかし，一見すると意味的な観点からの基準にみえる2つの基準は，フィラーおよび話し相手の発言への応答（例：yes, no）を取り除くためにのみ使用する。さらに，不変化タグは発言のどの位置にも出現することが可能であるが，本研究では，発言の末尾に出現する不変化タグに着目する。なぜなら，発言の他の位置においては，不変化タグをフィラーとはっきり区別するのは困難な場合があり，研究の信頼性を高めるために，発言の末尾に限定することにした。発言の末尾に出現する不変化タグとは，本研究ではコーパスによって発話の区切り，すなわちテキストユニットの最後の語として出現したものを指す。この基準は，たとえばColumbus（2010b）で用いられ，発言の末尾を効率的かつ一貫性をもって，特定するために使用した。

3.2 不変化タグに関する先行研究について

本節においては，不変化タグに関する先行研究の概観を行う。第２章の付加疑問文においては，ネイティブ英語に関する先行研究とそれ以外の英語に関するものを分けて扱ったが，不変化タグに関する研究は付加疑問文に比べると限られているため，１つの節でまとめて扱う。

第１章で少し述べたように，不変化タグに関する先行研究は，１つの英語における不変化タグの記述および分析が主であった。たとえばNorrick（1995）はアメリカ英語の不変化タグ hunh（huh）を分析し，会話の中で用いられる hunh は，知識と態度に関して，対話者の証拠性を示すことを見出した。そして，アメリカ英語における hunh には４つの主要機能，すなわち，話者の不確実性を示すこと，皮肉をこめた発言に対して聞き手の確認を引き出すこと，話者の疑いを表示すること，会話の開始において親密性を示すことがあると指摘した（pp. 691-692）。

Stubbe and Holmes（1995）は Wellington Corpus of Spoken New Zealand English からデータを抽出し，ニュージーランド英語でよく使われる７つの語用論的標識，つまり，eh, you know, sort of/kind of, I mean, I think，付加疑問文，そして集団を示すタグについて，社会面（階級，年齢，ジェンダー）とスタイル面（フォーマル，インフォーマル）による分布を詳細に分析した。これら７つの標識のうち，eh と you know は不変化タグとみなすことができる。Stubbe and Holmes（1995）は，ニュージーランド英語において，不変化タグ eh は労働者階級の男性の話し言葉に結びついていて，you know も労働者階級の話し言葉かつインフォーマルな場面で，より頻繁に用いられることを明らかにした。また，不変化タグ eh を用いる人は付加疑問文を用いる頻度が低く，その逆もまた成り立つことを見出した（pp. 74-75）。

Gold（2004）はカナダ英語の不変化タグ eh に着目した。この研究は 1970 年代に行われたアンケート調査の追試で，様々な文脈における eh の認識と使用が，1970 年代からどのように変化したかを調査したものであった。Gold

(2004) はカナダ英語話者が文脈によって，異なる程度で不変化タグの使用を認識し，実際に使っていることを示した。つまり，eh の使用が特に広く認識されている 3 つの文脈は，意見を述べる時と驚きを示す時，そして慣用表現として用いる時（例：I know, eh）であった（pp. 4-5）。また，30 年の間に eh の使用頻度が上がったこと，および eh の使用に地域差はみられないことも明らかにした（p. 7）。

Stenström (1997) は，ロンドンの 10 代の若者の不変化タグの使用に関する研究であった。この研究においては，yeah が 10 代の若者が最も頻繁に使用する不変化タグであると示された。また，成人に比べると，okay と innit をより高い頻度で，right をより低い頻度で用いることも見出された（p. 142）。さらに，この研究のデータにおいては，不変化タグの機能が，トーンおよび発言における位置に関連していたと述べられた（p. 146）。

非ネイティブ英語の中では，シンガポール英語に関する不変化タグの研究が進んでいる。口語シンガポール英語（シングリッシュ）の特徴の 1 つは，多様な談話の不変化詞を用いることである。たとえば Wee (2004) は，シングリッシュには 8 つの主要な不変化詞，すなわち，lah, ma, wat, meh, leh, lor, hor, hah があると述べた（p. 118）。これらの不変化詞は典型的に，発言の末尾に出現し，語用論的な機能を担う（pp. 117-118）。よって，シングリッシュの不変化詞も，不変化タグと分類することができる。シングリッシュの談話の不変化詞に関する研究には他に，Wee (2002)，J. Wong (2004)，Lim (2007) などがあげられる。

上述の先行研究はすべて，1 つの英語に関するものであり，不変化タグに関する英語間の比較研究は非常に限られている。たとえば Columbus (2009, 2010a, 2010b) は，複数の英語における不変化タグの出現頻度，分布，機能の研究を行った。一連の研究において，データは International Corpus of English の話し言葉部分のうち，私的な対話から抽出された。Columbus (2009) はイギリス英語，ニュージーランド英語，インド英語，シンガポール英語，香港英語の 5 つの英語について，発言の末尾に出現した不変化タグに着目し，その特徴について分析した。そして，発言の末尾の不変化タグについて，5 つの英語における分布には，類似したパターンがみられないことを明らかにした。例外はインド英語で，インド英語の不変化タグは「イギリス英語の不変化タグを基礎とし，それを拡大した」ようであると述べた（p. 411）。また，ニュージーランド英語話者は明確に eh を好んで用い，シンガポール英語話者は la/lah と right を頻繁に用いることが示された（p. 411）。

次に Columbus（2010a, 2010b）は，イギリス英語，ニュージーランド英語，インド英語に焦点をあて，発言の末尾以外に出現する不変化タグも含めて，不変化タグの機能について分析を行った。具体的には，最も頻度の高い 4 つの不変化タグ，すなわち na, no, eh, yeah の機能についての分析が行われた。その結果，データにおいては 17 の機能が特定され，不変化タグの分類が行われた。特定された機能は，肯定／先行する発言への同意，肯定／強調，意見または発言への付加，先行する発言へのコメント，確認のための質問，確認，疑いを示しながらの確認，強調，共感，申し出／提案，催促／相手の発言の促進，催促／ターンの延長，発言の強さを和らげること，語りの一部，新たなトピックの提示，皮肉／ユーモア，その他であった（Columbus 2010a, p. 89; Columbus 2010b, p. 298 を参照）。

詳細な分析にもとづき，Columbus（2010b）は不変化タグに関して，「どの英語においても，表現できる意味の幅は共通しているが，よく用いられる目的および組み合わせは，それぞれの英語に特有である」と述べた（p. 305）。英語間に共通して頻繁に出現した機能は，確認（すなわち，話者は対話者も同じ情報をもっていると考えている）および語りの一部としての使用（すなわち，話者は対話者の注意を保ちたい）であった。さらに Columbus（2010b）は，不変化タグの機能の一部は付加疑問文によって置き換えることができると指摘し，不変化タグの使用によって，「付加疑問文では示すことのできない微妙な意味合いを，話者は柔軟に示すことができるようである」と述べた（p. 305）。

Columbus（2009, 2010a, 2010b）は ICE コーパスの話し言葉部分のうち，私的な対話に焦点をあてた分析を行った。一連の研究の分析は手作業で行われたため，対象がこの範囲であったことは理解できる。しかしながら，他のテキストタイプや使用域において，不変化タグは異なる使用のされ方をする可能性は残っている。また，イギリス系のアジア英語とみなされた英語（Columbus, 2009, p. 402 を参照）のみが対象とされたため，話者の多い主要なアジア英語であるフィリピン英語は分析対象に含まれなかった。さらに，機能面について，それぞれの不変化タグの詳しい分析がなされたのはインド英語のみであったため，他の英語についても詳しく分析する必要がある。さらなる問題点としては，Columbus（2010a, 2010b）では yeah, eh, no, na に着目して 17 の機能が特定され，不変化タグの分類が行われた。細かい分類を行うことで，微妙な違いを例証することができたともいえるが，境界例も多かったと考えられ，分類の信頼性に影響を及ぼしていた可能性がある。

英語学習者に関しては，談話標識の使用の研究がなされてきた。たとえば，Hellermann and Vergun（2007）はアメリカに住んでいた成人の初級英語学習者が，well, you know, like をどのように用いるかを分析した。その結果，談話標識は教室内で学ばれないため，英語学習者はネイティブスピーカーに比べ，談話標識の使用頻度が低いことが明らかとなった（pp. 175-176）。Li and Xiao（2012）は中国在住の中国人英語学習者による，談話標識 well の使用について調査した。そして，ネイティブスピーカーに比べて学習者は well の使用頻度は低く，限られた機能のためにだけ用いていたことを示した（p. 68）。談話標識 well などは，特定の発言に付随しない場合は，不変化タグとみなされない。よって，拡張圏の非ネイティブ英語における不変化タグに焦点をあてた研究は，ほとんどなされてこなかった。

3.3 本章の目的

本章においては，外部圏の 4 つのアジア英語，つまり香港英語，フィリピン英語，インド英語，シンガポール英語に着目し，不変化タグの特徴と機能を，コーパスのデータを用いて，記述，分析，比較することが目的である。第 2 章に引き続き，本章の中心はアジア英語であるが，ネイティブ英語との比較も行うため，カナダ英語のデータも含めることにした。5 つの英語を選択した理由については，2.4.1 で述べた。ただし，不変化タグについても，カナダ英語を比較対象として用いることのできる理由については，以下の 3.4.1 で示す。

3.4 本章における研究手法

本節においては，本章で使用する研究手法を述べる。使用するコーパスについては，すでに1.3で述べ，分析対象とする英語については，2.4.1で示した。そこで3.4.1において，2.4.1への追記を行った上で，3.4.2で不変化タグのコーパスからの抽出方法について，3.4.3で不変化タグの機能の分類と特定方法を述べる。

3.4.1 対象とする英語の選択理由への追記

3.2で述べたように，不変化タグに関する先行研究においては，出現頻度の高い不変化タグおよび使用目的が，ネイティブ英語間においても異なることが示されてきた。しかし，不変化タグの形式自体は，ネイティブ英語間で共通している傾向にある。たとえばright, okay, yeah, you know, ehといった不変化タグは，出現頻度の分布は英語ごとに異なっても，共通して出現する不変化タグである。たとえば，Columbus（2009）はイギリス英語について，ICE-GBの話し言葉部分の私的な対話に着目し，eh, okay, right, see, yeah, yes, you know, you see, isn't it, is itを不変化タグとして特定した（p. 408）。Columbus（2009）のデータではisn't itとis itが1例ずつ特定されていたが，本研究では2.1.3で示したように，これらは不変化タグに分類はしない。後述のように，カナダ英語に関して，ICE-CANに出現した不変化タグはeh, huh, no, okay, right, yeah, you know, you seeであった。ICE-CANには不変化タグとしてのyesは出現せず，Columbus（2009）のデータによると，ICE-GBの私的な対話部分にはhuhとnoは出現しなかった。しかし，yesとnoは，たとえばニュージーランド英語のデータで不変化タグとして出現し（Columbus, 2009），huhはアメリカ英語で用いられる（Norrick, 1995）。このように，ネイティブ英語に出現する不変化タグの形式自体は，１つの英語のみに特有であることは少ない。また，確認，強調，ポライトネスの表示といった不変化タグの主要機能も，ネイティブ英語間で共通している（例：Columbus, 2010b）。使用頻度の高い不変化タグおよび使用目的についての，ネイティブ英語間の違いを見落としてはいけない。

しかし，本研究の目的においては，アジア英語との比較を行うための参照として，1つのネイティブ英語を選択することは可能であり，カナダ英語はその目的にかなっている。

3.4.2 不変化タグの抽出方法

コーパスから不変化タグの抽出を行うため，はじめに，コーパスに出現する不変化タグの形式を特定する必要があった。上述のように，不変化タグに関する先行研究が存在するため，Columbus（2009）を形式に関する初めの参照に用いた。3.1.2で述べたが，本研究で用いた不変化タグの定義は，Columbus（2009; 2010a; 2010b）で用いられた定義とは少し異なった。そこで，Columbus（2009）のデータに追加する形でデータの抽出を行うのではなく，データ自体は最初からすべて抽出し直すことにした。そうすることで，一貫した方法でデータを抽出できることも理由であった。また，3.1.2でも示したように，本研究では発言の末尾に出現する不変化タグに焦点をあてる。Columbus（2009）も発言の末尾の不変化タグに着目したが，分析対象とされたのは私的な対話のみであった。よって，もしColumbus（2009）に追加する形でのデータ抽出を行ったとしても，本研究で分析対象とするデータとColumbusの一連の研究（2009; 2010a; 2010b）のデータの重なりは，ほんの一部であったと考えられる。

不変化タグのデータ抽出においてはまず，Columbus（2009）によって特定された不変化タグの形式について，どの形式が本研究で対象とするコーパスに出現するか調べ，それらが本研究における不変化タグの定義と合致するかを確認した。そして，ICE-HK，ICE-IND，ICE-SINの話し言葉部分の私的な対話（S1A）から，5つのテキストファイルを手動で分析し，コーパス内に他の形式の不変化タグが追加で出現しないか確かめた。ICE-PHIとICE-CANについては，Columbus（2009; 2010a; 2010b）の分析対象ではなかったため，他の形式の不変化タグが出現すれば，それらを特定するため，S1Aから10のテキストファイルを手動で調べた。

他の形式の不変化タグが出現した場合，それらを追加で分析対象に含めた。具体的には，以下の不変化タグが，本研究における定義に合致する不変化タグとして，分析対象のICEコーパスのいずれかにおいて，少なくとも1回は出現した。すなわち，a, accha, ah, ahn, ano, ba, di ba, e, eh, ha, haan, hah, hai na, hindi ba, hor, huh, la, lah, lang, leh, lo, lor, mah, meh, na, na lang, naman, no, 'no, okay/OK, right, see, wah, what, yeah, yes, you know, you see である。これらの不変化タグに関するデータを，AntConc（Anthony, 2011）を用いて，それぞれのコーパス全体から抽出した。本研究は英語における不変化タグの特徴と機能に関するものであったため，その地域で話されている他の言語（現地語）のみで行われた発言の末尾に出現した不変化タグは，データには含めなかった。

3.4.3 不変化タグの機能

不変化タグの機能について，本研究では量的ではなく質的な分析を行うことにした。先行研究によると，高頻度で用いられる不変化タグは英語によって異なり，機能の違いは非常に細かな差異のことがある（例：Columbus, 2009, 2010a, 2010b）。たとえば，Columbus（2010a, 2010b）は不変化タグ yeah, eh, no, na について，機能ごとに量的な分類を行った。量的分析によって機能の微妙な違いが明らかになった一方で，3.2 で示したように，非常に細かい分類には境界例も多く出現した可能性があり，結果として分析の信頼性が影響を受けた可能性がある。また，Columbus（2010a, 2010b）では，対象とした英語に共通の不変化タグが，分析対象に選択された。本研究では，先行研究とは異なり，アジア英語で用いられる不変化タグの特徴をとらえるため，アジア英語に特有の不変化タグにも焦点をあてる。さらに，Columbus（2010a, 2010b）が 4 形式の不変化タグの機能を分類するために，17 のカテゴリーを準備する必要があったことを考慮すると，40 近い形式の不変化タグを量的な分類の試みは複雑となりすぎ，分類の信頼性が低くなることが予測された。これらの理由から，本研究では Columbus（2010a, 2010b），Gold（2004），Lim（2007），Norrick（1995），Stubbe and Holmes（1995）といった先行研究を参照しつつ，不変化タグが出現した文脈にもとづき，機能を質的に分析することにした。

3.5 アジア英語の不変化タグの特徴および機能

本節からは，アジア英語の不変化タグの特徴および機能について，記述と分析を行っていく。焦点をあてる英語は，本節においても香港英語，フィリピン英語，インド英語，シンガポール英語であり，ネイティブ英語との比較も行うために，カナダ英語も分析していく。

以下で示すように，異なるアジア英語には，異なる一群の不変化タグが出現する。よって，本節においては3.5.1から3.5.5で，まずは英語ごとに，不変化タグの特徴および機能の記述と分析を行う。そして3.6で英語間の比較を行い，3.7で考察を行う。本研究において，機能面に関しては質的な分析を行うため，本研究で提示する機能は，各英語の不変化タグの機能すべてを網羅することを意図してはいない。また，コーパスには韻律情報は含まれていなかった（2.4.3も参照)。よって，不変化タグに関しては，機能面の分析は網羅的なものではない。

表7は，いずれかのコーパスに出現した不変化タグをアルファベット順に掲載し，各コーパスにおける頻度を示してある。空欄は，該当する不変化タグが，そのコーパスには出現しなかったことを示す。パーセントは，該当する形式の不変化タグの出現頻度の，そのコーパス内に出現した不変化タグ全体における割合を示している。なお，計算の結果0.01%から0.049%になったものに関しても，0.0%と表記するのを避けるため，0.1%と表記してある。不変化タグのラベルは各コーパスにおける綴りを反映してあり，ahとahnのように，一括りにして扱える可能性がある場合でも，コーパスでの綴りが違う場合は，表においては分けて示している。ただし，okayとOKのみは，一括りにしてある。また，由来が異なる可能性の高い複数の不変化タグが，異なるコーパスで偶然同じ綴りの場合は，同じ行に示してある。これは，たとえばICE-PHIのhaとICE-SINのhaで，説明については後述する。いずれかのICEコーパスで，少なくとも1回は出現した不変化タグは，a, accha, ah, ahn, ano, ba, di ba, e, eh, ha, haan, hah, hai na, hindi ba, hor, huh, la, lah, lang, leh, lo, lor, mah, meh, na, na lang, naman, no, 'no, okay/OK, right, see, wah, what, yeah, yes, you know, you see の 38 形式であった。

表 7 が示すように，不変化タグのいくつかは３つ以上のコーパスに出現し，他の不変化タグは１つか２つのコーパスにのみ出現した。３つ以上のコーパスにみられたのは，eh, huh, no, okay/OK, right, see, yeah, yes, you know, you see であった。これらの形式の不変化タグは，アジア英語のどれかに特有の不変化タグではない。ネイティブ英語でも用いられ（3.4.1 も参照），アジアの他の現地語と直接的な関係はみられない。こういった要因を反映するため，これらの不変化タグは英語間に共通してみられる不変化タグ，すなわち英語共通の不変化タグ（non-indigenous invariant tag）と本書では呼ぶ。

一方で，１つもしくは２つのコーパスのみに出現した不変化タグは，アジア英語に特有の不変化タグであり，対応する形式が現地語にみられる。このような不変化タグは，本書では地域特有の不変化タグ（indigenous invariant tag）と呼ぶ。第２章で分析した付加疑問文とは異なり，地域特有の不変化タグは，その地域で話されている１つ以上の言語に由来している，もしくは密接な関連がみられる。コーパスにおいては実際，地域特有の不変化タグの一部について，現地語であるとの標識が付けられていたため，コード切り替えやコード混合とみなすこともできる。しかし，先行研究で示されてきたように（例：Columbus, 2009, 2010a, 2010b; Lim, 2007; J. Wong, 2004; Wee, 2004），地域特有の不変化タグは地域の英語に統合されていて，たとえばシンガポール英語の lah のように，意味や機能の変化を伴う場合もある。したがって，地域特有の不変化タグも，地域の英語の特徴として扱うことができる。

不変化タグの先行研究においては「不変化詞」という用語も，特に，対応する現地語の特徴について言及する際に用いられてきた（例：Lim, 2007; Wee, 2004; 上述の 3.2 も参照）。不変化タグと不変化詞は重複する場合もあるが，「不変化タグ」という呼称は，形式が変化しないことと，発言に付随するものであることを，より強調する。また，英語共通の不変化タグも存在することを示せるため，現地語における「不変化詞」に言及する時を除き，以下では「地域特有の不変化タグ」という呼称を一貫して使用する。

本研究では，地域特有の不変化タグの機能を，主に文脈にもとづいて分析した。換言すると，地域特有の不変化タグが由来した可能性の高い，対応する現

表 7. 不変化タグの頻度

形 式	ICE-HK	ICE-PHI	ICE-IND	ICE-SIN	ICE-CAN
a	8 (0.7%)				
accha			3 (0.4%)		
ah			8 (1.1%)	384 (12.0%)	
ahn			17 (2.4%)		
ano		21 (0.9%)			
ba		6 (0.3%)			
di ba		58 (2.6%)			
e		63 (2.8%)			
eh		5 (0.2%)		17 (0.5%)	121 (14.5%)
ha		78 (3.4%)		37 (1.2%)	
haan			10 (1.4%)		
hah				7 (0.2%)	
hai na			1 (0.1%)		
hindi ba		8 (0.4%)			
hor				27 (0.8%)	
huh	16 (1.4%)	36 (1.6%)		33 (1.0%)	27 (3.2%)
la	11 (1.0%)				
lah				926 (28.8%)	
lang		16 (0.7%)			
leh				26 (0.8%)	
lo	3 (0.3%)				
lor				85 (2.6%)	
mah				11 (0.3%)	
meh				12 (0.4%)	
na		36 (1.6%)	121 (17.0%)		
na lang		12 (0.5%)			
naman		8 (0.4%)			
no	5 (0.4%)	13 (0.6%)	264 (37.2%)		5 (0.6%)
'no		425 (18.7%)			
okay/OK	572 (51.4%)	536 (23.6%)	53 (7.5%)	423 (13.2%)	200 (24.0%)
right	316 (28.4%)	811 (35.7%)	27 (3.8%)	628 (19.6%)	181 (21.8%)
see		2 (0.1%)	1 (0.1%)	1 (0.1%)	
wah	2 (0.2%)			11 (0.3%)	
what				149 (4.6%)	
yeah	30 (2.7%)	14 (0.6%)	37 (5.2%)		8 (1.0%)
yes	4 (0.4%)		3 (0.4%)	2 (0.1%)	
you know	133 (11.9%)	126 (5.5%)	140 (19.7%)	279 (8.7%)	288 (34.6%)
you see	13 (1.2%)		25 (3.5%)	153 (4.8%)	2 (0.2%)
合 計	1113	2274	710	3211	832

地語の単語の使用法にもとづくのではなく，出現した英語の文脈に主にもとづいて，機能の分析を行った。なぜなら，本研究は地域特有の不変化タグの，英語コミュニケーションにおける機能をとらえようとしたからである。以下では，対応する現地語の単語の使用法に言及もするが，その使用法を細かに記述することは分析の焦点ではなかった。よって，参考のために，由来となった可能性のある単語の主要な意味および使用法を調べる際は，辞書（例：Rubino & Llenado, 2002）や先行研究（例：Lim, 2007）を用いた。下記の例でも示すように，現地語の単語の使用法へ言及することは，地域特有の不変化タグの機能が，すべての場合において，対応する現地語の単語の使用法に完全にもとづいていることを意味するのではない。由来となった可能性の高い単語が広東語の場合，Lim（2007）の表記法に従い，声調は声調番号で示す。また，地域特有の不変化タグに関連するアジア英語の先行研究において（例：Wee, 2004），関係のある情報がみられた場合は，それらの研究における結果も参照した。英語共通の不変化タグについて，一部の形式は，現地語での会話においても使用される。しかし，そのような不変化タグも，上述の基準を満たしていれば，英語共通の不変化タグと分類した。

3.5.1 香港英語

ICE-HK においては，1113 例の不変化タグが出現した。形式は 12 形式で，4 形式が地域特有の不変化タグ（a, la, lo, wah），8 形式が英語共通の不変化タグ（huh, no, okay/OK, right, yeah yes, you know, you see）であった。地域特有の不変化タグが，コーパスに出現した不変化タグ全体に占めた割合は 2.2%（24 例）のみで，97.8%（1089 例）は英語共通の不変化タグであった。図 8 はデータを視覚的にまとめたものである。地域特有の不変化タグは点線より上に掲載してある。図が示すように，okay/OK（572 例，51.4%），right（316 例，28.4%），you know（133 例，11.9%）が，コーパスにおいて出現頻度の高い不変化タグであった。

ICE-HK にみられた不変化タグのうち，1054 例（94.7%）は話し言葉部分に出現し，59 例（5.3%）は書き言葉部分に出現した。また，地域特有の不変化タグのうち 21 例（87.5%），英語共通の不変化タグのうち 1033 例（94.9%）が

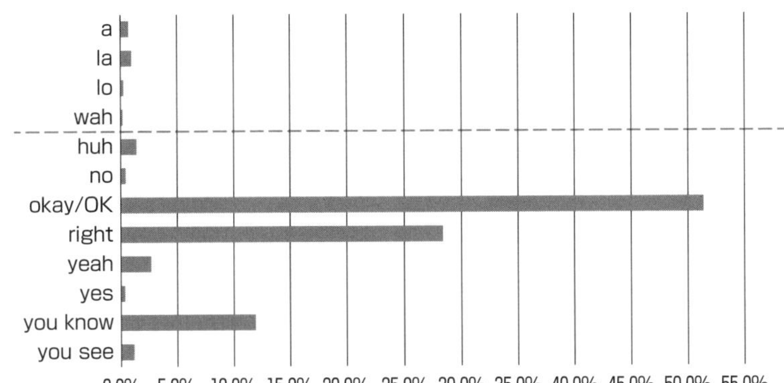

図 8. ICE-HK における不変化タグの出現頻度

表 8. ICE-HK の不変化タグのテキストタイプに関する分布

	地域特有	英語共通	合 計
S1A（話し言葉，私的な対話）	21 (87.5%)	298 (27.4%)	319 (28.7%)
S1B（話し言葉，公的な対話）	0	414 (38.0%)	414 (37.2%)
S2A（話し言葉，原稿なし，モノローグ）	0	313 (28.7%)	313 (28.1%)
S2B（話し言葉，原稿あり，モノローグ）	0	8 (0.7%)	8 (0.7%)
W1A（書き言葉，出版物ではない非専門的な文書）	0	0	0
W1B（書き言葉，出版物ではない手紙）	3 (12.5%)	41 (3.8%)	44 (4.0%)
W2A（書き言葉，出版物，論文）	0	0	0
W2B（書き言葉，出版物，論文以外）	0	2 (0.2%)	2 (0.2%)
W2C（書き言葉，出版物，報道）	0	0	0
W2D（書き言葉，出版物，指示書）	0	1 (0.1%)	1 (0.1%)
W2E（書き言葉，出版物，説得のための文書）	0	0	0
W2F（書き言葉，出版物，創作）	0	12 (1.1%)	12 (1.1%)
合 計	24	1089	1113

話し言葉部分にみられた。表 8 は ICE-HK の不変化タグについて，12 のテキストタイプによる分布を示したものである。テキストタイプの詳細な内訳については，1.3 で述べてある。パーセントは，該当する不変化タグが，その列の不変化タグの総数（地域特有の不変化タグ，英語共通の不変化タグ，もしくはコーパスに出現した不変化タグ全体）に占める割合を示してある。

表 8 が示すように，ICE-HK の不変化タグは主に 3 つのテキストタイプ，すなわち私的な対話（S1A），公的な対話（S1B），原稿なしのモノローグ（S2A）

に集中していた。より具体的には，不変化タグは S1A の中では対面での会話（226 例）と電話（93 例）の両方で頻繁に出現したが，S1B の中では授業（332 例）に，S2A の中では商品紹介（250 例）に集中していた。地域特有の不変化タグは 24 例のみであり，香港英語話者は地域特有の不変化タグはあまり用いないことが示された。その 24 例は，私的な対話と手紙（社交のための手紙）にのみみられたため，香港英語において，地域特有の不変化タグは，私的な対話に結びついた場面においてのみ使用されていたことが示唆された。

以下の分析では，コーパスに出現した不変化タグに，形式ごとに着目していく。図 8 に示した順に，不変化タグの各形式について，１例ずつ具体例をあげる。そして，各例について，その不変化タグが出現した文脈における機能の，質的な分析を行う。各形式の主要機能のひとつを示す例を選択したが，記述する機能が，その形式の唯一の機能というわけではない。不変化タグは文脈によって異なる機能をもつことがあり，同じ文脈において２つ以上の機能をもつこともある（例：J. Wong, 2004; Columbus, 2010b）。地域特有の不変化タグについては，上述のように，関連する情報がある場合，先行研究で記述された機能や由来と考えられる現地語での意味も述べてある。2.6 で使用したものと同じテキスト記号を使用し，不変化タグは斜体字で示す。

(41) a

Z: Oh you know what you missed at Christmas dinner < unc > two words < /unc >
A: Uh uh seeing more drama *a*
Z: < ? > Like < /? > in Regent
Z: In Kowloon

(ICE-HK: S1A-072#X909:1:Z ~ ICE-HK:S1A-072#X912:1:Z)

Z と A は「ドラマのヒロイン」，つまり小さいことで大騒ぎをする人物であると描写した，Z の母親について話していた。Z は A に，クリスマスの夕食で何が起こったと思うかを尋ねた。A は Z の母親に以前に会ったことがあったため，Z は何が起きたかを A が簡単に推測できることを予期していた。そして，A は「またドラマが起きたのだろう」と答え，最後に地域特有の不変化タグ a を付与した。文脈から，A は推測が正しいと予測していたことがわかるため，不変化タグ a は，コメントに呆れと非難の気持ちを付加する機能を主に担っていた。また，この文脈においては主要な目的ではないが，確認を行うためにも用いられていた。この不変化タグ a は広東語の a（a55, a33, a23, a21）に由来する可能性が高い。Lim（2007）によると，広東語の不変化詞 a は，発言が暫定的なものであることを示す，発言の力を和らげる，対話者の意図を確認する，平叙文を疑問文に変換する，驚きや非難を付加するなど，多様な機能をもつ（p. 460）。

(42) la

Z: You see uhm < , > < unc > one word < /unc >
A: What
Z: By MT
A: Octopus
B: Yeah
A: Are you talking about
B: No no no not the MTR uh yeah
A: No *la*
A: Don't look me at me in < { > < [> this way *la* < /[>
B: < [> But but tonight < /[> < /{ > I need to finish my < , > uhm three assignments

(ICE-HK:S1A-086#X87:1:Z ~ ICE-HK:S1A-086#96:1:B)

A, B, Z は B の最も好きな寿司について話していた。Z が話題を変えたが，A はもともとの話題について話し続け，3 人の間に一時的な混乱が生じた。A の発言の末尾に la が付加されたことで，発言の文字どおりの意味が和らげられた。広東語の不変化詞に la（la55, la33）があり，Lim（2007）は la（la55）の広東語における機能を「確定性や力強さが欠如していることを示したり，命令を和らげたりする」と述べた（p. 460）。

(43) lo

Z: Page turning
Z: Where
B: < ? > For auto < /? >
B: Queen pub *lo*
Z: Tonight
B: Yes
Z: Oh
B: No at six *lo*

(ICE-HK:S1A-061#X268:1:Z ~ ICE-HK:S1A-061#275:1:B)

A, B, Z はクリスマス休暇の予定について話していた。B は他の友人からメッセージを受け取ったところで，Z はその夜に B がどこに行く予定かを尋ねた。3 人はすでに「クイーン・パブ」という場所について話していたため，B は Z が答えを知っていると予測した。そして，発言に不変化タグ lo を付加することで，答えが Z にとって明白であるはずなことを示した。広東語には，明白性や不可避性を示す，lo（lo33, lo55）という不変化詞がある（Lim, 2007, p. 461）。

(44) wah

Z: I was very tired in the morning

Z: We arrived at five in the morning < { > < [> in the < /[>

A: < [> Five < /[> < /{ > at the morning

Z: Yeah because the latest bus was at nine < { > < [> yeah < /[>

A: < [> Uh < /[> < /{ > when when < , > when < , > when did the bus start

A: < {1 > < [1 > So do we < /[1 >

A: Nine < , > < {2 > < [2 > at night < /[2 > < {3 > < [3 > *wah* < /[3 >

Z: < [1 > Uhm nine < /[1 > < /{1 >

Z: < [2 > At night yeah < /[2 > < /{2 >

Z: < [3 > That < /[3 > < /{3 > was the latest < { > < [> they < /[> had < /X >

(ICE-HK:S1A-059#X36:1:Z ~ ICE-HK:S1A-059#X45:1:Z)

A と Z は Z が最近行った旅行について話していた。Z は A にバス移動が非常に長かったことを伝え，A は何時にバスが出発したかを尋ねた。Z は A にバス移動が 9 時間であったとすでに話していたため，文脈から，A はバスの出発時刻が朝ではなく夜であることに，ほぼ確信をもっていたことがわかった。よって，A の発言に付加された wah は，A の発言が確認を意図した質問であることを示すとともに，Z のスケジュールに対する驚きも示していた。これは広東語の wah（wah21）に関係しているかもしれない。この単語は，驚きや驚愕を示すのに使われる（Nakajima, 1994, p. 550）。

(45) huh

Z: And then we went back to Lan Kwai Fong

Z: We hang out in some more bar

Z: And uh

A: What time did you get home
A: Tricky question *huh*
Z: And uhm we got pretty dry < { > < [> and next < /[> morning we had a hangover

(ICE-HK:S1A-041#X35:1:Z ~ ICE-HK:S1A-041#X40:1:Z)

Z は A に昨夜出かけたことについて話していて，A は Z に何時に帰宅したのか尋ねた。これは実際の質問というよりはコメントであった。なぜなら，A は直後にコメントを続けているからである。その発言における huh は，コメントが皮肉を意図したものであることを示していた。

(46) no
B: Have you been uh made any friend I mean well since you came here
Z: Not really no
B: You < { > < [> you don't move < /[> you don't move around
Z: < [> Seldom < /[> < /{ >
Z: < { > < [> No not really < /[> < /X >
B: < [> You don't < /[> < /{ > don't go to clubs and no not Lan Kwai Fong *no*
Z: No not really

(ICE-HK:S1A-024#176:1:B ~ ICE-HK:S1A-024#X182:1:Z)

Z は他の国から香港に，しばらく前に移住してきていたため，B は Z に対し，どうやって広東語を上達させようとしているか尋ねていた。B は Z にクラブに行ったかを尋ねたが，これより前のやり取りから，B は Z の答えが否定であることを予期していた。よって，B の発言の末尾の no は，これが確認の質問であることを示していた。これは同時に，B が同意しかねることも示唆していた。

(47) okay/OK
A: I sleep more than twenty hour if I'm if I get sick
B: You're exceptional case
B: You need sixteen hours to sleep everyday
A: No < { > < [> it's the doctor say < /[> I should sleep sleep more then I go to sleep < { > < [> *okay* < /[>

(ICE-HK:S1A-096#23:1:B ~ ICE-HK:S1A-096#25:1:A)

ＡとＢは体調不良の際に，何時間寝る必要があるかについて話していた。Ａが 20 時間必要だと言ったのに対し，Ｂはそれは普通ではないと言い，Ａは普段でも 16 時間以上寝る必要があるのではと言った。Ａは医者にそうするよう言われているからであると言い返し，発言を okay で終わらせた。この okay はＡの主張を強調し，Ｂがこれ以上の発言をすることを防げるためにも使われた。

(48) right

A: I mean it's so uh do you you know divide them into groups
B: No
A: So that they won't affect
A: < { > < [> No < /[>
B: < [> No < /[> < /{ > because this is the whole class thing
A: Okay
B: But the thing is I'm trying to divide them into groups but before that we have to give them instructions *right*
A: Yah

(ICE-HK:S1A-095#38:1:A ~ ICE-HK:S1A-095#45:1:A)

ＡとＢは，にぎやかなクラスの学生をグループ分けすることについて話していた。両者とも教員であったため，学生をグループ分けする前に，指示を与える必要があることを知っていた。よって，Ｂの発言の末尾の right は，Ａの同意を引き出すために用いられた。換言すると，right の主要機能は促進であった。他の例においては，"Yes English Department right"（S1B-075#192:1:B）のように，発言が確認の質問であることを示すために，right が頻繁に用いられていた。

(49) yeah

Z: Even though he is also Singaporean and because back in Singapore we live with his parents < {1 > < [1 > and < /[1 > he always uhm communicate with his parents in < {2 > < [2 > Cantonese < /[2 > so I pick up a lot of phrases yah
Z: I pick up a lot of phrases and I can uhm I understand it quite well
Z: < {3 > < [3 > I < /[3 > actually know how to say it
Z: It just that I'm shy about speaking because uhm my pronunciation is no one can understand me like in the past < {2 >

< [2 > we can't understand < /[2 >
A: < [1 > Uhm < /[1 >
B: < [1 > Uhm uhm < /[1 > < /{1 >
A: < [2 > Uh < /[2 > < /{2 >
A: < [3 > Uh huh < /[3 > < /{3 >
B: < [2 > That's okay < /[2 > < /{2 > just < , > just like me to like to speak English yah may be a bit shy but < , > only more practice < { > < [> *yeah* < /[>
Z: < [> Yah < /[> < /{ > I suppose

(ICE-HK:S1A-010#X177:1:Z ~ ICE-HK:S1A-010#X186:1:Z)

Z は広東語をよく理解できるのに，実際に話すのは非常に難しいと述べていた。B は話す練習をすることを促し，末尾の yeah は Z の同意を引き出すために用いられた。換言すると，この yeah の主要機能は促進であった。

(50) yes
A: How do you pronounce this word < ,, >
A: Uhm how do you say this word
A: Right may be I've mentioned this word to you already < { > < [> *yes* < /[>
A: I mean it's a same it's a kind of say example showing to you that
A: Say we've got a very strange accent but this word is not the uhm a matter of accent

(ICE-HK:S1B-016#51:1:A ~ ICE-HK:S1B-016#55:1:A)

A は英語の発音に関する講義を行っていた。講義の中で具体例をあげ，学生がすぐに質問に答えたため，過去に同じ例を使ったことがあったか疑問を抱いた。そして，学生に対して問いかけ，ここでの yes は，学生から情報と答えを引き出すために使用された。

(51) you know
B: So what are < . > wh < /. > so you're going to be in Rome from what September
A: Yeah I probably go go there a little earlier so that I can go < { > < [> on trip < /[>
B: < [> Yeah < /[> < /{ >

B: Yeah just be there a little earlier
B: May be I can join you *you know*
A:You're going to Rome
B: Well I'm < . > go < /. >
A: There'll be a lot of fun
A: I'm going to have fun cos uhm uhm how much all seven of my six of all six of my friends are going together
B: Oh oh okay you guys have fun then

(ICE-HK:S1A-094#127:1:B ~ ICE-HK:S1A-094#136:1:B)

A と B は，A が参加する海外留学プログラムについて話していた。A は B にプログラム開始前にローマに行こうと計画していることを話し，B はローマへの旅行に参加することを提案する。しかし，B は you know を末尾に付加し，そうすることで発言の力が和らげられていた。また，you know は，会話を続けるための促進の機能も担っていた。

(52) you see
A: […] good language skills uhm uh < , > or < , > acquire < , > some other languages like uh Japanese or < , > French something like that
A: But uhm < , > that's not < , > much for us < , > *you see*

(ICE-HK:S1A-006#190:1:A ~ ICE-HK:S1A-006#191:1:A)

A と Z は卒業後の計画について話していた。A は金融業界に関心があると言い，しかし，翻訳という専攻では，その業界で仕事を得るのが難しいかもしれないと言った。この文脈における you see は，A の論点を強調するために用いられていた。

3.5.2 フィリピン英語

ICE-PHI には 2274 例の付加疑問文が出現した。19 形式がみられ，11 形式が地域特有の不変化タグ（ano, ba, di ba, e, ha, hindi ba, lang, na, na lang, naman, 'no），8 形式が英語共通の不変化タグ（eh, huh, no, okay/OK, right, see, yeah, you know）であった。地域特有の不変化タグが全体の 32.1%（731 例），英語共通の不変化タグが 67.9%（1543 例）みられた。このうち e と eh は同じ形式の不変化タグで，綴りが違うだけであると考えられるかもしれない。しかし，コーパスにおいて，不変化タグ e は「現地語」と表示され，不変化タグ eh と区別されていた。よって，本研究では e と eh は，異なる不変化タグの形式として分類した。同じ理由で ‘no と no も別形式として扱った。ただし，コーパスでの ‘no の表記は，やや曖昧であったことに留意が必要である。一部は ano の短縮形のようであり，一部はネイティブ英語の no にあたるタガログ語の no のようであった。本研究はコーパスでの分類に従っているため，両方とも ‘no と分類した。図 9 はコーパスに出現した不変化タグの分布を示している。図が示すように，ICE-PHI で最も出現頻度が高かった不変化タグは right（811 例，35.7%）であり，次に okay/OK（536 例，23.6%），そして ‘no（425 例，18.7%）であった。

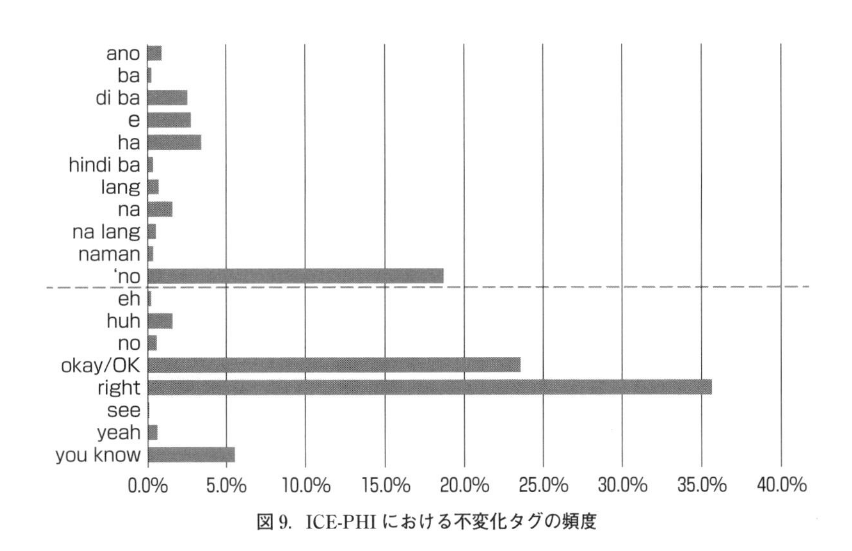

図 9. ICE-PHI における不変化タグの頻度

ICE-PHI では，2246 例（98.8%）の不変化タグが話し言葉部分にみられ，書き言葉部分にみられた不変化タグは 28 例（1.2%）のみであった。地域特有の不変化タグのうち 719 例（98.8%）が話し言葉部分に出現し，同様に，英語共通の不変化タグのうち 1527 例（99.0%）が話し言葉部分に出現した。表 9 に，ICE-PHI における不変化タグの，テキストタイプ別の分布を示してある。

表 9 が示すように，不変化タグは公的な対話（S1B），私的な対話（S1A），原稿なしのモノローグ（S2A）に頻繁に出現した。さらに詳細にテキストタイ

プを確認すると，不変化タグは S1B の中では授業部分（920 例），S2A の中では原稿のないスピーチ部分（220 例）と商品紹介部分（251 例）に集中していた。また，W1B（手紙）の中では，不変化タグは社交のための手紙のみにみられ，ビジネスのための手紙にはみられなかった。3 つの主なテキストタイプ，すなわち S1A，S1B，S2A に関して，地域特有の不変化タグは，ほとんど同じ割合で出現した。一方で，英語共通の不変化タグは，私的な対話や原稿なしのモノローグに比べて，公的な対話において，より頻繁に出現した。そして，私的な対話については，地域特有の不変化タグの割合（コーパス全体の地域特有の不変化タグに占める頻度）は，英語共通の不変化タグの割合（コーパス全体の英語共通の不変化タグに占める頻度）より，有意に高かった（χ^2=11.484, df=1, p=.001）。

表 9. ICE-PHI の不変化タグのテキストタイプに関する分布

	地域特有	英語共通	合　計
S1A	239 (32.7%)	399 (25.9%)	638 (28.1%)
S1B	248 (33.9%)	861 (55.8%)	1109 (48.8%)
S2A	232 (31.7%)	266 (17.2%)	498 (21.9%)
S2B	0	1 (0.1%)	1 (0.1%)
W1A	0	0	0
W1B	11 (1.5%)	9 (0.6%)	20 (0.9%)
W2A	0	0	0
W2B	0	2 (0.1%)	2 (0.1%)
W2C	0	0	0
W2D	0	0	0
W2E	0	0	0
W2F	1 (0.1%)	5 (0.3%)	6 (0.3%)
合　計	731	1543	2274

以下の例では，ICE-PHI に出現した不変化タグの各形式に着目する。予備的な分析を行ったところ，英語共通の不変化タグの主要機能は，英語間で共通していることが示された。3.5.5 でカナダ英語を扱う際に，英語共通の不変化タグのネイティブ英語における機能について，さらなる分析を行うが，ネイティブ英語でみられた機能は，他の英語の不変化タグにもみられた。本節では各形

式の例文は掲載するが，説明の過度な重なりを避けるため，分析については，前節つまりICE-HKでは出現しなかった不変化タグのみ行う。3.5.3のインド英語および3.5.4のシンガポール英語についても同様で，機能の分析は主に，地域特有の不変化タグについて掲載する。

(53) ano

A: So we'll just let it simmer for a minute or a minute-and-a-half tapos we'll add in our uh one-fourth bar of melt cheese to make it more creamier okay
A: Of course after cooking < . > na na < /. > nandyan yung hassle of cleaning
A: So if you see our G P two one one M A S model it already comes with non-stick coating so just use a wet cloth *ano*
A: Now all the assemblies is also detachable the detachable trivet of course the burner itself is also detachable

(ICE-PHI:S2A-055#98:3:A ~ ICE-PHI:S2A-055#101:3:A)

Aは調理器具を紹介していて，地域特有の不変化タグanoは，その調理器具を洗うのが非常に簡単であることを強調するために用いられていた。関連する可能性のあるタガログ語のanóには，「何」という意味がある(Rubino & Llenado, 2002, p. 43)。

(54) ba

B: Go talk some more
A: What about
B: What are we talking about *ba*
A: I don't know
B: Weekend

(ICE-PHI:S1A-025#201:1:B ~ ICE-PHI:S1A-025#205:1:B)

AとBは会話の新しい話題をみつけようとしていた。Bの発言の末尾のbaに関して，Bは実際にAから具体的な案を引き出そうとしていたため，情報を得ようとする機能を担っていた。同時に，この地域特有の不変化タグが付加されたことによって，Aがプレッシャーを感じすぎないよう，発言の力が和らげられていた。換言すると，ポライトネス装置としても機能していた。タガログ語のbaは疑問の不変化詞である(Rubino & Llenado, 2002, p. 49)。

(55) di ba

A: Why because they've realized that you guys who would be businessmen later on or working for businesses can produce goods and services more efficiently than the government

A: But on the other hand < , > you have no business building roads building bridges public uhm < , > utilities

A: It's not profitable *di ba*

(ICE-PHI:S2A-022#101:1:A ~ ICE-PHI:S2A-022#103:1:A)

A は経済の概念に関するスピーチを行っていた。この文脈における不変化タグ di ba は，A の論点を強調するために用いられていた。また，現地語の単語は，このフォーマルなスピーチでほとんど使用されていなかったため，英語共通の不変化タグではなく地域特有の不変化タグを用いたことは，聴衆の注意を引き付けるのにも役立っていた。タガログ語の dî ba は接頭辞の dî と疑問の不変化詞 ba から成る。Dî は hindî の省略形で，否定の接頭辞である（Rubino & Llenado, 2002, p. 107）。

(56) e

A: How many months we haven't seen each other

B: I think almost two months < , > almost one month

A: Not two months not one month two weeks only

B: I think three weeks

A: Three weeks since

B: Since uh since we went to Jefferson Library

A: Since then we haven't seen each other *e*

B: I guess so

A: What have you been doing lately

(ICE-PHI:S1A-045#4:1:A ~ ICE-PHI:S1A-045#12:1:A)

A の発言の末尾の e について，主要機能は確認であった。同時に，英語共通の不変化タグではなく，地域特有の不変化タグが使用されたことで，A の B に対する親密性が示されていた。上述のように，コーパスにおいて，e には現地語という印がつけられていた。しかし，タガログ語の辞書で e という項目をみつけることはできなかった。一方で，eh という項目が含まれる辞書があり，ためらいの休止（不確実性を示す），もしくは不同意を強調するために文を終えるために用いられると述べられていた（Ramos, 1971, p. 107）。コーパスの編纂者は，ネイティブ英語にみられる eh と区別するため，タガログ語の eh を e と綴った可能性は考えられる。

(57) ha

A: Go back to my uh get booked at the Marriott Hotel and in the morning around eight o'clock go to office talk with Thomas all those stuff

B: Thomas was the one who was assigned here *ha*

A: Yeah I uh approximately a year ago he was here the Project Performance Manager and and he got assigned at uh Bangkok

(ICE-PHI:S1A-028#10:1:A ~ ICE-PHI:S1A-028#12:1:A)

A と B は A のタイ出張の予定について話していた。文脈から，B は Thomas が誰であるかを大まかに知っていることが示されていた。よって，地域特有の不変化タグ ha は確認の目的で用いられていた。タガログ語の ha は疑問の不変化詞である（Rubino & Llenado, 2002, p. 123）。このように，フィリピン英語の ha はタガログ語由来の可能性が高く，後述するシンガポール英語の ha とは異なると考えられる。

(58) hindi ba

B: It makes it very convenient and < . > i < /. > you you know you don't get you don't feel as if wow can't can't talk to him etcetera etcetera

B: He's really just a

A: A phone call away

B: Well yeah a little touch away *hindi ba*

(ICE-PHI:S1B-029#87:1:B ~ ICE-PHI:S1B-029#90:1:B)

A と B は携帯電話の便利さについて話していた。B の発言の末尾の hindi ba は，A の同意を引き出すため，つまり促進のために使用されていた。同時に，B は A の発言を言い直していたため，それが A に発言の修正として捉えられると，フェイスを侵害する行為となる可能性があった。よって，地域特有の不変化タグが末尾に付加されることで，このことが和らげられていた。タガログ語において対応すると考えられる言葉については，上の di ba についての項で述べた。

(59) lang

A: Oh what what what

A: Tell me about your gown

B: My gown it's simple it's simple *lang*

(ICE-PHI:S1A-070#1:1:A ~ ICE-PHI:S1A-070#3:1:B)

この例における lang は B の主張，すなわちドレスがシンプルであることを強調するために使用されていた。タガログ語には lang という副詞があり，「～だけ」という意味である（Rubino & Llenado, 2002, p. 152）。よって，フィリピン英語の不変化タグ lang はの主要機能は，この副詞に由来する可能性が高い。

(60)　na

We will be transferring to the big building this week.
Most likely, I'll have e-mail there already.
We can communicate everyday *na*.
Exciting!

(ICE-PHI:W1B-005#180:2 ~ ICE-PHI:W1B-005#183:2)

これは社交のための手紙の一部である。ここでの na は，「私たちは毎日連絡をとれる」という文を強調するために用いられていた。同時に，直後の「楽しみ！」という表現から，相手が書き手に同意すると予測していたことがわかるため，na は相手から同意を引き出す目的も担っていた。換言すると，地域特有の不変化タグは，相手への親密性を示すためにも使用されていた。タガログ語には「今，すでに」という意味の na という副詞がある（Rubino & Llenado, 2002, p. 182）。フィリピン英語の na とインド英語の na は，由来する現地語が異なると考えられるため，異なる不変化タグである。

(61)　na lang

B: You uh I think you no won't you ask how much < . > < ? > je < /? > < /. >
A: Huuu
B: Much the tickets are for the concert
A: < unc > words < /unc >
B: Hmm if they're expensive you go alone *na lang*
A: Huh
B: But if they're not so expensive I can go < , > also

(ICE-PHI:S1A-014#189:1:B ~ ICE-PHI:S1A-014#195:1:B)

A と B はコンサートのチケット価格について話していた。ここでの na lang は B の主張を強調していた。タガログ語の na lang は上述の副詞 na と lang の組み合わせである。

(62) naman

A: Pam stop eating *naman*

B: You're stuffing your < { > < [> face with food < /[>

A: < [> No < /[> < /{ > < ,, >

(ICE-PHI:S1A-056#267:1:A ~ ICE-PHI:S1A-056#269:1:A)

A，B，C が話していた際に，食べながら話している人がいて，他の 2 人は発言がよく聞き取れていなかった。A の「食べるのをやめて」という発言は，地域特有の不変化タグ naman が付加されていなかったら，直接的に聞こえ過ぎたであろう。つまり，naman は発言の力を和らげるために使用されていた。タガログ語の namán は「穏やかな抗議や否定」を表現する感嘆詞である（Ramos, 1971, p. 191）。

(63) ‘no

D: Yeah from which possible questions may arise and which they feel you must concentrate on

B: Examiners may change every year *‘no*

C: Yeah

D: Yes

B: You have no way of knowing who the examiners will be

D: < { > < [> Next < /[> year no

C: < [> No < /[> < /{ >

C: We don't even know the examiners now < { > < [> we < /[> only have guesses

(ICE-PHI:S1A-071#15:1:D ~ ICE-PHI:S1A-071#22:1:C)

A，B，C，D はフィリピンの司法試験について話していた。4 人は法学部の学生であったため，司法試験についての知識はある程度もっていたはずである。よって，B の発言の末尾の ‘no は確認のために使用されていた。上述のように，‘no は ano の短縮形の可能性がある。

(64) eh

Option one Cairo to Manila

Option two Cairo to Bangkok - Bangkok to Hongkong - Hongkong to Manila

Sounds good, *eh*?

Ask Aeroflot to make you an itinerary and attach the costs so you can decide how to go about your travels.

(ICE-PHI:W1B-005#133:2 ~ ICE-PHI:W1B-005#136:2)

これは旅行計画について書かれた手紙の一部であり，eh は計画についての書き手自身のコメントおよび意見を示すために付加されていた。また，手紙の相手の同意を引き出し，相手を引き込むための促進の機能も担っていた。

(65) huh

A: You're really running for office *huh*

B: Yeah

(ICE-PHI:S1A-096#297:1:A ~ ICE-PHI:S1A-096#298:1:B)

(66) no

B: And after he ate he felt groggy dizzy and yeah he was < . > ab < /. > he was able to sleep right then and there

A: His wife poisoned him *no*

B: No it's not poison it's like uh Marcos's sleeping pills or something

(ICE-PHI:S1A-078#253:1:B ~ ICE-PHI:S1A-078#255:1:B)

(67) okay/OK

A: And don't be don't be mad at me I'm just telling the truth < , > *okay*

B: She always occupies my

A: Your thought

B: Yes < , > what will I do

(ICE-PHI:S1A-057#232:1:A ~ ICE-PHI:S1A-057#235:1:B)

(68) right

B: No fever okay now six days ago < , > uh the same symptoms persisted *right*

A: Yes Doctor

(ICE-PHI:S1B-072#39:1:B ~ ICE-PHI:S1B-072#40:1:A)

(69) see

A: Trish it's a coincidence Trish goes yeah you know her sister is gonna be there and her sister is you know like this you know known person TV personality < { > < [> or something < /[>

B: < [> Yeah < /[> < /{ >

B: She's uhm her sister is covering the military camps

A: See
A: Oh my God
A: That's such a coincidence *see*
B: That's a good thing

(ICE-PHI:S1A-015#148:1:A ~ ICE-PHI:S1A-015#154:1:B)

AとBは，知り合いが偶然出会ったことについて話していた。Aの発言に付加されたseeの主要機能は，「ありえないような偶然」というAのコメントを強調することであった。また，Bからの返答を引き出すためにも用いられていたため，促進の機能も担っていた。

(70) yeah
B: We're talking about doors falling apart and people running in and out who should not be there
E: Uh by the way Jullie I'm the only agency with water and and power all this < { > < [> this time *yeah* < /] >
B: < [> All the time ha < /] > < /} > you're sure
B: Well how did you how did you do that

(ICE-PHI:S1B-030#125:1:B ~ ICE-PHI:S1B-030#128:1:B)

(71) you know
B: Well that is of course if we don't have assignment in our subjects or < { > < [> if I won't be preparing < /[>
A: < [> Or we have no paper to check < /[> < /{ >
B: Yeah no paper to check or if we have no reports or no research work *you know*
A: Uh-hmmmh
B: Uhm uhm okay

(ICE-PHI:S1A-100#210:1:B ~ ICE-PHI:S1A-100#214:1:B)

3.5.3 インド英語

ICE-INDには710例の不変化タグがみられた。出現した14形式のうち，6形式が地域特有の不変化タグ（accha, ah, ahn, haan, hai na, na），8形式が英語共通の不変化タグ（no, okay/OK, right, see, yeah, yes, you know, you see）であった。コーパス内の不変化タグのうち，地域特有の不変化タグは22.5%（160例）で，英語共通の不変化タグが77.5%（550例）であった。図10は，

ICE-INDにおける不変化タグの分布をまとめたものである。図10が示すように，ICE-INDで最も頻度の高い不変化タグはno（264例，37.2%）であり，次にyou know（140例，19.7%），そしてna（121例，17.0%）であった。

ICE-INDにおいて，707例（99.6%）の不変化タグは話し言葉部分に出現し，書き言葉部分に出現したのは3例（0.4%）のみであった。地域特有の不変化タグはすべて（160例，100.0%），英語共通の不変化タグは547例（99.5%）が話し言葉部分にみられた。表10はテキストタイプについて，ICE-INDの不変化タグの分布を示してある。

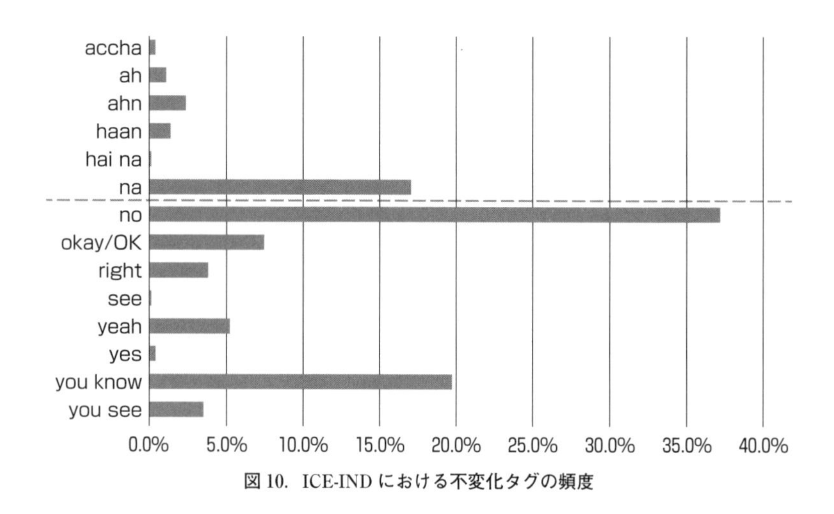

図10.　ICE-INDにおける不変化タグの頻度

表10が示すように，ICE-INDにおいては85%近くの不変化タグが，私的な対話（S1A）（対面での会話および電話）に出現した。公的な対話（S1B）にも不変化タグは出現し，その中で不変化タグの出現頻度が高かったのは授業（78例中39例）であった。地域特有の不変化タグも英語共通の不変化タグも，私的な対話で最も頻度が高かった。そして，地域特有の不変化タグの中の90%，英語共通の不変化タグの中の82.7%が私的な対話に出現した。私的な対話とそれ以外のテキストタイプでの不変化タグについて，地域特有の不変化タグと英語共通の不変化タグを比較するために，出現頻度についてカイ二乗検定を行っ

表 10. ICE-IND の不変化タグのテキストタイプに関する分布

	地域特有	英語共通	合　計
S1A	144 (90.0%)	455 (82.7%)	599 (84.4%)
S1B	14 (8.8%)	64 (11.6%)	78 (11.0%)
S2A	2 (1.3%)	28 (5.1%)	30 (4.2%)
S2B	0	0	0
W1A	0	0	0
W1B	0	0	0
W2A	0	0	0
W2B	0	0	0
W2C	0	0	0
W2D	0	0	0
W2E	0	0	0
W2F	0	3 (0.5%)	3 (0.4%)
合　計	160	550	710

たところ，私的な対話においては，地域特有の不変化タグの出現割合のほうが有意に高かった（χ^2=4.970, df=1, p=0.026）。以下では ICE-IND にみられた不変化タグの各形式について，どのように使用されていたかの具体例を示す。ICE-IND に出現した英語共通の不変化タグの形式は，ICE-HK か ICE-PHI にも出現していたため，以下では長めの文脈の提示および分析は，地域特有の不変化タグについてのみ行う。

(72) accha

A: What time does it come
B: Seven o'clock < ,, > no no nine
A: Ten *accha* < ,, >
B: Provided it's on time < , >
B: I'm told uh
A: Sometime it is late < , >
B: Ha it's late

(ICE-IND:S1A-019#7:1:A ~ ICE-IND:S1A-019#13:1:B)

A と B はフェリーの出航時間について話していた。初めに尋ねたのは A であったが，A は具体的な時間をあげていたため，ある程度の予測はついていたことがわかる。よってＡの発言の末尾の accha は，発言が確認のためであることを示していた。ヒンディー語には英語の okay に類似した acchā という感嘆詞があり，同意を示したり，注目を促したり，驚きを示したりなど複数の機能をもつ（Koga & Takahashi, 2006, p. 183）。

(73) ah

B: No which one which one < , > is it conducting these elections are important < , > <{> <[> ah < , > or issuing the orders are important < , >
A: <[> Ah </[> </{>
A: Uh < , >
B: Issuing the orders is the main thing isn't it
A: Yeah
B: That they should note out *ah* < , >
A: Ah
B: That part they have to stress < , > not conducting the interview < , >

(ICE-IND:S1A-100#163:1:B ~ ICE-IND:S1A-100#170:1:B)

Ｂは「命令を出すこと」の方が「選挙を行うこと」より重要であると，Ａを説得しようとしていたため，ここでの ah は，Ｂの主張の強調のために用いられていた。ヒンディー語には ah という感嘆詞があり，驚きを示したり，疑問を表現したり，繰り返しを要求したりする際に用いられる（Koga & Takahashi, 2006, p. 70）。インド英語の不変化タグ ah はヒンディー語の ah に関連している可能性が高いため，シンガポール英語の不変化タグ ah とは異なると考えられる。

(74) ahn

B: Why didn't she get eighty
A: Unluckily she got < , > only seventy percent < ,, >
A: I don't know how they check < ,, >
A: How they examine the papers < ,, >
A: This C B S E people < , > *ahn*
B: No yaar there must be something wrong < , > because this year no

(ICE-IND:S1A-070#331:1:B ~ ICE-IND:S1A-070#336:1:B)

ＡとＢは友人の試験結果について話していた。ここでの ahn は主にＢ

から同意を引き出すために用いられていたため，促進の機能をもっていた。この不変化タグは上述の不変化タグ ah の，別の綴り方かもしれない。

(75) haan

C: Who else did you meet < , >
B: Ah there was Dick Alright I don't know what < unc > two words < /unc >
C: Yeah yeah < , > Dick Alright was < ,, >
B: Around
C: Here in Bombay < , > *haan*
B: No
C: Does he remember me
C: No I don't know < , >

(ICE-IND:S1A-091#130:1:C ~ ICE-IND:S1A-091#137:1:C)

C の発言から，C は知人がボンベイ（現在のムンバイ）にいると思っていたが，確信がなくなったことが示されていた。よって，発言の末尾の haan は，C が自分の情報を確認したいと考えていたことを示していた。ヒンディー語の haan は，英語の yes に類似した感嘆詞であり，同意や賛成を示したり，確認を引き出したりなど，複数の機能をもつ（Koga & Takahashi, 2006, p. 1413）。

(76) hai na

C: No I've not decided as yet < , >
A: Not decided as yet
C: Uh < , >
A: Why is it that you have not decided
C: That means < , > uh which way the < unc > one word < /unc >
A: I think you know it's matter which has been already decided na
A: It is decided that you have to go < , > *hai na*
C: Ah that is there
A: Then why didn't you decide
A: Ah na of course in a friendly I ask you
C: Go by train that is mode of travel < , >

(ICE-IND:S1A-097#385:3:C ~ ICE-IND:S1A-097#395:3:C)

A と C は，C のインドの他の都市への旅行について話していた。しかし，C が「まだ決めていない」と言ったため，A は混乱した。C が意味したのは，交通手段を決めていないという意味であった。よって，A の発言は確認のための質問であり，地域特有の不変化タグ hai na が付加されることで，このことが示されていた。対応すると考えられるヒンディー語の hai na という表現は，連結動詞と以下で述べる終助詞の na から成る。

(77) na

A: I won't serve scotch
B: < O > Laughs < /O > < , >
A: Then I only serve the scotch for a big toast at twelve o'clock < ,, >
B: To bring in the real effect *na*
A: A toast for the birthday boy
B: Wow < ,, >
B: Like that < , >

(ICE-IND:S1A-003#91:1:A ~ ICE-IND:S1A-003#97:1:B)

A と B はパーティーを計画していた。メインの乾杯にスコッチウイスキーを提供しようという A の計画に対し，B はコメントを付け足し，その発言の末尾に na が使われた。ここでの na は B の A に対する同意を示すとともに，A からさらなる同意を引き出すために用いられ，促進の機能をもっていた。ヒンディー語には終助詞 na がある。これは確認もしくは同意を求めるため，もしくは要求を示すために使用される（Koga & Takahashi, 2006, p. 703）。ICE-PHI にも na が出現していたが，関連する現地語が違うため，異なる不変化タグと考えられる。

(78) no

A: But before that uh for the weekend we can play something and go somewhere *no* < , >
A: Spend some time outside at least < , > away from your work < , >
B: Uh not this week

(ICE-IND:S1A-014#47:1:A ~ ICE-IND:S1A-014#49:1:B)

(79) okay/OK

A: But remember rank bound is much more clear and definite < , > clearly defined < , > because you know that this is the rank of clause or sentence or phrase or word or sound < , > for phoneme < , >

A: Whereas in literal translation the term is rather vague < , > because in literal translation it can be anything < , >
A: It can be sentence uh by sentence translation word by word < , > meaning by meaning < , > *okay* < ,, >
A: But < , > literal translation will always be rather awkward < ,, >
(ICE-IND:S1B-009#124:1:A ~ ICE-IND:S1B-009#127:1:A)

(80) right
C: < [> Taught in some < /[> < /{ > school *right*
B: Oh yeah < , >
B: It is uh < ,, > Mariam Convent School
C: Mariam Convent School
B: Yeah
(ICE-IND:S1A-042#44:1:C ~ ICE-IND:S1A-042#48:1:B)

(81) see
A: < [> Something < /[> < { > a language < ,, > something a language < , > for a suitable language < , >
A: Then after area you have to decide define certain things < , > acceptable < , > English *see*
B: Acceptable norms < , >
(ICE-IND:S1A-028#234:1:A~ICE:IND:S1A-028#236:1:B)

(82) yeah
A: Sorry I < ,, > uh asked it late na
B: Late < , >
A: Yeah < ,, > asked about uh
B: It is better to be late than never *yeah*
A: Okay then < , > uh what about your fields < , >
(ICE-IND:S1A-038#234:1:A~ICE-IND:S1A-038#238:1:A)

(83) yes
A: As a distinct achievement of Premchand as < , > a craftsmanship regarding his novels being in the terms of use of language of < , > < {1 > < [1 > uhm < , > do you think like that < , > < {2 > < [2 > *yes* < , >
A: Alright is it okay

B: < [1 > Yes < /[1 > < /{1 >
B: < [2 > Yes < /[2 > < /{2 >
（ICE-IND:S1A-006#99:1:A ~ ICE-IND:S1A-006#102:1:B）

（84） you know
A: Because in after all the degree in our degree we had only one good teacher
A: Filomina Philip from Bangalore < , >
A: Oh yes she was a wonderful lecturer < , > and was giving *you know*
C: She was so wonderful < , > < { > < [> uhm < , > I mean
（ICE-IND:S1A-017#177:1:A ~ ICE-IND:S1A-017#180:1:C）

（85） you see
A:Really < , >
B: I remember because < , > < { > < [> ah < , > I asked them casually *you see* < , >
A: Ah ha < , >
（ICE-IND: S1A-093#314:1:A ~ ICE-IND:S1A-093#316:1:A）

3.5.4 シンガポール英語

ICE-SIN には 3211 例の不変化タグが出現した。コーパスにみられた 19 形式のうち，11 形式が地域特有の不変化タグ（ah, ha, hah, hor, lah, leh, lor, mah, meh, wah, what），8 形式が英語共通の不変化タグ（eh, huh, okay/OK, right, see, yes, you know, you see）であった。不変化タグとして用いられた what は ICE-SIN のみに出現したため，不変化タグ what は地域特有の不変化タグとして分類した。地域特有の不変化タグは 1675 例（52.2%），英語共通の不変化タグは 1536 例（47.8%）であった。ICE-SIN の不変化タグについて，形式に関する分布を図 11 に示してある。最も出現頻度が高かったのは lah（926 例，28.8%）で，right（628 例，19.6%），okay（423 例，13.2%），ah（384 例，12.0%），you know（279 例，8.7%）と続いた。

不変化タグのうち 3171 例（98.8%）は話し言葉部分に出現し，書き言葉部分に出現したのは 40 例（1.2%）のみであった。地域特有の不変化タグのうち

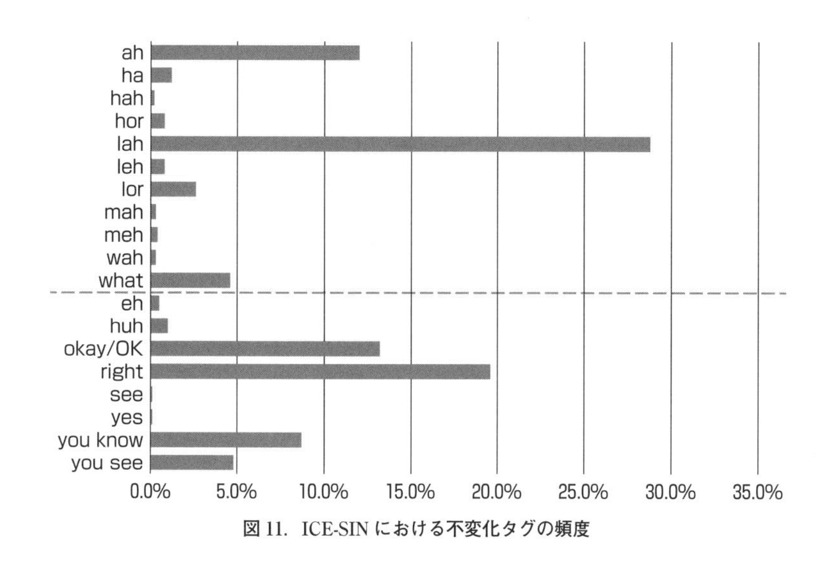

図 11. ICE-SIN における不変化タグの頻度

表 11. ICE-SIN の不変化タグのテキストタイプに関する分布

	地域特有	英語共通	合　計
S1A	1539 (91.9%)	827 (53.8%)	2366 (73.7%)
S1B	64 (3.8%)	425 (27.7%)	489 (15.9%)
S2A	27 (1.6%)	247 (16.1%)	274 (8.5%)
S2B	34 (2.0%)	8 (0.5%)	42 (1.3%)
W1A	0	0	0
W1B	6 (0.4%)	18 (1.2%)	24 (0.7%)
W2A	0	0	0
W2B	0	4 (0.2%)	4 (0.1%)
W2C	0	1 (0.1%)	1 (0.1%)
W2D	0	0	0
W2E	0	0	0
W2F	5 (0.3%)	6 (0.4%)	11 (0.3%)
合　計	1675	1536	3211

1664 例（99.3%），英語共通の不変化タグのうち 1507 例（98.1%）は話し言葉部分にみられた。表 11 はテキストタイプについて，ICE-SIN の不変化タグの分布を示したものである。

表 11 が示すように，ICE-SIN の不変化タグのうち 70% 以上が私的な対話（S1A）にみられた。不変化タグは公的な対話（S1B）にも出現し，489 例のう

ち 345 例（70.6%）は授業にみられた。原稿なしのモノローグ（S2A）に関して，出現した不変化タグは，商品紹介と原稿のないスピーチに集中していた。コーパス全体をみると，地域特有の不変化タグの方が英語共通の不変化タグに比べて，出現するテキストタイプが偏っていて，私的な対話に高頻度で出現した（χ^2=597.920, df=1, p=.000）。以下では ICE-SIN に出現した不変化タグについて，各形式の具体例を示す。ICE-IND と同様，長い文脈および機能の分析は，地域特有の不変化タグについてのみ行う。他のアジア英語に比べ，シンガポール英語の地域特有の不変化タグについては，その主要機能および由来となったと考えられる現地語について，より多くの研究および情報があった（例：Wee, 2002; J. Wong, 2004; Lim, 2007）。

（86）ah

B: So where are you going to stay after
A: Rent rent rent a flat
B: You mean that the scheme that HDB has is it your applied already *ah*
A: Ha
A: Haven't
A: Don't know when to apply

（ICE-SIN: S1A-001#39:1:B ~ ICE-SIN: S1A-001#44:1:A）

B の発言は you mean で始まり，B の確信のなさが示されていた。よって発言の末尾の ah は，B が A に説明を求めていることを示していた。Lim（2007）によると，シンガポール英語の ah の使用目的は，発言が質問であると示す，相手が会話についてきているかを確認する，まだ話し続けることを示すなどである（p. 449）。また Lim（2007）は，ah の由来は明確ではないが，福建語，バザール・マレー語，広東語には a という不変化詞があるため，これらすべてがシンガポール英語の ah の形成に影響を与えた可能性があると述べた（p. 464）。バザール・マレー語における a は「疑問形，感嘆形，そして直説法」または「発言の継続」を示し，福建語の a は同じく疑問形，感嘆形，直接法を示すとともに完了を示す（Lim, 2007, p. 460）。そして，広東語の a（a55, a33, a23, a21）は疑問や要求を仮のものであると示す，発言の力を和らげる，対話者の意図を尋ねる，想定の有効性に疑問を呈するなど，複数の機能をもつ（Lim, 2007, p. 460）。ICE-IND

にも地域特有の不変化タグ ah があったが，インド英語とシンガポール英語に関連する主な現地語は異なるため，異なる不変化タグであると考えられる。

(87) ha

B: He need something for storing his film
A: I don't know what kind of
A: You need a special cabinet
B: But how long does the film last *ha*
B: Does it expire after a while
A: You keep it properly it can last
B: It can last ah

(ICE-SIN:S1A-054#209:1:B ~ ICE-SIN:S1A-054#209:1:B)

A と B は同僚のフィルムを片付ける方法について話していた。B はフィルムはどれくらいもつのかを尋ね，末尾の ha は発言が真に情報取得のためであったことを示すと同時に，疑問を強調していた。機能から判断すると，地域特有の不変化タグ ha と，次の項で述べる hah は，コーパスで違う綴りが用いられてはいたが，同じ形式の不変化タグと考えられる。ICE-PHI に出現した ha と ICE-SIN に出現した ha は，関連する現地語が異なるため，異なる不変化タグである可能性が高い。

(88) hah

"Er ...
Mum, the next time one of them calls, call me okay?
I'll take a message."
"Then you know who this Egbert fellow is, *hah*?
Tell him to get his own phone number.
I'm tired of taking messages for him.
What kind of friends do you have, son?
Tell him to call Telecoms...
Nowadays, very cheap and very quick..."
Believe me, I tried.
But how was one to contact a ghost?

(ICE-SIN:W2F-006#162:1 ~ ICE-SIN:W2F-006#172:1)

これは小説の一部で，母親と息子の会話であった。ここでの hah は，母親が自分の想定が正しいか確認しようとしたことを示すと同時に，発言を強調していた。Wee（2004）によると，hahの主要機能は，発言が疑問であると示すことである（p. 125）。Hahの由来に関する明確な情報はみつからなかったが，他の英語でみられる不変化タグhuhに対応するものである可能性はある。

(89) hor

A: I think every hotel is very expensive
A: Sogo lah Raybo < unc > word < /unc > food court
B: So that I don't have don't have to always eat Chinese food ya
A: So boring
A: I think you will try the Gado-gado
A: Then what else
A: Then
B: Maybe we should make it more enjoyable *hor*
A: Ya lah

(ICE-SIN:S1A-057#214:1:A ~ ICE-SIN:S1A-057#222:1:A)

AとBはインドネシアの都市について話していた。地域特有の不変化タグhorは，ここではBのコメントを強調するとともに，Aから同意を引き出すために使用されていた。Wee（2004）によると，シンガポール英語のhorの主要機能は主張を強調し，その主張への同意を得ようとすることである（p. 123）。Lim（2007）は不変化タグhorの由来となったのは，話者が「発言や提案の受け入れの承認を予期する」ことを示す，広東語の不変化詞ho（ho35）の可能性があると述べた。

(90) lah

B: They have bigger suite where they have your own private room uh where where they call its private room
B: So they have a few
B: Then the glass is transparent
B: You can actually see the number of people inside the room
A: Oh
A: But the suite is just sofa *lah*
B: Ah

(ICE-SIN:S1A-014#291:1:B ~ ICE-SIN:S1A-014#297:1:B)

AとBは地元のバーのカラオケルームについて話していた。Bは最も大きなスイートルームを描写し，AはBに対して，そこにはソファしかないと述べた。ここでのlahは，AがBの知らない可能性のある情報を付加していることを示すとともに，発言の力を和らげていた。Aがスイートルームを必ずしも良いと思っていないことが示唆されていたため，これは潜在的にフェイスを侵害する行為であったからである。J. Wong（2004）によると，シンガポール英語におけるlahの機能は，話者の視点を押し付ける，考えを示す，対話者を説得するなどである（pp. 763-773）。Wee（2004）はlahの機能について，少し異なる説明をし，lahは「話者の気分や態度に対して相手の注意をひき，その気分や態度に合わせた行動をとってもらおうとする」ために用いられるとした（p. 119）。つまり，lahの主要機能のひとつは，話者が親密性を保持しつつも，対話者の考えを何らかの形で変えようとしていると示すことである。

Lim（2007）はlahの由来は不明確であるが，福建語もしくはバザール・マレー語の不変化詞laに由来しているかもしれないと述べた（p. 463）。Lim（2007）によると，バザール・マレー語のlaの機能は，発言を強調すること，命令を和らげること，親密性を示すことなどで，福建語のlaの機能は，完了を示すこと，意味を確認すること，発言を強調すること，説得することなどである（p. 460）。Lim（2007）は，研究者によっては異なる説を唱えると断った上で，広東語のla（la55, la33）はlahの由来ではないと考えたが，それは広東語のlaとシンガポール英語のlahのピッチパターンが異なっていたからである（p. 463）。

（91）leh

A: You have to hang hang

B: If you send send her out of the kitchen ah there won't any noise *leh*

A: You hang around there do some work wash the dishes

A: Assist me in cooking

A: Well open the can open the can

B: Okay

（ICE-SIN:S1A-064#38:1:A ~ ICE-SIN:S1A-064#43:1:B）

AとBは一緒に料理をしていた。後ろで何かの物音がし，Bはその音を取り除く方法を提案した。ここでのlehはBの発言が提案であることを示すとともに，lehによって発言の力が和らげられていたため，提案が絶対的ではないことも示していた。実際，AはBの提案を受け入れずに料理を続けた。Wee（2004）は，シンガポール英語のlehは「主張や要求が仮であることを示す」もので，会話を和らげるために用いられるとした（p. 122)。Lim（2007）は，疑問文を作るために使用される広東語の ne（ne55）もしくは le（le55）が由来であると考えた（p. 461)。

(92) lor

B: What what did they play

A: Their own music and other people's music *lor*

B: Ya some uh one night I saw rock band

B: Different different types uh

A: Yeah yeah

A: Like those ones that I was playing on the CD that night *lor*

(ICE-SIN:S1A-025#326:1:B ~ ICE-SIN:S1A-025#331:1:A)

A と B は，A がよく訪れる劇場の公演について話していた。すでに A は B に，地元のバンドが劇場で公演することを伝えていて，この文脈から，バンドがどのような音楽を演奏しているか B が知っていると予測していたことがわかる。よって，ここで使用された地域特有の不変化タグ lor は，A は自分が述べた情報が，B にとって明らかであるはずと考えていることを示していた。Wee（2004）によると，lor の主要機能は，情報が相手にとって明らかであることを表示して，諦めを示すことである（pp. 122-123)。Lim（2007）は lor の由来となったのは，広東語の不変化詞 lo（lo33）であると考えた。この不変化詞は「明らかさ，不可避性，取り消し不能性」を示すのに用いられる（Lim, 2007, p. 461)。福建語には lo，標準中国語には luo という不変化詞があり，両方とも情報が明らかであることを示す。しかし，声調に関する特徴が違うことから，Lim（2007）は，これらは lor の由来ではないと考えた（p. 463)。

(93) mah

C: Uh busy uh

A: Uhm busy playing with my nieces

C: Both of them are in their own place eh at your home now

A: Hah

A: The younger one is always at my home *mah*

C: Both of them

C: Oh

(ICE-SIN:S1A-091#10:1:C ~ ICE-SIN:S1A-091#12:1:A)

A は C に，姪２人と一緒にいたので忙しかったと話していた。C は２人ともＡの家にいたのかを尋ね，Ａの返事の末尾の mah は，Ａがそれはあたりまえだと考えていたことを示していた。このことは，発言内で「いつも」という言葉が使われていることからもわかる。Wee（2004）と Lim（2007）は mah を ma と綴っていた。Wee（2004）によると，mah の主要機能は，情報が相手にとって明らかなはずであると，話者が考えていると示すことである（pp. 119-120）。Lim（2007）は，広東語の ma（ma33）が明らかな理由や弁解を示すため，シンガポール英語の mah の由来ではないかと述べた（p. 461）。また，標準中国語の ma は，疑問を示す一般的な用法に加え，発言の強調や苛立ちの表示といった，シンガポール英語の mah とは異なる機能をもつため，由来ではないと考えた（Lim, 2007, p. 461）。

（94）meh

B: Uh because they say cannot switch on air-con so have to sleep without air-con

B: I think it's so warm that period

A: Oh

B: She said she actually literally lost five kg

A: You mean at home cannot sleep with air-con one *meh*

B: They say if the baby < unc > word < /unc >

A: Too young is it

B: Ya not good

(ICE-SIN:S1A-014#184:1:B ~ ICE-SIN:S1A-014#191:1:B)

ＡとＢは共通の友人について話していた。友人にはしばらく前に赤ちゃんが生まれていて，ＢはＡに，友人が暑くても冷房を入れられないと話した。文脈から，Ａはそれが本当であると信じていないことがわかり，Ａの発言の末尾の meh は疑いと驚きを示していた。J. Wong（2004）は，meh は話者の知覚に変化があったことを示し，驚きを表示したり，相手の想定へ疑問を呈したりするのに用いられると述べた（pp. 783-784）。また Wee（2004）も，meh は疑いを表現するのに使用されるとした（p. 121）。そして Lim（2007）は，meh の由来が広東語の可能性が高いと考えた。なぜなら，広東語の不変化詞 me（me55）は疑問文の末尾に出現し，驚きを示したり，「予期しなかった事態の真実」を確認したりするために用いられるからである（p. 461）。

（95）wah

A: Then also a drunken man behind me slumped over < unc > one

word < /unc >
A: When they were supposed to land right they carried him carried him put the belt
A: And he's so slumped over like that so dead drunk
C: On the free stuff
A: Ya on the free stuff
A: He was so dead drunk I tell you and just behind me
C: He was drunk when already gone on the plane
A: No no no
A: He drink the free flow *wah*
A: He drink and drink so terrible until oh

(ICE-SIN:S1A-088#135:1:A ~ ICE-SIN:S1A-088#144:1:A)

AはCに，Aが機内で見た酔客について話していた。Aの発言の末尾のwahは，その人が飛行機の無料ドリンクで酔ったという主張を強調すると同時に，その人に向けられた苛立ちが示されていた。この地域特有の不変化タグに関連する現地語の言葉は，先行研究からは明らかではなかった。広東語のwah（wah21）が関連するかもしれないが，福建語のwahもしくはwaが由来となった可能性の方が高いと考えられる。福建語のwahもしくはwaは，wa lao ehのような表現で用いられ，驚きや不満といった感情を示す（Ong, 2011, p. 224）。

(96)　what
A: Is Lin is Linda going
B: I don't think Linda's going
B: She didn't say anything
A: Then how come she she's got the pamphlet there
B: She can get pamphlet without buying the ticket *what*
A: But usually you don't like put it right in at the top of your book you know without wanting to go

(ICE-SIN:S1A-061#149:1:A ~ ICE-SIN:S1A-061#154:1:A)

Aは，AとBが話していたミュージカルにリンダが行く予定がないのであれば，なぜ彼女はパンフレットをもっていたのかという疑問を述べた。それに対してBは，チケットを買わなくてもパンフレットをもらうことはできると指摘した。Bの発言にみられるwhatは，このことをBはあたりまえであると思っていることを示していた。実際，Aはこのことを認め，次の発言では同じ内容をさらに聞くことはしていなかった。不変化タグ what はさらに，B の主張の強調もしていた。不変化タグとしての what は，wut（例：J. Wong, 2004）や wat（例：Wee, 2004）と綴られることもある。

J. Wong（2004）によると，シンガポール英語の what は典型的に，話者が「相手が述べた内容もしくは想定に反対しようとする」時に発言に付加される（p. 776）。また，Wee（2004）は what の主要機能を，情報が明らかであると示し，相手が先に述べたことを否定することであるとした（p. 120）。不変化タグ what は，ネイティブ英語でも用いられる疑問詞の what とは異なる（J. Wong, 2004, p. 774）。また，機能が重なっていないため，古いイギリス英語の表現にみられた文末の what とも異なる（Lim, 2007, p. 464）。シンガポール英語の不変化タグ what の由来は明確ではないと Lim（2007）は述べ，先行研究にもとづいて，主要機能は「注目すべき発見」を示すため異なるが，広東語の wo（wo21）が関連しているかもしれないと述べた（p. 464）。Lim（2007）はさらに，福建語，標準中国語，もしくは広東語の ma からの借用翻訳の可能性もあるとした（p. 464）。

ところで，シンガポール英語の地域特有の不変化タグに関して，シンガポールで広く話されている現地語は標準中国語であるが，広東語を由来とする可能性の高いものがいくつかあったことに留意する必要がある。この理由について，たとえば Lim（2007）は地域特有の不変化タグが出現した 1980 年代半ばには，広東の文化が人気であった影響ではないかと示唆した（p. 466）。

（97） eh

A: Uh Thomson Grove
B: Oh Thomson Grove ya
A: Quite near to our place *eh*
B: How long is this going to last
A: Which one

（ICE-SIN:S1A-013#167:1:A ~ ICE-SIN:S1A-013#171:1:A）

（98） huh

A: She expected to have a lot of people see her transparencies
B: But anyway I my feeling is that any effort that that need to be put in should be put in the best way *huh*
A: Ya

（ICE-SIN: S1A-029#52:1:A ~ ICE-SIN:S1A-029#54:1:A）

(99) okay/OK

B: So even for Yong Kian's one we're getting some SDF funding *okay*

A: Okay but I hear her she's it's a very uh short-term

B: No

(ICE-SIN:S1A-042#184:1:B ~ ICE-SIN:S1A-042#186:1:B)

(100) right

C: Walk walk to Botanical Gardens

B: Very near only

A: The distance is uh

A: It is the Bukit Timah Campus *right*

B: Is connected is connected ya

(ICE-SIN:S1A-049#29:1:C ~ ICE-SIN:S1A-049#33:1:B)

(101) see

"A long time ago, there was this great eater in the village, *see*.
He ate a lot of leaves and almost caused a famine.
So, to stop the tragedy from happening again, the rule was imposed."

(ICE-SIN:W2F-015#64:1 ~ ICE-SIN:W2F-015#66:1)

(102) yes

B: Anyone reading it would not have this sort of information *yes*

A: Anyone reading this also Doctor Ang will not know that for days we were here arguing on this point

(ICE-SIN:S1B-069#146:1:B ~ ICE-SIN:S1B-069#147:1:A)

(103) you know

C: Don't you think that she is very lucky *you know*

A: Ya she can say go there and meet and then thousands of people are there and she manages to find them

(ICE-SIN:S1A-068#198:2:C ~ ICE-SIN:S1A-068#199:2:A)

(104) you see

B: There're quite a few applicants but I think maybe my < unc > one word < /unc > it it depends on him

A: Oh

B: When when when to do it *you see*

A: Okay

(ICE-SIN: S1A-042#30:1:B ~ ICE-SIN:S1A-042#32:1:B)

3.5.5 カナダ英語

ICE-CAN においては，832 例の不変化タグが出現した。コーパスに出現した不変化タグは全部で 8 形式で，すべてが英語共通の不変化タグであった（eh, huh, no, okay, right, yeah, you know, you see）。図 12 に示したように，you know が最も出現頻度が高く（288 例，34.6%），okay/OK（200 例，24.0%），right（181 例，21.8%），eh（121 例，14.5%）と続いた。

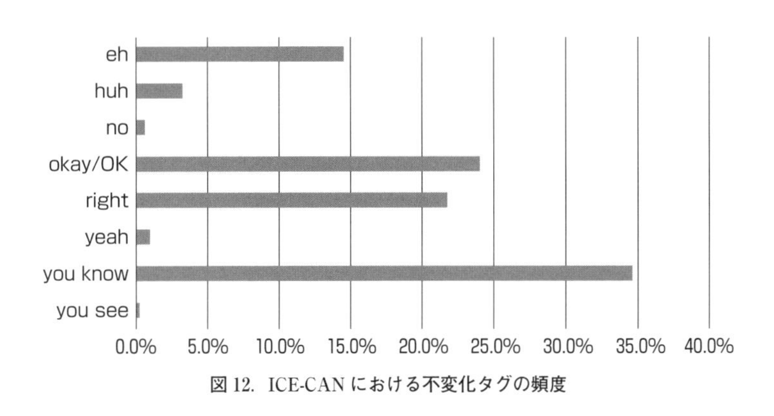

図 12. ICE-CAN における不変化タグの頻度

大半の不変化タグは話し言葉部分に出現し（822 例，98.8%），書き言葉部分に出現したのは 10 例（1.2%）のみであった。表 12 に，テキストタイプに関する不変化タグの分布を示した。表 12 が示すように，60% 近くの不変化タグは対面での会話と電話を含む，私的な対話（S1A）でみられた。また，25% 以上の不変化タグは原稿なしのモノローグ（S2A）にみられ，特に原稿のないスピーチ（142 例）および商品紹介（66 例）での頻度が高かった。公的な対話（S1B）については，授業（40 例），テレビ番組内での討論（40 例），ビジネスにおける取引（30 例）に集中していた。以下は各形式についての具体例である。ICE-CAN では英語共通の不変化タグのみであったため，すでに他の項で扱った不変化タグも含め，簡潔に分析を行う。

表 12. ICE-CAN の不変化タグのテキストタイプに関する分布

	地域特有	英語共通	合　計
S1A	0	498 (59.9%)	498 (59.9%)
S1B	0	106 (12.7%)	106 (12.7%)
S2A	0	212 (25.5%)	212 (25.5%)
S2B	0	6 (0.7%)	6 (0.7%)
W1A	0	0	0
W1B	0	4 (0.5%)	4 (0.5%)
W2A	0	0	0
W2B	0	1 (0.2%)	1 (0.2%)
W2C	0	0	0
W2D	0	0	0
W2E	0	0	0
W2F	0	5 (0.6%)	5 (0.6%)
合　計	0	832	832

（105）eh

B: Ya but I mean they weren't really being bad kids

B: They were just < , > being kids

A: Ya < ,, >

B: He's funny *eh*

B: < { > < [> I wish < /[> I had videoed that when he was singing

A: < [> Who < /[> < /{ >

A: Oh that was hilarious

B: He does the three voices

(ICE-CAN:S1A-083#143:1:B ~ ICE-CAN:S1A-083#150:1:B)

A と B は知人の子どもについて話していた。B の発言に付加された eh は，B の発言が子どもの１人についての考えであることを示していた。これはさらに，A からの同意を引き出す促進の機能も担っていた。Gold (2004) によると，不変化タグ eh の使用は，カナダ英語の特徴のひとつである。

（106）huh

A: Well no no

A: Uh well actually I'm teaching the Tyndale students now

A: Beginners' class
A: And this is to prepare us for going into the primary school
A: For teaching beginners
A: Like children *huh*
B: Okay
A: But we get the adults now because < { > < [> they're < /[> so much easier to teach than little kids
B: < [> Ya < /[> < /{ >
B: Ya

(ICE-CAN:S1A-060#194:1:A ~ ICE-CAN:S1A-060#203:1:B)

AはBに，参加中の教育実習について話していた。不変化タグ huh はここでは，コメントが皮肉を意図したものであることを示していた。なぜなら，A は子どもを教えるための実習として，初級レベルの成人クラスで教えていたからである。

(107) no

A: Ya
A: Well < { > < - > he < /- > < = > my dad < /= > < /{ > wants to get a colour and then just network it cos now we got three Macs in the house so < ,, > all the Macs use the same printer
A: It'll work nice
B: Hmm you have to be in the same room *no*
A: No < , > it' < { > < [> different < ,, > just cable ya < /[>

(ICE-CAN:S1A-020#114:1:A ~ ICE-CAN:S1A-020#118:1:A)

A は新しいプリンターについて話していて，B はコンピュータを同じ部屋に置く必要があるか尋ねた。B の発言から，B はそう思っていたことが示され，末尾の no は，この発言が質問であると同時に，確認のコメントであることを示していた。

(108) okay/OK

A: And then you can start doing more interesting things < , >
A: Me it's music < ,, > *okay*
A: For example me I use a lot of music
A: You < ? > might < /? > want to do something else

(ICE-CAN:S2A-048#166:2:A ~ ICE-CAN:S2A-048#169:2:A)

Ａは授業に関心をひきつける方法について話していて，音楽をよく用いると述べた。ここでの okay は，Ａの論点を強調するために使われていた。

(109)　right

A: You find he looks Spanish

B: Yup < ,, >

A: His mom is < , > French Canadian or no < , > his mother's English *right*

B: Ya she looks English

B: I don't know

A: Ya < ,, >

(ICE-CAN:S1A-083#326:1:A ~ ICE-CAN:S1A-083#331:1:A)

ＡとＢは共通の友人について話していて，Ａの発言の末尾の right は，この発言が確認の質問であることを示していた。

(110)　yeah

B: Okay that uh bottle opener < ? > that < /? > uh

A: Ya I put it over here

B: Oh you put it there *yeah*

A: < { > < [> Yeah < /[> I don't know any teenagers who can't use a bottle opener

B: < [> < , > Yeah < /[> < /{ >

(ICE-CAN:S1A-019#350:2:B ~ ICE-CAN:S1A-019#354:2:B)

Ｂは栓抜きを探していて，ＡはＢに栓抜きをどこに置いたかを伝えた。Ｂは情報を繰り返し，yeah を付加することで，さらなる情報を求めた。Ａはそれを理解し，なぜそこに栓抜きを置いたかを説明した。この yeah はコミュニケーションを進めるための促進の機能も担っていた。

(111)　you know

B: All of history < , > all in one place

A: < { > < [> History Channel < /[>

B: < [> Is this the History < /[> < /{ > Channel

A: Ya

B: Yeah

B: I should have watched this more *you know*

A: Well we don't get it

(ICE-CAN:S1A-073#253:2:B ~ ICE-CAN:S1A-073#259:2:A)

AとBはヒストリー・チャンネルの話をしていて，Bは自分がもっと視聴するべきであったと述べた。この発言に付加されたyou knowの主な機能は，相手が話すターンであることを示して，コミュニケーションを進めることであった。

(112) you see

B: Like if you take Saint-Laurent < { > < [> < ,, > < /[> uhm
A: < [> Mhh hmm < /[> < /{ >
A: I can't take Saint-Laurent down cos it's a one-way up
B: Oh you're going
A: I'm going to be up at Bernard < { > < [> *you see* < /[>
B: < [> Oh you're coming < /[> < /{ > back that way

(ICE-CAN:S1B-013#106:1:B ~ ICE-CAN:S1B-013#111:1:B)

AとBはバスのルートについて話していて，BはAにサンローランに向かうバスに乗ることを提案した。Aは他の場所に行くため，そのバスには乗れないと答え，末尾のyou seeはAの論点を強調していた。

3.6 英語間の比較

各英語における不変化タグの分析にもとづき，本節では不変化タグの特徴および機能について，頻度（3.6.1），形式（3.6.2），テキストタイプと使用域（3.6.3），機能（3.6.4）の観点から，英語間の比較を行う。

3.6.1 頻　度

ICE-HKには1113例，ICE-PHIには2274例，ICE-INDには710例，ICE-SINには3211例，ICE-CANには832例の不変化タグが出現した。英語間の出現頻度の差はすべて有意であった。つまり，シンガポール英語話者が不変化タグを最も高頻度で用い，次にフィリピン英語話者，香港英語話者，カナダ英語話者，インド英語話者の順であった。図13に，各英語コーパスにおける地域特有の不変化タグ（indigenous）と英語共通の不変化タグ（non-indigenous）の分布を示した。ICE-CANには英語共通の不変化タグのみがみられた。アジア英語間には，地域特有の不変化タグの頻度と英語共通の不変化タグの頻度について，有意な差がみられた（χ^2=993.886, df=3, p=.000）。そして，各英語間についても，差はすべて有意であった。地域特有の不変化タグを最も高い割合で使用していたのはシンガポール英語話者で，その次がフィリピン英語話者であった。次にインド英語話者で，最後が香港英語話者であった。英語共通の不変化タグの割合については，これと逆の順番であった。

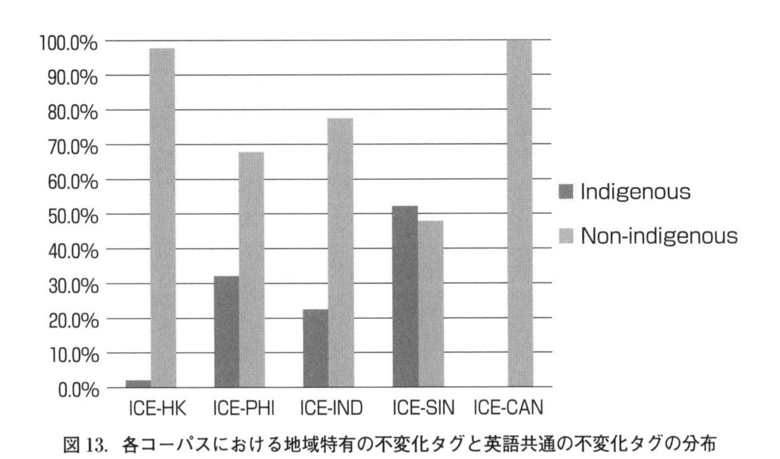

図 13.　各コーパスにおける地域特有の不変化タグと英語共通の不変化タグの分布

3.6.2 形　式

ICE-HK には 12 形式の不変化タグが出現し（地域特有の不変化タグ：4 形式，英語共通の不変化タグ：8 形式），ICE-PHI には 19 形式（11 形式，8 形式），ICE-IND には 14 形式（6 形式，8 形式），ICE-SIN には 19 形式（11 形式，8 形式），ICE-CAN には 8 形式（0 形式，8 形式）であった。このことは，アジア英語話者は地域特有の不変化タグも使用していたため，カナダ英語話者に比べて，多くの形式の不変化タグを用いていたことを示していた。フィリピン英語話者とシンガポール英語話者は，インド英語話者と香港英語話者に比べ，より多様な地域特有の不変化タグを使用していた。地域特有の不変化タグのうち 4 形式（ah, ha, na, wah）は 2 つ以上のコーパスに出現した。しかし既述のように，一見同じ形式であっても，由来の異なる，違う不変化タグであった可能性が高い。

地域特有の不変化タグについて，インド英語はヒンディー語，フィリピン英語はタガログ語／フィリピノ語，そして香港英語は広東語の言葉に由来すると考えられるものが多かった。シンガポール英語の不変化タグについても，hor, leh, lor, mah, meh のように，広東語の言葉が由来であると考えられる不変化タグがあった。しかし，シンガポール英語の地域特有の不変化タグには，福建語，バザール・マレー語，標準中国語といった他の言語の影響もみられた。コーパスに出現した不変化タグの形式と頻度については，上の表7に掲載した。

英語共通の不変化タグは，全部で10形式出現した。そのうち okay/OK, right, you know はすべてのコーパスにみられた。Huh, no, yeah, you see は4つのコーパスに出現した。ICE-IND に huh はみられず，ICE-SIN に no, yeah がみられず，ICE-PHI に you see がなかった。Eh, see, yes は3つのコーパスに出現し，ICE-CAN の eh を除いて，コーパスでの出現頻度は低かった。なお，英語共通の不変化タグについて，あるコーパスで特定の形式が出現しなかったことは，その英語の話者は，その形式の不変化タグをまったく使用しないことを意味するのではない。その形式は使用されるかもしれないが，頻度はかなり低いと考えられる。

各コーパスには，3形式もしくは4形式の不変化タグが，特に高い頻度で出現した。これは，不変化タグの形式が多かった ICE-SIN などにおいても，みられた傾向であった。各コーパスにおいて，全体の不変化タグの10%以上を占めた形式は，以下のとおりであった。すなわち，ICE-HK において okay/OK（51.4%），right（28.4%），you know（11.9%），ICE-PHI において right（35.7%），okay/OK（23.6%），‘no（18.7%），ICE-IND において no（37.2%），you know（19.7%），na（17.0%），ICE-SIN において lah（28.8%），right（19.6%），okay（13.2%），ah（12.0%），ICE-CAN において you know（34.6%），okay/OK（24.0%），right（21.8%），eh（14.5%）であった。このことは，ICE-IND を除いた4つのコーパスで，okay/OK および right が高頻度で出現したことを示していた。また，you know もすべてのコーパスで多く出現した。その割合は ICE-PHI（5.5%）と ICE-SIN（8.7%）では10%には達しなかったが，10%に達しなかった不変化タグの中では一番頻度の高い形式であった。

3.6.3 テキストタイプと使用域

すべてのコーパスにおいて，ほとんどの不変化タグが話し言葉部分にみられた。すなわち，ICE-HK の不変化タグの 94.7%，ICE-PHI の 98.8%，ICE-IND の 99.6%，ICE-SIN の 98.8%，ICE-CAN の 98.8%が話し言葉部分に出現した。このことは，どの英語においても不変化タグは，話し言葉と結びついていたことを示していた。不変化タグは書き言葉部分にはほとんど出現せず，どのコーパスにおいても，社交のための手紙と創作に集中していた。図 14 は各コーパスにおける不変化タグの出現頻度の分布を，私的な対話（S1A: private dialogues），公的な対話（S1B：public dialogues），原稿なしのモノローグ（S2A：unscripted monologues）について示したものである。なぜなら，コーパス内のほとんどの不変化タグが，これらのテキストタイプに出現したからである。不変化タグは原稿ありのモノローグ（S2B：scripted monologues）にはほとんど出現せず，その割合は ICE-HK で 0.7%，ICE-PHI で 0.1%，ICE-SIN で 1.3%，ICE-CAN で 0.6%，そして ICE-IND においては 0.0%であった。S1A，S1B，S2A それぞれに出現した不変化タグが，コーパス全体の不変化タグに占める頻度は，英語間で有意に異なっていた（χ^2=1865.201, df=8, p=.000）。

各テキストタイプについて，出現頻度にもとづいてカイ二乗検定を行ったところ，まず，私的な対話について，不変化タグの割合は英語間で有意に異なった（χ^2=1681.165, df=4, p=.000）。どのコーパスにおいても不変化タグは，対面での会話と電話の両方に頻繁にみられたが，インド英語の不変化タグが私的な対話に占める割合は，他の英語に比べて有意に高かった。その次にシンガポール英語，カナダ英語，そして香港英語とフィリピン英語であった。香港英語とフィリピン英語の間の差は有意ではなかった。

公的な対話については，どのコーパスでも授業において，不変化タグが頻繁にみられた。ICE-CAN では，テレビ番組内での討論やビジネスにおける取引でも不変化タグの出現頻度は高かった。各コーパス全体に出現した不変化タグのうち，公的な対話に出現した不変化タグの頻度は，英語間で有意に異なった（χ^2=1009.898, df=4, p=.000）。具体的には，フィリピン英語での割合が他の英語より有意に高く，次に香港英語であった。そして，シンガポール英語での割合はインド英語での割合より有意に高かったが，シンガポール英語とカナダ英

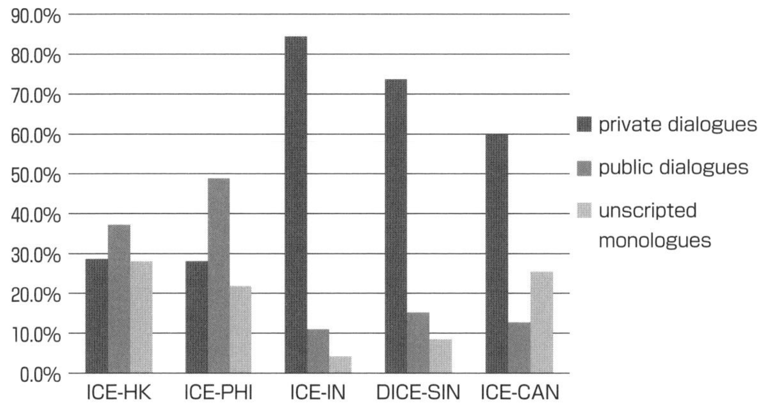

図 14.　3 つの主なテキストタイプに関する不変化タグの分布

語，およびカナダ英語とインド英語の間の差は有意ではなかった。

原稿なしのモノローグについては，原稿のないスピーチと商品紹介に，不変化タグは集中する傾向にあった。英語間の違いは有意であり（χ^2=435.488, df=4, p=.000），香港英語，カナダ英語，フィリピン英語において，不変化タグが原稿なしのモノローグに出現する割合が，シンガポール英語とインド英語に比べて有意に高かった。さらに，香港英語についての割合はフィリピン英語より，シンガポール英語についての割合はインド英語より有意に高かったが，この他の差は有意ではなかった。

フィリピン英語，インド英語，シンガポール英語において，地域特有の不変化タグは，英語共通の不変化タグに比べて，私的な対話に集中してみられた。このことは，地域特有の不変化タグは，英語共通の不変化タグと比較すると，よりインフォーマルな文脈に結びついていることを示していた。ICE-HK については，この点を分析するのに十分な，地域特有の不変化タグのデータがなかったが，地域特有の不変化タグはすべて，会話に関連した使用域に出現していた。

3.6.4 機　能

本研究では不変化タグの機能について，文脈にもとづいた質的な分析を行った。よって，不変化タグの機能面での分布について，英語間の量的な比較を行うことはできなかった。しかし，各英語の不変化タグの分析が示したように，確認を求めたり，発言を強調したり，同意を引き出したりといった主要機能は，英語間に共通してみられた。このことは，不変化タグによって担われる機能の範囲は英語間で共通しているが，それぞれの機能を，どの形式の不変化タグで表現するのかは，英語間で異なる部分があったことを示していた。分布の違いの分析については行っていないが，英語共通の不変化タグの機能自体は，英語間で共通していた。たとえば right は，どの英語においても，確認の機能を主要機能としていた。

一方，地域特有の不変化タグは，英語共通の不変化タグでは伝えることのできない，微妙な態度の違いを効果的に示すのに使われていた。たとえば，例(54) にみられるフィリピン英語の ba は，発言を質問であると表示することが主な機能であった。しかし，発言の力を和らげることで，ネガティブ・ポライトネス装置としても使われていた。カナダ英語に比べてアジア英語，その中でも特にフィリピン英語とシンガポール英語には，地域特有の不変化タグの使用によって，より多様な形式の不変化タグが出現した。このことは，話者は伝えたいと意図する特定の態度を示すために，より多くの不変化タグの形式から選択できることを示していた。さらに，地域特有の不変化タグは民族のアイデンティティを表示し（例：Meyerhoff, 1994），対話者への親密性をも示していた。

3.7 アジア英語の不変化タグに関する考察

結果と分析から，アジア英語の話者によって，不変化タグは頻繁に使用されることが明らかになった。特にシンガポール英語話者とフィリピン英語話者は，不変化タグを高頻度で用いる。不変化タグは話し言葉に結びついていて，対面での会話，電話，授業，商品紹介，原稿なしのスピーチといった，特定の場面で多く使用される傾向にある。使用域の観点からは，不変化タグの分布は英語間で異なる。

不変化タグは２つのカテゴリー，すなわち地域特有の不変化タグと英語共通の不変化タグに分類することができる。Okay/OK, right, you know といった英語共通の不変化タグは，本研究で分析した英語に共通してみられる。また，英語共通の不変化タグの各形式について，主要機能は英語間で共通しているといえる。このことは，これまでの分析で示したように，具体的にどの形式が好んで使用されるかは英語間である程度は異なるが，ネイティブ英語で使用される不変化タグは，アジア英語でも用いられることを示している。Okay/OK と right は，インド英語を除くすべての英語で頻繁に使用される。実際，この2つの不変化タグの割合の低さはインド英語の特徴で，代わりに no が高頻度で用いられる。また，you know も，どの英語でも高い頻度で使われる。

アジア英語においては，英語共通の不変化タグだけではなく，地域特有の不変化タグも使用される。地域特有の不変化タグは，地域で話されている他の言語に由来もしくは大きく関連していて，それぞれのアジア英語には，地域特有の不変化タグの異なる形式がみられる。話者は，英語共通の不変化タグでは伝えきれない，微妙な態度の違いを表現するために，地域特有の不変化タグを用いる。また，対話者への親密性を表現するためにも，地域特有の不変化タグは使用される。シンガポール英語とフィリピン英語においては特に，多様な形式の地域特有の不変化タグがみられる。シンガポール英語の地域特有の不変化タグのうち，いくつかは広東語に由来する可能性が高い。よって，シンガポール英語と香港英語の地域特有の不変化タグは，潜在的に重なる可能性がある。ただし，シンガポール英語の地域特有の不変化タグは，福建語，バザール・マレー語，標準中国語にも影響を受けている。しかしながら香港英語話者は，広東語には多様な不変化詞があるのにもかかわらず，地域特有の不変化タグをあまり用いない。これは，香港英語話者には，次章で扱う曖昧表現の general extenders のように，英語授業で積極的に指導されたり使用されたりしない，インフォーマルな形式を避ける傾向がみられることも理由かもしれない。

シンガポール英語とフィリピン英語で地域特有の不変化タグの割合が高いのは，現地で話されている言語で多様な不変化詞が使用されていることに加え，英語での会話において地域特有の不変化タグの使用が受容されていることが理由の可能性がある。第2章で扱った付加疑問文と同様，不変化タグというひとつの言語的な特徴を，Schneider の英語の発達段階モデル（Schneider, 2003; 2014）に結びつけることは難しい。しかし，地域特有の不変化タグの使用自体，地域的特徴が発達していることを示す例であるといえる。地域特有の不変化タグは，私的な対話において高頻度で用いられる傾向があるため，よりインフォーマルな文脈と結びついているようである。また，同じ話者が同じ地域特有の不変化タグを繰り返し使用することもあったため，個人的な好みや口癖とも関係しているかもしれない。

したがって，地域特有の不変化タグの使用は，アジア英語とネイティブ英語の違いの１つである。アジアの英語話者が，英語共通の不変化タグと地域特有の不変化タグのどちらを選択するかには，意図する意味，文脈，個人的な好みなどが関係すると考えられる。不変化タグによって担われる主要機能の範囲自体は，本研究で扱ったアジア英語およびカナダ英語において共通しているようである。本研究では不変化タグの機能を質的に分析したため，機能の詳細な分布までは捉えることはできなかった。しかし話者は，特に話者と対話者が同じ地域の英語の話す際に，地域特有の不変化タグを使用することによって，微妙な態度の違いを効果的に表現することができる。

なお，不変化タグの機能の分析にあたっても，コーパスに音声データがなかったことは，分析の限界点である。また，3.4.3 でも述べたように，本研究では機能面に関して質的な分析を行ったため，今後，量的な観点からも検討する必要があると考えられる。さらに，今回の研究対象ではなかったアジア英語についても，特に，地域特有の不変化タグについて，さらなる分析が必要である。

3.8 本章のまとめ

本章では，アジア英語の不変化タグの特徴および機能に関して，外部圏の香港英語，フィリピン英語，インド英語，シンガポール英語を対象とし，ICE コーパスからのデータを使用した記述と比較を行い，内部圏のカナダ英語とも比較を行った。不変化タグは地域特有の不変化タグと英語共通の不変化タグに分類することができ，地域特有の不変化タグは各地域の現地語と密接に関連している一方，英語共通の不変化タグは，どの英語においても使用される。分析対象とした英語においては，多様な不変化タグが出現し，その中でも，特にシンガポール英語とフィリピン英語では，出現する不変化タグの種類が多い。不変化タグは話し言葉において主に用いられ，対面での会話，電話での会話，授業，商品紹介，原稿のないスピーチといった，特定の状況を中心に使用される。そして，地域特有の不変化タグはほとんどが，インフォーマルな文脈において用いられる。また，同意を引き出したり，確認を求めたり，発言を強調したりといった，不変化タグの主要な機能は，どの英語においてもみられるが，特定の態度をどの形式の不変化タグで表現するかについては，英語間に違いがみられる。さらに，地域特有の不変化タグによって，英語共通の不変化タグでは表現できない，微妙な態度の違いが，効果的に表現されている。

次章では，話し言葉，特に会話において用いられる他の表現の例として，general extenders に焦点をあてる。

第４章
アジア英語の General Extenders

第 4 章においては，香港英語・フィリピン英語・インド英語・シンガポール英語の general extenders の特徴と機能に焦点をあて，ICE コーパスを用いた分析を行うとともに，先行研究のデータとの比較も行う。まずは general extenders の定義を述べ，先行研究をいくつかあげた上で，研究の目的の説明を行う。そして手法を述べ，分析を行う。

4.1 General extenders とは

1.2.3 で述べたように，general extenders とは，英語での会話において用いられる一連の曖昧表現のことである。曖昧表現が会話で用いられるのは，含意や実際の意図を，あえて曖昧表現を用いることで，より効果的に相手に伝えることができるからである（Jucker, Smith, & Lüdge, 2003）。General extenders とは，発話を延長することで一般化するという意味をもつが，的確な日本語訳は存在しないため，general extenders もしくは GE を用語として使用する。General extenders という用語については，一連のかたまりを示すという意味で set-marking tags（Dines, 1980; Ward & Birner, 1993）や曖昧なカテゴリーを示すという意味で vague category identifiers（Channell, 1994）という用語が使用されることもある。

GE とは，and everything や or something like that のように，主に発言の最後に付与される，典型的には接続詞と名詞句からなる一群の句のことである（Aijmer, 2013; Martínez, 2011; Overstreet, 2005; Pichler & Levey, 2011）。発言内での具体例をあげておくと，“I will need paper, pencils, pens, and stuff like that.” の and stuff like that，“I was thinking about eating pasta or something like that.” の or something like that は GE である。これらの具体例にみられる

ように，より細かく述べると，GE の接続詞の後には数量詞を伴う総称名詞が出現し，さらにその後に比較語が続く形式であるが，GE と定義づけられるにはすべての要素が必須というわけではない（Tagliamonte & Denis, 2010）。GE のうち and で始まる GE は順接の GE（adjunctive general extenders），or で始まる GE は離接の GE（disjunctive general extenders）と分類される（Tagliamonte & Denis, 2010）。

4.2 GE に関する先行研究について

GE に関する研究は，形式的な特徴や語用論的機能などの観点から，主に 1980 年代以降に行われてきた。多様な形式の GE が内部圏の英語，たとえば，アメリカ英語（例：Overstreet & Yule, 1997），イギリス英語（例：Pichler & Levey），カナダ英語（例：Tagliamonte & Denis, 2010），オーストラリア英語（例：Winter & Norrby, 1999）において特定されてきた。たとえば，Tagliamonte and Denis（2010）は，トロント大学の社会言語学研究室が収集した Toronto English Archive のデータにもとづき，カナダ英語においては多様な形式の GE が用いられているが，最も頻繁に出現するのは順接の GE の and stuff で，次に頻繁に用いられるのは離接の GE の or something であることを特定した（pp. 13-14）。

GE の総称名詞部分，すなわち stuff や things などの部分と，その指示対象となる部分の形態統語的一致についての分析も行われてきた。“The device I bought the other day was a single rotor drone or something like that.” を例にとると，総称名詞の要素が something の thing，指示対象が a single rotor drone となり，この場合は一致がみられる。一方で，“For today's breakfast, I prepared mushrooms, tomatoes, boiled eggs, and stuff.” では，指示対象は一連の複数形の可算名詞であるが，総称名詞には質量名詞の stuff が用いられていて，一致はしていないといえる。換言すると，総称名詞の stuff が，質量名詞だけではなく可算名詞に対しても使用される（Tagliamonte & Denis, 2010, p. 8）。同様に，Cheshire（2007, pp. 168-174）や Levey（2012, pp. 16-17）においても，一致度の低下が指摘されてきた。この現象は脱範疇化と呼ばれ，音韻的弱化，意味変化，語用論的変化とともに，文法化の要素とされてきた（Cheshire, 2007）。Cheshire（2007）は，イギリス英語のGEを，これら4つのパラメータの観点から分析し，GEのうち短形式のand thatとand everythingが特に，文法化の過程にあると述べた（p. 188）。しかし，Pichler and Levey（2011）は意見を異にし，イギリス英語のGEが文法化の過程にあるという，強力な証拠はないと指摘した（pp. 461-462）。よって，GEの文法化が進行しているかどうかについては，まだ明確ではない。

先行研究において，他に焦点があてられてきたことは，GEの語用論的機能についてである。はじめにDines（1980）は，GEの機能として，GEの指示対象が，より広範囲な一組のグループに属するものの具体例であると示すこと（set-marking）をあげた（p. 22）。その後の研究によってGEは，指示対象がグループの具体例であることを示すだけではなく，多様な相互作用的機能を担うことが示されてきた。たとえばWinter and Norrby（1999）によると，GEは順序交代を示したり，グループのアイデンティティを示したり，ポジティブもしくはネガティブ・ポライトネスを示したりすることができる。Overstreet（2005）やWagner, Hesson, Bybel, and Little（2015）においても，これらの機能は特定され，さらに強調といった機能も追加で示された。このようにGEには多様な機能があり，Cheshire（2007）は，GEは同時に複数の機能を担うことができると述べた（p. 183）。

また，GEについては，社会言語学面からの研究もなされてきた。たとえば，Martínez（2011）は，20代以上の話者と10代の話者を比較した際，10代の話者だけに特有といえるGEの機能は見出されなかったが，and everythingとand stuffについては特に，10代の話者がグループアイデンティティ表示のために用いる傾向があることを明らかにした（p. 2467）。また，Levey（2012）は子どもがGEをどのように使用するか調査し，7－8歳ではジェンダーによる違いはないが，10-11歳になると，女児の方が高頻度でGEを使用し，さらに順接のGEを用いる傾向にあることを示した（pp. 14-15）。

GEに関する比較言語学的な研究としては，たとえば，Overstreet（2005）はアメリカ英語のGEをドイツ語のGEと比較し，形式的特徴および主要機能において類似していることを示した（p. 1861）。英語教育に関する研究では，たとえば，Parvaresh, Tavangar, Rasekh, and Izadi（2012）はペルシャ語を第一言語とする英語話者の GE 使用を，ペルシャ語の GE と比較し，ペルシャ語からの転移がみられると述べた（p. 265）。また，Drave（2001）は広東語を第一言語とする英語話者とネイティブ英語話者間の会話において，出現した曖昧表現の分析を行った。そして，ネイティブ話者の方が，GE を含む曖昧表現を用いて，より幅広い機能を表示すると指摘した（p. 38）。さらに，Fernandez and Yuldashev（2011）は，英語学習者およびネイティブ話者から，頻繁に連絡をとる相手とのインスタント・メッセージ収集し，GE の使用について分析を行った。そして，学習者はネイティブ話者に比べ，離接の GE よりも順接の GE を，より多く用いることを示した（p. 2618）。また，互いが共通の文化的知識をもつことを前提とした GE の使用についても，ネイティブ話者に比べると，割合が低いことが示された（pp. 2620-2621）。Watanabe（2010）は，日本語を第一言語とする英語話者のデータを分析し，英語スキルが高い話者は，GE を要求の緩和といった情緒的機能にも用いる一方で，そうでない話者は，主に自分のターンの終了を知らせるために用いることを示した（p. 371）。

このように GE については，様々な観点から研究がなされてきたが，非ネイティブ英語話者の GE 使用については，英語教育の観点からの研究がほとんどであった。例外としては，英語間の比較が可能なコーパスを用いて，イギリス英語，アメリカ英語，オーストラリア英語，カナダ英語，ニュージーランド英語，シンガポール英語における，GE の特徴および機能を比較した Aijmer（2013）をあげることができる。Aijmer（2013）によると，たとえばニュージーランド英語とオーストラリア英語では，and that が頻繁に用いられる GE であるなど，GE の形式的特徴には違いがみられる一方で，順接および離接の GE と結びつく主な機能については，英語間で共通であった。Aijmer（2013）のような，GE に関する英語の地域差に関する研究は少ない。しかしながら既述のように，英語を第一言語とする話者数よりも，第二言語もしくは外国語とする話者数の方がはるかに多く（Jenkins, 2009, p. 4），世界に広まった英語は，「現地化と変容」によって，地域の特徴が発達してきた（Y. Kachru & Smith, 2009, p. 3）。そして，英語の地域的な特徴の発達は，アジアでも長らく観察されてきた（Honna, 2008; B. B. Kachru, 2005; Y. Kachru & Nelson, 2006）ことも，既述のとおりである。よって，アジア英語の特徴の分析の一環として，GE の分析には意義があると考えられる。

4.3 本章の目的

本章では，外部圏に分類されるアジア英語のうち，第2章，第3章と同様に，香港英語，フィリピン英語，インド英語，シンガポール英語に焦点をあて，会話における GE の特徴と機能について分析を行うことを目的とする。また，内部圏との英語の比較も行うため，あくまで参考としてアメリカ英語，イギリス英語の GE についても扱う。

4.4 本章における研究手法

香港英語，フィリピン英語，インド英語の GE のデータは，第2章，第3章と同様に，International Corpus of English（ICE）の各コーパスから抽出した。すなわち，ICE-HK，ICE-PHI，ICE-IND であり，ICE コーパスの使用理由およびコーパスの詳細は，1.3 で既述である。GE については会話における特徴と機能を探索するため，私的な対話，すなわちコーパスの S1A の部分に焦点をあてることにした。よって，シンガポール英語については，ICE-SIN の S1A から GE を抽出して分析していた Aijmer（2013）のデータを用いることにした。なぜなら，たとえば第2章の付加疑問文と異なり，境界例は少ないからである。S1A は 100 テキスト，およそ 20 万語からなる。

コーパスからの GE の抽出には，AntConc（Anthony, 2011）のコンコーダンス・ツールを用いた。GE のほとんどが接続詞の and か or から始まるため，まずは and もしくは or を含む発言を，S1A において検索した。そして検索結果を，接続詞の次に出現した語で並び替え，上述の GE の定義に合致する表現（接続詞 + 数量詞 + 総称名詞 + 比較語：すべての要素が必須ではない）を検索した。また，先行研究を参考にしながら，接続詞のない GE についての検索も行った。さらに，10 ファイルをランダムに選択し，ファイル全体を読んで，GE の他の形式が出現しないかを確認した。機能面については，Cheshire

(2007) などによって，GE は同時に２つ以上の機能をもつことがあると示されていることから，質的な分析を行うことにした。

イギリス英語とアメリカ英語については，シンガポール英語と同様，Aijmer (2013) を参照した。イギリス英語のデータは ICE-GB から抽出され，アメリカ英語のデータは，ICE-USA コーパスの話し言葉部分として使用予定のあった Santa Barbara Corpus of Spoken American English (SBCSAE) からの抽出であった。Aijmer (2013) で用いられた SBCSAE のデータは，およそ 25 万語であったため，以下では再計算を行って，ICE の大きさに標準化したデータを示すことにする。以下で省略して SBC と表示する際は，標準化したデータを用いている。

4.5 アジア英語の GE の特徴および機能

本節では，アジア英語の general extenders の特徴と機能について，記述および分析を行っていく。4.5.1 では形式面の特徴を扱い，4.5.2 では機能面を扱う。英語間の比較を中心とし，具体例は本研究でデータを抽出した ICE-HK，ICE-PHI，ICE-IND からの例を，主に提示する。

4.5.1 形式面の特徴

形式面については，データは量的・質的分析を行った。統計的分析が必要な際は，SPSS (Ver. 23) を使用してカイ二乗検定を行い，英語間の比較の際には，ホルム法での修正を行った。

まず，各コーパスの S1A 部分から，ICE-HK では 158 例，ICE-PHI では 222 例，ICE-IND では 398 例の GE が抽出された。Aijmer (2013) によると，ICE-SIN では 412 例，ICE-GB では 262 例，SBC では 328 例であった。カイ二乗検定によると，GE の頻度について，インド英語とシンガポール英語 (χ^2=0.242, df=1, p=.0623)，そしてフィリピン英語とイギリス英語 (χ^2=3.306, df=1, p=0.069) の間には有意差がなかったが，それ以外の英語間については有意差があった。このことは，シンガポール英語およびインド英語での GE の出現頻度が最も高く，次にアメリカ英語，そしてイギリス英語およびフィリピン英語と続き，最も出現頻度が低いのは香港英語であることを示していた。GE が発言の最後に出現した割合は，たとえば ICE-HK で 72.8%，ICE-IND で 60.6% であり，GE は発言の途中でも出現することも明らかになった。なお，以下でも，たとえば「ICE-HK において」のようにコーパス名を提示する際は，「ICE-HK の S1A において」という意味である。

抽出した GE は，and で始まる順接の GE と or で始まる離接の GE に分類することができた。(113) から (115) には順接の GE の具体例を，(116) から (118) は離接の GE の具体例を示す。具体例において，GE は斜体字にしてある。

(113) I went to see the doctor *and everything*

(ICE-HK:S1A-100#240:1:B)

(114) The usual malls like well I mean uh Briggs where we go I mean like Robinson's Place *and stuff*

(ICE-PHI:S1A-034#258:1:B)

(115) Yeah but in those days they very < , > uhm that way very sophisticated people very traditional and we keep a very have etiquette *and all these things*

(ICE-IND:S1A-008#203:1:A)

(116) When he wrote that book uhm < ? > I forgot Re-engineering the Company < /? > *or something like that*

(ICE-HK:S1A-019#53:1:A)

(117) I don't know probably in two weeks *or something*

(ICE-PHI:S1A-030#197:1:A)

(118) Man of achievement in Asia *or something like that* they are probably < , >

(ICE-IND:S1A-045#47:1:B)

また，(119) や (120) のように，接続詞を伴わない GE も出現した。ICE-HK では 21 例 (13.3%)，ICE-PHI では 34 例 (15.3%)，ICE-IND では 1 例 (1.7%) が接続詞のない GE であった。

(119) He studied actually I think in Malaysia and then he furthered his studies in the States so he attended a lot of different types of

seminars *things like that*

(ICE-HK:S1A-033#144:1:A)

(120) When when it's pay day my boss will come here and ask me to give the pay envelope to the professors *things like that*

(ICE-PHI:S1A-066#44:1:B)

しかし，Aijmer（2013）は接続詞のないGEを別のカテゴリーとして扱わず，順接のGEに含めていたため，他の英語との比較を行えるよう，ICE-IND，ICE-PHI，ICE-HKの接続詞なしのGEを，順接のGEとして含めて再計算を行った。図15は各コーパスにおけるGEを，順接と離接に2分類した際の，各カテゴリーの割合を示している。

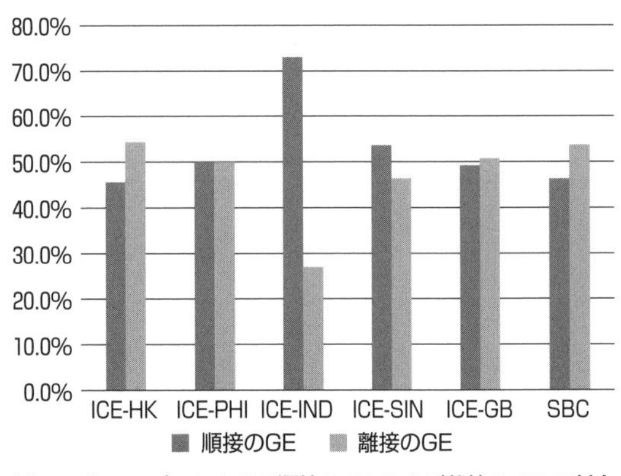

図15.　各コーパスにおける順接のGEおよび離接のGEの割合

図15が示すように，接続詞なしのGEを順接のGEに含めて再計算すると，ICE-HKにおいては72例（45.6%）が順接，86例（54.4%）が離接，ICE-PHIにおいては順接と離接が111例ずつ（各50.0%），ICE-INDにおいては219例（73.1%）が順接，107例（26.9%）が離接であった。そして，Aijmer（2013）にもとづくと，ICE-SINでは221例（53.6%）が順接，191例（46.4%）が離接，ICE-GBでは129例（49.2%）が順接，133例（50.8%）が離接，SBCでは152例（46.3%）が順接，176例（53.7%）が離接であった。ICE-INDを除いて，順

接と離接の割合が，およそ半分ずつという結果となった。順接の GE の出現数と離接の GE の出現数について英語間の比較を行うと，差異はみられ（χ^2=74.382, df=5, p=0.000），インド英語の GE において順接の GE が占める割合は，他の英語において GE が順接である割合よりも，有意に高いことがわかった。

アジア英語について，ICE-HK には 24 形式，ICE-PHI には 25 形式，ICE-IND には 52 形式の GE が出現した。各コーパスに出現した GE の形式について，出現頻度順に並べ，以下の表 13 から表 15 に順位とともに示す。出現頻度が同じ形式は，同順位として示してある。ただし，1 例だけの形式については，代表例のみを示す。また，ICE-SIN については Aijmer（2013）の表 4.3（p. 135）および表 4.6（p. 136）を参照して，表 16 を作成することにした。Aijmer（2013）は一部の GE をまとめて掲載していたため，ICE-SIN の元データを用いて，各形式の出現頻度の特定を試みた。しかしながら，or something like that/ this (and other long variants) のカテゴリーについて，other long variants が 12 例あるはずが，6 例までしか特定できなかった。よって，残りの 6 例については表 16 には含めず，特定できた 28 形式にもとづいて表 16 を作成した。表 13 から表 16 にも示されているように，アジア英語では，順接の GE の方が離接の GE よりも，形式が多様であった。

アジア英語の各コーパスにおいて，出現した GE のうち 10%以上を占めたものは，ICE-HK で or something（16.5%）と or something like that（15.2%）と something like that（10.1%）の 3 形式，ICE-PHI で or something（26.6%）と something like that（14.4%）の 2 形式，ICE-IND で and all（34.2%）と and all that（18.1%）と or something（11.3%）の 3 形式，ICE-SIN で and all that（28.6%）と or something（15.3%）の 2 形式であった。そして，Aijmer（2013）のデータによると，ICE-GB では or something（23.3%）と and things（11.8%）の 2 形式，SBC では or something（30.2%）と and stuff（17.0%）の 2 形式であった。

英語間の比較を行うと，ICE-HK，ICE-PHI，ICE-GB，SBC の 4 コーパスで最も高頻度で出現した形式は or something で，それぞれにおいて 16.5%，26.6%，23.3%，30.2%であった。この 4 コーパスの中では，ICE-HK における or something の割合が低いが，or something を短形式と呼ぶと，or something

表 13. ICE-HK に出現した GE の形式

順位	ICE-HK
1	or something (26, 16.5%)
2	or something like that (24, 15.2%)
3	something like that (16, 10.1%)
4	or whatever (15, 9.5%)
5	and everything, and stuff, or anything (9, 5.7%)
6	or what (7, 4.4%)
7	and so on (6, 3.8%)
8	and something, and stuff like that, or so (5, 3.2%)
9	things like that (4, 2.5%)
10	and all that, and something like that (3, 1.9%)
11	and so forth, and things like that, and whatever (2, 1.3%)
12	stuff like that, and that stuff, and all that stuff, and that, and all that c---, and all sorts of things (1, 0.6%)

表 14. ICE-PHI に出現した GE の形式

順位	ICE-PHI
1	or something (59, 26.6%)
2	something like that (32, 14.4%)
3	and everything (21, 9.5%)
4	and all that, or whatever (19, 8.6%)
5	or what (15, 6.8%)
6	or something like that (11, 5.0%)
7	and stuff (8, 3.6%)
8	and all, and stuff like that, and whatever (5, 2.3%)
9	and so on, or anything (4, 1.8%)
10	and all that stuff (3, 1.4%)
11	and all those (2, 0.9%)
12	and all these stuffs, and things, and things like that, and all those things, or so, or stuff like that, or stuff like those, sort of things like that, things like that, and all this s--- (1, 0.5%)

を含む長形式の or something like that（15.2%）も，ICE-HK では高頻度で出現した。ICE-SIN においては，or something は 15.3% を占め，or something like that も 7.5% を占めたが，or something は 2 番目に多く出現した GE で，最も多い GE ではなかった。また，ICE-IND においても，or something は 3 番目に出現頻度が高かったが，全体においての割合は 11.3% で，or something

表 15. ICE-IND に出現した GE の形式

順位	ICE-IND
1	and all (136, 34.2%)
2	and all that (72, 18.1%)
3	or something (45, 11.3%)
4	or something like that (19, 4.8%)
5	and everything (14, 3.5%)
6	and all those things (11, 2.8%)
7	and so on, or whatever (8, 2.0%)
8	something like that (7, 1.8%)
9	and all these things, or anything, or anything like that (5, 1.3%)
10	and all this, or so (4, 1.0%)
11	and things like that, and all those, and that, or somebody, or what (3, 0.8%)
12	and all other things, and all the things, and all these, and thing, and this and that, or like that, or some such things, (2, 0.5%)
13	and something like that, and sort of things, and all that stuff, and some other things, or something of that sort, or some such thing, or that sort of thing, 他 19 形式 (1, 0.3%)

表 16. ICE-SIN に出現した GE の形式

順位	ICE-SIN
1	and all that (118, 28.6%)
2	or something (63, 15.3%)
3	or something like that (31, 7.5%)
4	or whatever (27, 6.6%)
5	or what (22, 5.3%)
6	or so (20, 4.9%)
7	and all, and so on (19, 4.6%)
8	and things like that, and everything (17, 4.1%)
9	or anything (13, 3.2%)
10	and stuff like that (6, 1.5%)
11	things like that, and all that kind of thing (5, 1,2%)
12	and stuff (4, 1.0%)
13	and everything else, or anything like that (3, 0.7%)
14	and all these things, and all this, or something like (2, 0.5%)
15	and things, and all that rubbish, or things like that, or something of that sort, 他 4 形式 (1, 0.2%)

like that も 4.8%であった。

そして，ICE-HK では接続詞なしの something like that が 3 番目に多く（10.1%），ICE-PHI で 2 番目に多かった（14.4%）ことからも，香港英語話者とフィリピン英語話者は，インド英語話者とシンガポール英語話者に比べ，or something の短形式もしくは長形式，そして接続詞なしの something like that を，GE として高い割合で用いることが示された。さらに，ICE-HK と ICE-PHI の高頻度 GE を比較すると，順位には違いはあるものの，出現順位が 7 番目（両方において 3.5%以上）以上であった GE の形式は，ICE-HK の or anything と and so on（ICE-PHI では 9 番目）と ICE-PHI の and all that（ICE-HK では 10 番目）を除いて，2 つのコーパスで一致していた。よって，香港英語話者とフィリピン英語話者が高頻度で用いる GE には，多くの共通点がみられることがわかった。ただし，and all that の割合が ICE-PHI の方が 6.7%多く，and all は ICE-PHI のみに出現する。また，something を含む形式は，ICE-HK で 46.9%，ICE-PHI で 46.0%と，全体の半数近くを占めたものの，順接の and something および長形式の and something like that は ICE-HK のみに出現したりと，使用される形式および割合は類似していたが，完全に重なっていたわけではない。

一方，ICE-IND で最も頻繁に出現した GE は and all（34.2%）で，2 番目が and all that（18.1%）であった。また，ICE-SIN においても，and all that（28.6%）が最も高頻度の GE であり，この点では ICE-IND と類似する点もみられたが，and all は 4.6%のみであった。この 2 形式については，ICE-HK，ICE-PHI，ICE-GB，SBC においては，ICE-PHI の and all that（8.6%）を除いて，各コーパスに出現した GE に占める割合は 2.5%以下と低かった。よって，インド英語話者が高頻度で用いる特徴的な GE は and all と and all that で，and all that については，シンガポール英語話者も高頻度で用いることがわかった。よって，インド英語話者およびシンガポール英語話者が高頻度で用いる GE の形式は，香港英語，フィリピン英語，イギリス英語，アメリカ英語話者とは異なる傾向を示すことがわかった。また，and all を含む形式が高頻度で用いられる点で，インド英語話者とシンガポール英語話者の GE 使用には類似点もみられたが，それ以外の高頻度 GE は順位や割合が異なったため，使用する形式の全体の傾向は異なっていた。

また，or somethingのような比較語を含まない短形式と，or something like thatのような比較語を含む長形式の観点からGEを分類すると，短形式のGEの割合は，SBCで85.6%，ICE-GBでは82.8%と，内部圏の英語において高かった。アジア英語においては，ICE-INDにおける割合が最も高い82.7%で，ICE-SINについても78.9%であった。そしてICE-PHIでは73.4%，ICE-HKでは62.7%と，他の英語に比べると，この2コーパスではGEが短形式である割合が低く，その傾向は特にICE-HKにおいて顕著であった。

GEの形式には，総称名詞thing(s)もしくはstuffが，somethingやeverythingといった形式ではなく，and all those "things"のように，独立して使われているものがある。他にはand thingsやor stuffなどが，総称名詞thing(s)やstuffを独立して含むGEである。その割合はICE-GBで50.0%と最も高く，SBCでも28.7%であった。アジア英語のコーパスでは，ICE-HKで15.2%，ICE-PHIで10.8%，ICE-SINで9.7%，ICE-INDで9.3%と，イギリス英語およびアメリカ英語のコーパスに比べると，割合が低かった。アジア英語のGEの内訳としては，ICE-HKにはstuffを含む形式のGEが17例とthing(s)を含む形式のGEが7例で，ICE-PHIにはstuffを含むものが19例，thing(s)を含むものが5例，ICE-INDではstuffを含むのは1例で，thing(s)を含むものが36例であった。そしてAijmer（2013, p. 134）によると，ICE-SINではstuffが10例，thing(s)が29例であった。よって，ICE-INDとICE-SINでは，総称名詞が独立しているGEの形式について，thing(s)を含む形式が出現した割合の方が，stuffを含む割合よりも高かった。

4.5.2 機　能

GEの機能については，4.2で述べたように，先行研究において，GEは文脈によって多様な機能を担い，同時に複数の機能を担うこともあると示されてきた（例：Cheshire, 2007; Overstreet, 2005）。よって，機能面については，これまでの研究（例：Aijmer, 2013; Cheshire, 2007; Dines, 1980; Overstreet, 2005; Wagner et al., 2015）で示された機能を参照しながら，質的な分析を行うことにした。異なる英語のGEを対象とする先行研究において，同様の主要機能が示されてきたことから，GE の主要機能は英語間で共通していることが予測された。そこで実際に，ICE-HK，ICE-PHI，ICE-IND の具体例で予備的分析を行ったところ，主要機能は共有されていたため，以下では主要機能ごとに，今回データを抽出したアジア英語の中から，具体例をあげることにする。

GE の主要機能としては，まずは，Dines（1980）が提示した set-marking があげられる。たとえば（121）において，順接の GE の and all that は，Chamundi Hill という場所が，A が Banglore と Mysore で訪れた多くの場所の，あくまで１つの具体例であることを示している。なお，コーパスの表記のままとしているが，Banglore は Bangalore（インドのベンガルールの旧称）のことと思われる。（122）において，発話者は順接の GE の and everything を用いることで，文法と語彙は doing English に関する２つの具体例であることを示している。換言すると，GE を使用することで，発話者は聞き手に対し，提示した内容はあくまで具体例であり，それらを含む，より広範囲の一連のものがあることを示していた。この機能は，and everything, and all that, and all, and so on, and things like that などの，順接の GE に特にみられた。これは，追加や並列を示す and や，全体を示す all など，順接の GE を構成する要素の意味から生じると考えられる。

（121）B: When I was in college we had come to a tour
A: We even I < , >
A: We were when we were studying < , > you had come < ,, > Banglore and Mysore < , >
A: And so we had been to all these Chamundi Hill *and all that* < , >
A: So if I go there now I'll be reminded of my college days
（ICE-IND: S1A-029#223:1:B~ICE-IND: S1A-029#227:1:A）

（122）A: I see oh yeah how is the class today
B: Today I have Form two and Form one
A: Form two and Form one
A: Like uhm you are doing English uh you're doing grammar and uh vocabulary *and everything*
（ICE-HK:S1A-095#6:1:A~ICE-HK:S1A-095#9:1:A）

また，GEは一連の曖昧表現でもあるため，発言の曖昧度を，あえて高めるためにも用いられる（Fernandez & Yuldashev, 2011）。たとえば（123）では，直前にフィラーのuhmが出現していたことからも，Aがlibelという表現が正確かどうか，確信がなかったことが示唆されていた。よって，libelという単語の後にor somethingというGEが付与されたことで，言葉の選択に対する発話者の確信のなさが示されていた。（124）は，学会での発表者が会場に現れなかった理由を推測した発言であり，情報の正確度については確信がないことが，後に続くor something like thatによって示されていた。同様に，（125）ではビザについてのBの発言で，Bはビザに関する情報に確信がないため，GEを用いて曖昧にすることによって，発言内容の正確さに自信がないことをAに対して示していた。また，（126）のように，時間や数値が「おおよそ」であることを示すために，GEが使用されることもあった。そして，（127）の例では，BはAに対して，提案を受け入れることを強要しないために，GEを提案の最後に付加していた。つまり，GEは発言を曖昧にすることで，ネガティブ・ポライトネスを示す機能を担っていた。このように，GEを付加して発言の曖昧度を高めるのには，言語的な不確かさや情報の確信のなさを示唆したり，相手の気分を害さないようにしたりと，複数の目的があることがわかった。使用されていたGEは，or something, or something like that, or whateverといった，離接のGEが中心であった。これは，離接のGEには選択肢を示すorを含むことから，曖昧性を付加しやすいからであると考えられる。

（123） A: Okay < , > well < , > well by the way how do you find the college canteen food
B: No comment < O > laughter < /O >
A: No comment don't worry you're not going to get uhm a libel *or something*

（ICE-PHI:S1A-065#166:1:AICE-PHI:S1A-065#168:1:A）

（124） A: So anyway but anyway she she didn't turn up
A: I think < , > she probably couldn't get funding to come *or* < , > *something like that*

（ICE-HK:S1A-047#153:1:A~ICE-HK:S1A-047#154:1:A）

(125)　A: They tell you which uh < , > this thing but the person who is going there that is also happy because < , > normally once he goes < , > he just quits that company and joins another company there
B: But that uh < , > H H one visa *or something* has change no
(ICE-IND:S1A-045#129:1:A~ICE-IND:S1A-045#130:1:B)

(126)　A: What time you reached < , >
B: Uhm < „ > I reached home at eleven thirty *or something*
(ICE-IND:S1A-040#17:1:A~ICE-IND:S1A-040#18:1:B)

(127)　A: Now that we're here in McDonald's so what are you having
B: I guess I may have a cheeseburger meal unless you wanna split uh uhm Apple Pie McDoubles *or something*
A: I guess I'll have the same
(ICE-PHI:S1A-034#202:1:A~ ICE-PHI:S1A-034#204:1:A)

発言の曖昧度を高める機能と重なる部分もあるが，GE の機能には，ポライトネス表示もあげられてきた。この機能は，たとえば Aijmer（2013, pp. 140-145）などで詳細に示されてきた。上の（127）は，GE によってネガティブ・ポライトネスが示されていたが，（128）でも同様に，GE がネガティブ・ポライトネスの機能を担っている。つまり，C はトピックを提案した後に or something like that を付加することで，提案を B に押し付けないようにしていた。一方で，（129）で２人の話者は，ヒンドゥー教の新年の祝祭ディーワーリーについて話していて，B が用いた and everything は，ディーワーリーに必要な準備について A と共通認識があると考えていたことを示していた。よって，この GE はポジティブ・ポライトネスの機能を担い，グループアイデンティティが表示されていた。同様に（130）においても，B は卒業写真について A と共通認識があると想定していることが，and all that によって表示され，GE はポジティブ・ポライトネスの機能をもっていた。より細かな量的な分析を行って確認する必要があるが，ポライトネス表示の機能をもつ GE のうち，ポジティブ・ポライトネスを示すものは順接の GE，ネガティブ・ポライトネスを示すものは離接の GE が中心であった。

(128) B: So which topic
C: So why why not talk something about the social < , > and all < , > problems *or something like that*
(ICE-IND:S1A-056#45:1:B~ICE-IND:S1A-056#46:1:C)

(129) B: So so really if you started seven till nine pooja and decoration *and everything*
A: That you must do previous day na
(ICE-IND:S1A-065#190:1:B~ICE-IND:S1A-065#191:1:A)

(130) A: 'Cause you're like remember your picture your grad picture when you had your hair uhm blowered *and all that*
B: Yes
(IE-PHI:S1A-035#212:1:A~ICE-PHI:S1A-035#213:1:B)

GE の他の機能としては，(131) のように，発言を強調する場合もあった。この例では，英文学を読まないという A の発言が，or anything によって，さらに強調されていた。また，(132) では A の落胆の気持ちが，or whatever によって伝えられている。このように，GE は発言者の感情を伝達する機能を担うこともあった。そして，(133) の and all those things は一連のグループを示す機能とともに，長く続いた B の発言の区切りを示し，話者交代のタイミングを表示して会話を促進する機能ももっていた。

(131) A: I never never never read English literature I never read Shakespeare *or anything*
(ICE-HK:S1A-078#157:1:A)

(132) A: It wasn't really amusing *or whatever* so but that was okay
(ICE-PHI:S1A-030#164:1:A)

(133) B: Ortho orthodentia < ,, > that is uh they put braces *and* < ,, > *all those things* < ,, >
A: And what about Chandini < ,, > ?
(ICE-IND:S1A-090#46:1:B~ICE-IND:S1A-090#47:1:A)

このように，GE には多様な機能がみられ，主要機能自体は，どの英語にも共通してみられた。また，曖昧度を高める機能を担うのは離接の GE が主であったり，一連のグループがあることを示す set-marking 機能を担うのは順接の GE が主であったりと，特定の機能に結びつきやすい GE の形式があることが，アジア英語においても示された。さらに，たとえば上の（133）の and all those things のように，GE が同時に２つ以上の機能を担うことも，アジア英語の GE においてもみられた。

4.6 アジア英語の GE に関する考察

結果と分析から，アジア英語話者の中でも，インド英語話者とシンガポール英語話者は，フィリピン英語話者や香港英語話者に比べると，GE を会話において，より高頻度で使用することがわかった。インド英語の GE とシンガポール英語の GE は，and all を含む GE が多く出現する点，短形式の割合が高い点，総称名詞が独立した形式では thing(s)を含む形式が多い点で共通はしていたが，インド英語の方に，より多様な形式の GE がみられ，順接の GE の割合も高い。インド英語の GE における順接の割合の高さは，イギリス英語やアメリカ英語の GE と比べても顕著であり，インド英語の GE 使用を特徴づけている。換言すると，インド英語話者が用いる GE には，形式面において，他の英語話者との違いがあることが明らかになった。

一方，香港英語の GE とフィリピン英語の GE には，出現する形式の順位に類似性がみられ，接続詞なしの形式も他英語より高い割合で出現することや，長形式の GE も他英語に比べると用いられること，総称名詞が独立した GE については stuff を含む形式の方が多いことにも共通点がみられる。ただし，どちらか一方のみで頻度の高い GE もあり，完全に一致しているわけではなかった。また，or something を含む形式の GE の頻度が特に高い点で，イギリス英語やアメリカ英語の GE との共通点もみられたが，独立した総称名詞を伴う形式の割合が低いことなど，相違点もあった。GE はインフォーマルな会話で使われることが多く（Fernandez &Yuldashev, 2011, p. 2614），英語の授業で積極的に教えられる項目ではない（Drave, 2001, p. 38）。香港英語のように，GE の出現頻度が低い英語の話者は，GE のような授業で扱われない形式を，あまり頻繁に用いないのかもしれない。もしくは，GE によって発言に付与できる意味合いを，たとえば第３章で扱った不変化タグなど，他の言語形式によって伝えるのかもしれない。よって，GE はアジア英語の会話において使用されるものの，それぞれの英語，特にインド英語において，どの形式が多く使用されるかについて，特徴は異なることがわかった。

機能面については，どの英語においても，GE の主要機能は共通していた。すなわち，一連のグループがあることを示す（set-marking），発言の曖昧度を高める，ポライトネスを表示する，発言者の感情を伝達する，発言を強調する，話者交代を示して会話を促進するといった機能が，英語間で共通する GE の主な機能であった。よって，GE の形式面での特徴は英語間で違いがあっても，主要機能自体は類似していることが明らかになった。Aijmer（2013）で，順接の GE と離接の GE それぞれに，結びつきやすい機能があると述べられていたが，他のアジア英語でも同じ傾向がみられる。つまり，順接の GE は一連のグループがあることを示す際に用いられる傾向があり，離接の GE は発言を曖昧にするために用いられる傾向がある。また，Cheshire（2007）で指摘されていた GE の多機能性は，アジア英語でもみられ，GE が同時に複数の機能をもつことがある。よって，GE はアジア英語においても，会話を円滑に進めるための表現として用いられていることが明らかになった。

なお，分析においては社会言語学的要素を含めることはできなかったため，年齢による違いやフォーマルな場面とインフォーマルな場面の違いなど，社会言語学的観点からも GE 使用について検討する必要がある。また，他のアジア英語における GE 使用についても，さらなる分析が必要であると考えられる。

4.7 本章のまとめ

本章では，アジア英語の general extenders の特徴と機能について，香港英語，フィリピン英語，インド英語，シンガポール英語に焦点をあてて，ICE コーパスおよび先行研究のデータにもとづいた記述および分析をした。また，イギリス英語とアメリカ英語との比較も行った。アジア英語においては，インド英語とシンガポール英語で会話における GE の出現頻度が他の英語よりも多く，and all を含む形式の頻度の高さなどの共通点もみられたが，インド英語の方が GE の形式が多様であり，順接の GE の割合も顕著に高い。よって，4つのアジア英語の中で，形式面で，GE に最も特徴があるのはインド英語である。

また，香港英語とフィリピン英語については，出現頻度の高い形式が類似しているなど，共通点も多くみられる。そして，GE の主要機能は英語間で共通していて，順接の GE と離接の GE で，結びつきやすい機能が異なる点も共通している。また，GE は会話の中で，複数の機能を担うこともある。したがって，GE はアジア英語においても会話の中で用いられ，形式面において，英語による特徴があることがわかった。次章では，会話で用いられる「新しい引用表現」に焦点をあてる。

第５章
アジア英語における新しい引用表現

第５章では，香港英語・フィリピン英語・インド英語・シンガポール英語における，新しい引用表現の特徴について，ICE コーパスからデータを抽出して分析を行う。はじめに新しい引用表現を定義づけ，先行研究を概観し，研究目的を述べる。その上で手法を説明し，データの抽出および分析を行っていく。

5.1 新しい引用表現とは

1.2.4 で述べたように，新しい引用表現とは，会話の中で自分の発言や他者の発言の直接引用を行う際に，引用であると示すために用いる表現のうち，従来用いられてきた say などの動詞とは異なる，be like や go などの表現のことである。日常会話においては，直接引用が使われることはよくある。その際に，直接引用を開始が表示され，たとえば，“When I told my friend Cindy about my travel plans to New Zealand, she said, ‘I went there last year and it was great,’ so I’m really looking forward to going there.” においては動詞 say の過去形 said が，その役割を果たしている。このように，動詞の say が直接引用を示すために主に用いられてきたが，近年，会話においては be like や go といった表現も，引用表現として用いられている（Buchstaller, 2013; Barbieri, 2007; Dailey-O’Cain, 2000; Romaine & Lange, 1991; Tagliamonte & Hudson, 1999）。具体例をあげると，“I didn’t like the movie that much, but my friend was like, ‘It was the best movie ever.’” においては，was like すなわち be like の活用形が引用表現として使用されている。

Barbieri（2009）に述べられているように，「新しい引用表現」という用語は，「直接引用を示すために伝統的に使用されてきた表現に比べると，これらの形式が引用の機能を担うようになったのは比較的近年であること」を示すために，英語学において慣習的に用いられてきた（p. 69)。新しい引用表現の代表例であるbe likeが，引用表現として用いられるようになった起源は，アメリカのカリフォルニア地域であるといわれている（D'Arcy, 2007)。そして，現在では，新しい引用表現の使用は，英語において進行中の言語変化である（Höhn, 2012; Winter, 2002)。

5.2 新しい引用表現に関する先行研究について

新しい引用表現の発展と分布について，ネイティブ英語に関しては，研究が重ねられてきている。上述のように，be likeの起源はカリフォルニア地域といわれていることから，アメリカ英語に関する研究が特になされてきた。Romaine and Lange（1991）は，新しい引用表現となったbe likeとgoが，どのような過程を経て，引用表現として文法化してきたかについての分析を行った。そして，goは運動動詞であるため，「遠位」の引用表現として用いられるようになり，be likeは発言者が内的な感情を共有できるため，「近位」の引用表現として用いられるようになったと指摘した（pp. 265-266)。

また，新しい引用表現の言語的制約に関する研究も行われてきた。Ferrara and Bell（1995）はアメリカ英語において，be likeと共起する主語の人称を分析し，一人称と三人称が同程度に用いられると述べた。この結果は，ネイティブ英語においても地域差があり，Tagliamonte and Hudson（1999）は，イギリス英語とカナダ英語においては，be likeは三人称よりも一人称と共起する傾向にあることを示した（p. 161)。一方で，Winter（2010）によると，オーストラリア英語の場合，be likeは三人称と共起する傾向にあると述べた（p. 13)。このようにbe likeについては，英語によって共起する主語の人称の傾向が異なるものの，goについては，Tagliamonte and Hudson（1999）やWinter（2010）において，３人称と共起する傾向にあると示されてきた。

Buchstaller（2008）は，アメリカ英語とイギリス英語の新しい引用表現の比較分析を行う中で，新しい引用表現が，実際の発言と心の中で思ったことの，どちらにより頻繁に用いられるかを調査した。その結果，goはアメリカ英語でもイギリス英語でも，データの半数以上で実際の発言を示すのに用いられていた一方で，be like は70％以上が心の中で思ったことを表示するのに用いられていた（p. 25）。しかし，Tagliamonte and D'Arcy（2004）は，カナダの若年層の英語を分析し，be like は実際の発言の直接引用を表示する際に，より多く用いられることを明らかにした（p. 504）。よって，この点においても研究結果は，対象とする英語によって異なってきた。

そして，新しい引用表現に関する社会言語学的な側面も，研究の対象となってきた。たとえばアメリカ英語に関して，Dailey-O'Cain（2000）は，like を使った口語表現について社会言語的な分析を行い，若い世代の方が年配の世代に比べ，like（be like）を引用表現として，より高い頻度で使う傾向にあることを示した。この結果は，Barbieri（2007）や Jones and Schieffelin（2009）によっても支持された。また，同様の傾向がカナダ英語（例：D'Arcy, 2007）やイギリス英語（例：Buchstaller, 2008）でもみられる。さらに Barbieri（2009）は，新しい引用表現の使用頻度の増加は，もはや若年層だけの現象ではないため，年代を越えた，共同体全体での進行中の言語変化といえるのではないかと述べた（p. 85）。これは，ニュージーランド英語でもみられる変化である（D'Arcy, 2012）。先行研究においては，新しい引用表現の使用に関するジェンダー差も着目されてきたが，結果は一貫していない。アメリカ英語については，Romaine and Lange（1991）は be like は女性の方が高頻度で用いるとしたが，Blyth, Recktenwald, and Wang（1990）は男性の方が be like を高頻度で使用すると述べた。これらの研究は 90 年代に行われたものであったが，Buchstaller（2008）はアメリカ英語とイギリス英語について，新しい引用表現の使用についてのジェンダー差はみられなくなったと述べた。一方で，Tagliamonte and D'Arcy（2004）はカナダ英語において，女性の方が be like を男性よりも高頻度で用いる傾向があると指摘していた。

このように，ネイティブ英語については，新しい引用表現の研究は蓄積されてきたが，非ネイティブ英語における使用については，ほとんど研究がなされてこなかった。例外としては Höhn（2012）による，ジャマイカ英語における新しい引用表現の分析がある。ジャマイカ英語を非ネイティブ英語に分類するかは意見がわかれる（例：Sand, 2004）。しかし，Höhn（2012）ではジャマイカ英語を「カリブ海地域の新英語」（p. 264）としているため，ここでは非ネイティブ英語として扱う。Höhn（2012）は新しい引用表現の使用に影響する言語的および言語外的要因を分析し，ネイティブ英語のアイルランド英語における特徴との比較を行った。その結果，ジャマイカ英語においては引用表現の go は，ほとんど使用されないことが示された。そして，ジャマイカ英語においては，女性の方が男性に比べて be like を高頻度で用いること，また，アイルランド英語話者と比べると，心の中で思ったことを示すのにも be like を用いることを明らかにした。

また，アジア英語に関しては，Sand（2013）がシンガポール英語のブログにおける言語特徴を調査した際に，引用表現としての like（be like）についても触れていた。具体的にはブログと会話それぞれにおける，垣根表現の like と引用表現の like の比率を比較するために，ICE-SIN の S1A から like の抽出も行われていた。その結果，ブログの方が引用表現としての like の比率が高いと示されたが，頻度自体は ICE-SIN と１例しか変わらず，ICE-SIN での垣根表現としての like の多さに結果が影響されたものと考えられる。Sand（2013）においては，like 以外の引用表現は扱われず，like についても頻度が示されたのみであった。さらに，Buchstaller（2013）は新しい引用表現について，「発言や考えの報告のための体系に，これらの新しい表現がどのように進出しているかを詳細に」分析するため（Chapter 1, para. 6），新しい引用表現の発展や特徴について，主にイギリス英語とアメリカ英語を中心とした包括的な記述を行った。その際に，世界の英語における新しい引用表現の使用として，アジア英語からの具体例がいくつか述べられたが，アジア英語に関しては細かな分析はなされなかった。

このように，アジア英語における新しい引用表現については，これまでの研究は限定的であり，体系的な比較は行われてこなかった。新しい引用表現は，会話の中で主に用いられる口語表現で，進行中の言語変化であるからこそ，アジア英語における特徴を比較して記述することは，意義があると考えられる。

5.3 本章の目的

本章でも外部圏のアジア英語のうち，第２章～第４章と同じく，香港英語，フィリピン英語，インド英語，シンガポール英語を対象とし，会話の中で使用される新しい引用表現の特徴を分析することを目的とする。また，新しい引用表現と従来の引用表現の比較を行うために，従来の引用表現についても分析対象とする。さらに，内部圏の英語と比較するために，先行研究におけるアメリカ英語などのデータを参考として含めることもあるが，あくまで目的は，アジア英語における新しい引用表現を記述することである。

5.4 本章における研究手法

英語間の比較を行うために，香港英語，フィリピン英語，インド英語，シンガポール英語のデータを，ここまでの章でも使用してきた International Corpus of English（ICE）の各コーパスから抽出した。それぞれの英語に対応するコーパスは ICE-HK，ICE-PHI，ICE-IND，ICE-SIN で，1.3 において，コーパスの使用理由と詳細は述べた。新しい引用表現は会話で主に出現することが先行研究（例：Höhn, 2012）によって示されてきたため，コーパスの私的な対話部分，つまり S1A からデータを抽出することにした。以下でコーパス名に言及する際は，各コーパスの S1A を意味することとする。S1A には 100 テキストが含まれ，語数はおよそ 20 万語である。なお，ICE-SIN については Sand（2013）が，引用表現としての like を抽出していたが，頻度および 2 例の具体例が示されたのみであったため，本章では改めて，ICE-SIN の S1A からデータを抽出することにした。

データの抽出方法として，コンコーダンス・ツールの使用も検討したが，抽出対象となる言語形式で検索を行っても，引用表現ではない用例も多く抽出されるため，ツールは使用せずに，各ファイルを 1 つずつ読んで，直接引用を含む発言を抽出することにした。そうすることで，各引用表現が出現した詳細な文脈についても確認しやすかったことも理由である。引用表現が使われていない直接引用も，分析対象として抽出した。ICE コーパスには引用を示す < quote > という記号も用いられていたが，これは，本からの引用といった引用が明らかな場合だけであり，新しい引用表現の例の抽出には向いていなかったため，引用表現を探す際の手がかりの 1 つとしてのみ使用した。今回の分析対象は引用表現であったことから，対象となったのは直接引用のみで，間接話法は対象ではなかった。ただし，一見すると間接話法の形式になっている例が，直接引用を示していた例もあった。たとえば，A says that の形式は間接話法に結びつく形式であるが，コーパス内では that の後に直接引用が続く例もあった。引用を直接引用と判断するかどうかは，引用されていた内容の主語によって判断した。すなわち，She said that I should go. と She said that you should go. のうち，後者の you が話し手を示す場合，後者は直接引用と判断した。また，Zoe goes shopping like every weekend の like のような，垣根表現やフィラーとしての like は引用表現ではないため，分析対象ではなかった。

5.5 アジア英語における新しい引用表現の特徴

抽出したデータは，発言内で使用された引用表現ごとに分類した上で，量的および質的な分析を行った。上述のように，アジア英語が分析の主な対象であったが，ネイティブ英語との比較を含めるために，先行研究で示されてきたことに言及する箇所もある。統計的分析には SPSS（Ver. 23）を用いた。5.5.1 では引用表現の頻度について述べ，5.5.2 では新しい引用表現と従来の引用表現を比較し，5.5.3 で引用表現の時制について，5.5.4 で主語の人称について述べ，5.5.5 で引用内容と引用表現の関係について述べる。

5.5.1 頻　度

ICE-HK には 191 例，ICE-PHI には 227 例，ICE-IND には 166 例，そして ICE-SIN には 327 例の直接引用を伴う発言があった。直接引用の出現頻度には英語間で差があり（$\chi^2=65.926$, $df=3$, $p=.000$），シンガポール英語における頻度が，他の英語における頻度よりも有意に多かった。引用表現「なし」（null）を含む，合計で 34 の表現がいずれかのコーパスで出現した。表 17 に，２例以上出現した引用表現 15 と，「なし」の頻度と「その他」を掲載してある。その他（Others）のカテゴリーは，４つのコーパス内で１例しか出現しなかった引用表現をまとめたカテゴリーである。具体的には，announce, beg, call, comment, complain, cry out, emphasize, exclaim, hear, mutter, put, quote, realize, rebut, request, sound, text, wonder の 18 が，全体で 1 例しか出現しなかった引用表現であった。また，(be) like は引用表現として like が用いられていた例のうち，明確な be 動詞を伴わなかったもので，ICE-SIN のみに出現した。

表 17. コーパスに出現した引用表現

	ICE-HK	PHI	IND	SIN
answer	1 (0.5%)	1 (0.4%)	0	0
ask	13 (6.8%)	15 (6.6%)	13 (7.8%)	17 (5.2%)
be	2 (1.0%)	0	0	2 (0.6%)
be like	11 (5.8%)	33 (14.5%)	0	13 (4.0%)
(be) like	0	0	0	7 (2.1%)
decide	1 (0.5%)	2 (0.9%)	0	0
feel	0	1 (0.4%)	3 (1.8%)	0
go	0	16 (7.0%)	2 (1.2%)	4 (1.2%)
go like	0	5 (2.2%)	1 (0.6%)	0
question	0	2 (0.9%)	0	0
reply	1 (0.5%)	0	1 (0.6%)	0
say	131 (68.6%)	83 (36.6%)	109 (65.7%)	225 (68.8%)
talk	1 (0.5%)	1 (0.4%)	0	0
tell	4 (2.1%)	20 (8.8%)	12 (7.2%)	16 (4.9%)
think	6 (3.1%)	3 (1.3%)	6 (3.6%)	16 (4.9%)
others	3 (1.6%)	4 (1.8%)	5 (3.0%)	6 (1.8%)
null	17 (8.9%)	41 (18.1%)	14 (8.4%)	21 (6.4%)
合　計	191	227	166	327

表 17 が示すように，いくつかの引用表現が，コーパス間で共通して，他の引用表現よりも高い頻度で出現した。以下の (134)～(139) は，主に高頻度で出現した引用表現についての，コーパスからの具体例である。直接引用を強調するために，発言の中で引用された部分には引用符を付与し，引用表現は斜体字で示してある。

(134) ask

You have to *ask* him “if I didn’t meet the quota can I get the eight thousand as well”

(ICE-HK: S1A-096#244:1:B)

（135）be like
I *was like* "where's the train"
(ICE-SIN: S1A-034#30:1:A)

（136）go
And as the proverb *go* < , > "like the mother like the baby"
(ICE-IND: S1A-066#178:1:B)

（137）say
The girl *said* "why does I see you today everyday"
(ICE-HK: S1A-028#425:1:A)

（138）tell
Every time he wants to borrow something he will *tell* Jude "you know here is my matric card go and take it for me"
(ICE-SIN: S1A-082#191:1:B)

（139）null
"What this is the first time you're actually leaving the country"
(ICE-PHI:S1A-067#39:1:A)

5.5.2 新しい引用表現と従来の引用表現

コーパスに出現した34の引用表現のうち，「新しい引用表現」に分類されるのは，be, be like,（be）like, go, go like の５形式であった。この分類は上述の先行研究にもとづいて行った。Go like は引用表現としての like と go のハイブリッド形式とみなすことができるため（Buchstaller, 2008; Macaulay, 2001），新しい引用表現と分類できる。新しい引用表現としては，他に be all が，たとえばアメリカ英語のデータ（Buchstaller, 2014）ではみられるが，アジア英語のデータにおいては出現しなかった。よって，この５形式を除いて，引用表現「なし」を含む29形式を「従来の引用表現」として分類した。表18に，各コーパスにおける新しい引用表現と従来の引用表現の，頻度および割合を示した。

表18が示すように，ICE-PHI と他の３コーパスでは，新しい引用表現の出現頻度が大きく異なった。この違いは有意であり（例：各コーパス間の比較で，ICE-SIN と ICE-PHI について $\chi^2=27.201$, $df=1$, $p=.000$），フィリピン英語においては，他の３つのアジア英語に比べて，引用表現に占める新しい形式の割合

表 18. 新しい引用表現と従来の引用表現の出現頻度

	新しい引用表現	従来の引用表現
ICE-HK	13 (6.8%)	178 (93.2%)
ICE-PHI	54 (23.8%)	173 (76.2%)
ICE-IND	3 (1.8%)	163 (98.2%)
ICE-SIN	26 (8.0%)	301 (92.0%)

が有意に高いことが示された。ICE-HK，ICE-IND，ICE-SIN での新しい引用表現の割合は 10.0%以下であり，その中でも ICE-IND における出現例は 3 例のみであった。よって，新しい引用表現の使用自体が，少なくとも ICE のデータが収集された時期には，これらの英語では頻度が低かったことがわかった。

また，アジア英語の中では新しい引用表現の頻度および割合が高かったフィリピン英語も，アメリカ英語に比べると，新しい引用表現の使用は少なかった。たとえば，Barbieri（2009）のデータでは，ICE-S1A と同じく 20 万語あたりに換算すると，say は 284 例，be like は 208 例，go は 40 例であった[19)]。ICE コーパスからのデータではないため，厳密な比較はできないが，Barbieri（2009）のデータでは，新しい引用表現が ICE-PHI に比べて 4 倍以上の頻度で出現していたことになる。一方で，ICE コーパスを使用したネイティブ英語に関するデータでは，Höhn（2012）が ICE-Ireland から抽出したアイルランド英語のデータを提示していた。それによると，20 万語あたりでは，引用表現の say は 330 例，be like は 27 例，go は 53 例で，say 以外の従来の引用表現の分布が示されていないため概算にはなるが，新しい引用表現の出現頻度は ICE-PHI より高かったものの，引用表現に占める割合は，ICE-PHI と大きくは変わらなかった[20)]。ただし，以下の表 19 からわかるように，ICE-PHI よりも be like の頻度が少なく，go の頻度が多かった。

表 19 には，アジア英語の各コーパスにおける，新しい引用表現の形式別の

19) Barbieri（2009）は社会言語学的側面に着目した研究で，データはジェンダーおよび年齢に分けて示されていた。本章は言語的特徴に着目するため，ICE コーパスでは含まれない 16 歳以下のデータを除いたうえでの平均値を比較対象に用いた。なお，Barbieri（2009）においては 16 歳以下の女性が，最も新しい引用表現を使用するグループであったため，そのグループを入れると，アメリカ英語における新しい引用表現の使用率はさらに高い値となったことに留意が必要である。

20) Höhn（2012）はジャマイカ英語も分析対象としていたため，ICE-Jamaica の話し言葉部分から Höhn（2012）が抽出したデータも示しておくと，20 万語あたりで，say が 211 例，be like が 18 例であり，go は話し言葉部分全体で 1 例のみだけであった。

割合を示してある。新しい引用表現は全部で5形式出現したが，文脈を詳細に検討した上で，be と（be）like は be like とまとめて扱えると判断した。一方で be like と go のハイブリッド形式といえる go like については，ICE-PHI では5例あったが，他には ICE-IND の1例のみであったため，以下の分析には含めないことにした。

表 19. 各コーパスに出現した新しい引用表現

	be like	go
ICE-HK	13 (100.0%)	0
ICE-PHI	33 (67.3%)	16 (32.7%)
ICE-IND	0	2 (100.0%)
ICE-SIN	22 (84.6%)	4 (15.4%)

表19が示すように，香港英語話者，フィリピン英語話者，シンガポール英語話者は，新しい引用表現を使う際には be like を選ぶ傾向にあった。インド英語のデータには be like が出現しなかった。これは ICE-IND のデータが収集された頃のインド英語で be like がまったく使われないことを意味するのではないが，その頻度は非常に低いであろうことを示していた。フィリピン英語話者は go も新しい引用表現として使用していたが，他のアジア英語話者による使用はほとんどなかった。

5.5.3 時　制

新しい引用表現が直接引用において用いられる割合は，アジア英語のデータでは，一番割合の高い ICE-PHI でも引用表現の 1/4 以下であったが，新しい引用表現の使用には言語的制約があるのか，先行研究でも研究対象となってきた時制および次節の人称の観点から分析を行う。

会話における直接引用は多くの場合，過去に誰かが発言した，もしくは思ったことにもとづいているため，引用表現は過去形で用いられる傾向がある (Tagliamonte & Hudson, 1999)。しかし，たとえば Winter (2010) がオーストラリア英語について明らかにしたように，新しい引用表現は歴史的現在として，現在形で使われることがあると示されてきた。この点について分析するため，

5.5.2 で分類した新しい引用表現の go と be like，そして従来の引用表現の中から高頻度で出現した ask, say, tell について，引用表現の時制の割合を調べた。引用表現なし（null）も頻度が高かったが，時制を伴わないため，この項での分析対象とはしない。表 20 に，引用表現の時制別の割合を示してある。

表 20. 新しい引用表現の時制

		be like	go	ask	say	tell
ICE-HK	過去形	38.5%	0	30.8%	70.2%	0
	現在形	61.5%	0	69.2%	24.4%	100.0%
	未来形	0	0	0	5.3%	0
ICE-IND	過去形	0	0	84.6%	64.2%	75.0%
	現在形	0	100.0%	15.4%	33.9%	5.0%
	未来形	0	0	0	1.8%	0
ICE-SIN	過去形	40.9%	0	47.1%	76.4%	6.3%
	現在形	50.0%	100.0%	41.2%	20.4%	81.3%
	未来形	9.1%	0	11.8%	3.1%	12.5%
ICE-PHI	過去形	45.5%	0	80.0%	83.1%	75.0%
	現在形	54.5%	100.0%	13.3%	14.5%	25.0%
	未来形	0	0	6.7%	2.4%	0

新しい引用表現に関して，be like がコーパスに出現した 3 つのアジア英語に関しては，50%以上が現在形で使われていた。そして，香港英語の 1 例を除いて，すべての例が歴史的現在の用例であった。よって，be like の歴史的現在用法は，アジア英語に共通してみられることが示唆された。(140) は，引用表現が歴史的現在用法として現在形で用いられていた例である。(141) は people are like の部分の be like は歴史的現在用法であり，I was like の部分の be like は過去形であった。また，シンガポール英語においては，未来の発言の予測を行う際に，be like が未来形で使われる例がみられた。そして，go が出現した 3 つのコーパスにおいては，go はすべての例が現在形であり，主にことわざといった定型表現を引用するのに用いられていた。出現頻度自体が低いため，より多くのデータによって確認する必要はあるが，go はアジア英語においては，現在形で用いる定型表現となる傾向があるのかもしれない。

(140) Shelly'*s like* "so uhm are you tired why don't you go home"

(ICE-PHI:S1A-015#90:1:A)

(141) I was downstairs and then like these bunch of people *are like* "oh can I make a photo with what can I photo with you" and I *was like* "uh okay"

(ICE-HK:S1A-099#59:1:B)

ネイティブ英語のデータにおいては，Winter (2010) によるオーストラリア英語のデータでは，be like の 72%，go の 97%が歴史的現在用法の現在形であった。一方で，Tagliamonte and Hudson (1999) によるカナダ英語のデータでは be like の 37%，イギリス英語のデータでは 13%と，必ずしも高い割合ではなかった。また，Macaulay (2001) によるスコットランド英語のデータでは，be like のうち 58%と go の 67%が過去形であり，ネイティブ英語では引用表現の go は，必ずしも現在形で使用される形式ではなかった。

また，従来の引用表現で最も多く使われる say については，アジア英語のデータにおいて，どの英語においても，過去形で使われる割合の方が高かった。しかし，香港英語の ask とシンガポール英語の tell のように，従来の引用表現の中にも，歴史的現在で使われる割合が高い表現はあった。このことは，英語によっては，新しい引用表現に限らず，直接引用と過去形のつながりが弱まっていることを示唆するのかもしれない。

5.5.4 人　称

発言において直接引用が行われる場合，引用内容はもともと誰の発言であったかを示すため，引用表現が名前か代名詞を主語として伴うことが多い。引用表現「なし」(null) の場合においても，文脈から，主語を推測することが可能である。表 21 には主な引用表現について，主語の人称別の割合をまとめてある。

Tagliamonte and Hudson (1999) や Macaulay (2001) で述べられたように，直接引用を示す引用表現の主語が二人称となることは非常に少ない。聞き手の過去の発言を会話の中で示す必要がある場合，直接引用ではなく間接話法が用いられると考えられる。アジア英語においても，二人称 you が主語となる例は非常に少なかった。その上で表21から，アジア英語のデータにおいては，引用表現は一人称よりも，三人称主語もしくは具体的な名前と共起することが多いことがわかった。つまり，会話で直接引用の形式で引用を行う場合，自分の発言や考えを引用するよりも，他者の発言を引用することが多いことが示された。新しい引用表現についても，三人称と共起する例の方が多く，特にフィリピン英語において，この傾向が顕著であった。

表21. 引用表現の主語の人称

		be like	go	ask	say	tell	null
ICE-HK	一人称	38.5%	0	38.5%	25.2%	25.0%	47.1%
	二人称	0	0	7.7%	5.3%	0	0
	三人称	61.5%	0	53.8%	69.5%	75.0%	52.9%
ICE-PHI	一人称	15.2%	18.7%	40.0%	32.5%	35.0%	36.6%
	二人称	3.0%	0	0	2.4%	10.0%	0
	三人称	81.8%	81.3%	60.0%	65.1%	55.0%	63.4%
ICE-IND	一人称	0	0	61.5%	22.0%	25.0%	64.3%
	二人称	0	0	0	2.8%	0	0
	三人称	0	100.0%	38.5%	75.2%	75.0%	35.7%
ICE-SIN	一人称	36.4%	0	0	38.2%	50.0%	23.8%
	二人称	0	0	0	1.3%	0	0
	三人称	63.6%	100.0%	100.0%	60.4%	50.0%	76.2%

5.2でも述べたように，先行研究において，ネイティブ英語ではどの英語においても，新しい引用表現goが一人称よりも三人称の主語と，より頻繁に共起すると示されてきた（Höhn, 2012; Tagliamonte & Hudson, 1999; Winter, 2010）。同じ傾向は，goが出現したアジア英語のデータにおいてもみられた。これは，Romaine and Lange（1991）が指摘したように，新しい引用表現としてのgoは「遠位」の引用表現で，引用内容を自分とは距離のあるものと示すことに関係があると考えられる。

Be likeについても，アジア英語では三人称を主語にとる例の方が多かった。ネイティブ英語に関しては上述のように，be likeは一人称と三人称と同程度に結びついているとされたり（Ferrara & Bell, 1995; Höhn, 2012），一人称に結びつくとされたり（Tagliamonte & Hudson, 1999），三人称に結びつくとされたり（Winter, 2010）と，結果は一貫してこなかった。アジア英語において be like が三人称と共起する頻度が一人称と共起する頻度より高いのは，直接引用自体が三人称と結びつく傾向から生じると考えられる。

5.5.5 引用内容

先行研究によると，引用内容によっても，引用表現の選択と使用は影響される（Tagliamonte & D'Arcy, 2004)。引用内容については，実際の発言と心の中で思ったこと（心の中での「発言」）の２つに分類されてきた（Buchstaller, 2008; Tagliamonte & D'Arcy, 2004)。換言すると，引用内容を実際に発言されたこと（として提示されたこと）と，心の中で思ったこと（もしくは思ったであろうと推測したこと）の２つに分類することができる[21]。アジア英語においては，本章で扱っている６つの引用表現全体の中で，ICE-HK は 98.9%，ICE-PHI は 92.8%，ICE-IND は 96.7%，ICE-SIN は 94.8%が実際の発言としての直接引用であった。つまり，心の中で思ったこと，もしくは他者が心の中で思ったであろうことを，直接引用で示すことはほとんどなかった。この傾向は，5.5.4 で述べた，アジア英語における直接引用と三人称との結びつきにも関連していると考えられる。

ネイティブ英語においては，5.2 でも述べたように，be like は心の中で思ったことを引用するのに結びついていると指摘されてきた。たとえば，Buchstaller（2008）のデータでは，引用内容が実際の発言であったのは，イギリス英語データの 22%，アメリカ英語データの 27%のみであった（p. 25)。一方で，Tagliamonte and D'Arcy（2004）はカナダの若年層の英語では，be like が実際の発言の引用に使われるようになっていて，これは発展中の変化かもしれないと述べていた（p. 511)。また，Buchstaller（2008）は，be like で引用される内容には，何らかの音や効果音が含まれることがあると述べた（p. 23)。このようにネイティブ英語に関しては，引用内容と新しい引用表現の関係が議論されてきたが，アジア英語においては，特定の引用表現が心の中で思ったことの引用に使われる傾向はなかったため，引用表現の選択に，引用内容は大き

21）どちらともとれる例も少数ながらあったが，文脈によって，よりどちらの分類に適合するかを判断した。

く関連しないと考えられる。

5.6 アジア英語の新しい引用表現に関する考察

結果と分析から，アジア英語においては，新しい引用表現はあまり多く用いられないことがわかった。新しい引用表現の割合がアジア英語の中では高かったフィリピン英語についても，ネイティブ英語と比較すると，新しい引用表現の割合は低い。つまり，アジア英語については，ネイティブ英語，特にアメリカ英語において，be like を中心とする新しい引用表現が会話で多く用いられるのとは異なる結果となった。アジア英語においても，直接引用自体は会話において使用され，話者のトピックの選択による影響もあったかもしれないが，直接引用の頻度はシンガポール英語において最も多かった。香港英語，フィリピン英語，シンガポール英語において新しい引用表現が使用される際は，go よりも be like が使われる傾向がある。インド英語については ICE-IND において新しい引用表現が go が 2 例と go like が 1 例しか出現せず，少なくとも ICE-IND が編纂された時点では，be like は直接引用を示すのには，ほぼ使われていなかったことが示された。

アジア英語において，新しい引用表現は過去形だけではなく，歴史的現在用法の現在形としても使われ，これはアジア英語間に共通する傾向である。また，新しい引用表現および従来の引用表現はともに，聞き手を除く他者の過去の発言を引用するのに用いられる傾向があり，引用表現の主語に三人称の頻度が高くなっている。Buchstaller (2013) は，新しい引用表現の広まりには，メディアの影響および各英語の内的なパラメーターの両者が関係していると考えられると述べた (Chapter 3, Section 2, para. 10)。アジア英語間には，たとえば従来の引用表現における歴史的現在用法の割合に違いがあり，直接引用に従来の引用表現を用いる際の特徴が，その英語における新しい引用表現の使用に関する特徴に影響を与えている可能性がある。

新しい引用表現は進行中の言語変化であり，アジア英語においても，頻度は少ないものの使用されていることがわかった。しかし，ICE のデータが収集された時点では，アジア英語においては，会話での直接引用を行う際は，新しい引用表現よりも従来の引用表現が主に用いられていた。今後，アジア英語において，新しい引用表現の使用が広まっていくのか，どのような特徴をもつようになるのか，社会言語学的要因などもあわせて，より新しいデータで調査を行う必要があると考えられる。

5.7 本章のまとめ

本章では，アジア英語で be like などの「新しい引用表現」にどのような特徴があるか，香港英語，フィリピン英語，インド英語，シンガポール英語に着目して，ICE コーパスからのデータを使用した記述と比較を行った。また，先行研究の結果にもとづいて，内部圏の英語との比較も行った。アジア英語において，直接引用自体は使用されるが，ICE コーパスのデータが収集された時期については，新しい引用表現の使用頻度は少なかった。4 つのアジア英語の中では，新しい引用表現の割合が高いのはフィリピン英語である。新しい引用表現が用いられる際は，過去の発言の引用においても，アジア英語間で共通して，歴史的現在用法の現在形も使用される。また，従来の引用表現も新しい引用表現も，聞き手以外の他者の以前の発言を引用するために使用される傾向にあることから，引用表現の主語としては，三人称の頻度が高い。

次章では，今後の展望として，拡張圏の英語である日本英語における研究例に触れるとともに，アジア英語の会話で使われる表現についてのコーパスを用いた研究の今後の展開について述べる。

第６章
今後の展望

第６章では今後の展望について言及する。まず6.1で拡張圏の英語に関する研究例として，日本英語の付加疑問文および不変化タグの研究について述べる。そして6.2で，主に会話で出現する表現についての，アジア英語におけるコーパスを使用した研究について，今後の展開を述べる。

6.1 拡張圏の英語について

アジア英語の口語表現について研究していく上で，内部圏の英語だけではなく拡張圏の英語についても，World Englishesの観点から，自立した英語としての特徴を分析していくことも重要になる。本節では研究の一例として，拡張圏の日本英語の付加疑問文と不変化タグについての研究をあげる。付加疑問文の定義や先行研究については第２章，不変化タグの定義や先行研究については第３章で述べたので，ここでは使用コーパスと手法について述べた上で，日本英語の付加疑問文および不変化タグの特徴にもとづいて分析を行う。第２章，第３章で述べたアジア英語との比較についても簡潔に含める。

6.1.1 使用コーパスおよび手法

日本英語の分析に用いたコーパスはNICT Japanese Learner English Corpus［NICT JLE Corpus, 書籍版：Izumi, Uchimoto, & Isahara (2004)；オンライン版：Izumi, Uchimoto, & Isahara (2012)］であった。Izumi et al. (2004, pp. 22-28) の説明によると，NICT JLE Corpusは多様な英語レベルの日本人英語学習者が受験したスピーキングテストの，1281人分の書き起こしデータからなる。スピーキングテストはStandard Speaking Test (SST) で，ウォームアップ質問，絵の描写問題，ロールプレイ，物語作成タスク，クロージング質問の5つの部分からなる15分のテストであった。試験官は高い英語運用能力をもつ日本人英語話者であったため，今回の分析には，試験官のデータも含めることにした。試験官はテスト結果全体にもとづき，受験者を以下の9つのレベルに割り振った。すなわち，レベル1からレベル3が初級（3人，35人，222人），レベル4からレベル6が中級（482人，236人，130人），レベル7からレベル9が上級（77人，56人，40人）であった。AntConc（Anthony, 2011）のワードリスト機能を用いて計算したところ，コーパスには，おおよそ210万語が含まれていた。マークアップ記号は数に入れていない。なお，データはスピーキングテストという，「正しい」形式を使おうとするプレッシャーのある場面にもとづいているため，自然な会話とは異なる文脈であることは，NICT JLE Corpusを分析に使用する限界点ではある。

付加疑問文の抽出については，第2章の手法（2.4.2）とほとんど同じであるが，最初から潜在的なタグとなる補助動詞と代名詞の組み合わせを検索するのではなく，NICT JLE Corpusの付属の分析ツールを用い，まずは補助動詞の肯定形と否定形をそれぞれ検索した。そして，それぞれの結果を，次に続く単語で並び替えた上で，補助動詞の次に出現する単語が代名詞であったものを，潜在的なタグとした。

不変化タグの抽出については，NICT JLE Corpusの分析ツールの性質上，第3章（3.4.2）の手法とは少し違う方法を用いた。この研究は，第3章で述べたICEコーパスを用いたアジア英語の不変化タグの分析を終えてから行ったため，ICEコーパスで出現したすべての不変化タグについての検索を行った。また，オンライン版のコーパス（Izumi et al., 2012）から10ファイルを確認し，その他の形式の不変化タグが出現しないか確認した。さらに，日本語の会話で用いられる典型的なタグ（例：Tsuchihashi, 1983），すなわち，ne, yo, ka, naについても検索を行った。

6.1.2 日本英語の付加疑問文

NICT JLE Corpusには，全部で80例の付加疑問文が出現した。21例が受験者の発言内で（レベル1～3: 0例，レベル4: 6例，レベル5: 3例，レベル6: 3例，レベル7: 4例，レベル8: 1例，レベル9: 4例），59例は試験官による発言内であった。コーパスの大きさがおよそ210万語であることから，日本人英語話者は会話で付加疑問文をあまり使用しないことが示された。レベルごとの受験者数の違いを考慮しても，初級レベルの英語話者は付加疑問文をほぼ使用しないとわかった。また，日本人英語話者の試験官が，受験者よりも多く付加疑問文を用いたのは，試験官という役割のためかもしれないが，英語スキルの高さも要因と考えられる。

極性については，NICT JLE Corpusのデータにおいても，(142)～(145) の例のように，4つのパターンが出現した。具体例にマークアップ記号は入れていない。また，初めのEは受験者を，Iは試験官を指し，受験者の場合は数字でレベルを示してある。NICT JLE Corpusでは疑問符が一貫して使用してあったので，疑問符も含めてある。(142) と (143) は極性不一致，(144) と (145) は極性一致の付加疑問文とも分類できる。

(142) 肯定－否定
E9: … that's why I came back, and, you know, you you like hometown, don't you?
(File00325.stt line34)

(143) 否定－肯定
I: You're not going to work late today, are you?
(File00679.stt line173)

(144) 肯定－肯定
E9: I think you have the same experience in the past, have you?
(File00978.stt line68)

(145) 否定－否定
E4: So you don't have black one, don't you?
(File00152.stt line109)

80例の付加疑問文のうち74例は肯定－否定 (92.5%)，1例は否定－肯定 (1.3%)，4例は肯定－肯定 (5.0%)，そして1例が否定－否定 (1.3%) の付加疑問文であった。つまり，97.5%のタグが肯定形を主節としてもち，主節が否定形であったのは2.5%のみであった。2分類の観点からは，93.7%が極性不一致，6.3%が極性一致の付加疑問文であった。このことは，日本英語話者は主に極性不一致の付加疑問文を用い，その中でも肯定－否定の付加疑問文を用いることを示していた。第2章で述べたアジア英語話者の付加疑問文使用と比較すると，日本人英語話者が使用する付加疑問文の極性パターンは，シンガポール英語話者や香港英語話者よりも，フィリピン英語話者，インド英語話者，カナダ英語話者のパターンと類似していた。その中でも，日本人英語話者の用いる付加疑問文は，極性不一致，そして肯定－否定の極性パターンが多いことが特徴的であった。

タグの特徴については，BEが補助動詞であったのは71例（88.8%），DOが5例（6.3%），HAVEが1例（1.3%），WILLが1例（1.3%），CANが1例（1.3%），SHALLが1例（1.3%）であった。代名詞は4種類のみが出現し，Itが67例（83.8%），Youが11例（13.8%），Weが1例（1.3%），Iが1例（1.3%）であった。タグとして出現した組み合わせは全部で11種類あり，isn't it（66例，82.5%），don't you（4例，5.0%），are you（2例，2.5%），aren't we（1例，1.3%），aren't you（1例，1.3%），can't you（1例，1.3%），didn't you（1例，1.3%），have you（1例，1.3%），shall I（1例，1.3%），wasn't it（1例，1.3%），would you（1例，1.3%）であった。

第2章で述べたように，他の英語においても，BEとDOがタグにおいて頻度の高い補助動詞であった。その中でも，日本英語については，他のアジア英語と同様，タグにおけるBEの割合が高かった。このことは，非ネイティブ英語においては，BEを補助動詞として伴うタグが選ばれる傾向があることを示していた。また，代名詞については，ItとYouの頻度が高かった。カナダ英語では，より幅広い代名詞が高頻度で用いられていたが，日本英語では他のアジア英語と同様，ItとYouが大半を占めていた。タグとして出現した組み合わせは，種類の最も少なかったフィリピン英語データでも18あったため，日本英語データのタグの種類は，かなり限定されていたといえる。

主節とタグの一致度については，NICT JLE Corpus内の付加疑問文においては，92.5%が一致していて，不一致は7.5%のみであった。「典型的な」付加疑問文は主節とタグが一致するため，日本人英語話者は付加疑問文を使用する際に，典型的なパターンに従うことが多いと示された。この一致度は，他のアジア英語話者に比べて高かった。

機能面においては，第２章で示した７つの機能にもとづく分類を行ったところ，本書で扱った他の英語と同様，主要機能としては，情報取得，確認，促進，強調の４つのみが出現した。以下の（146）～（149）に，各機能を主要機能とする付加疑問文の例を示す。付加疑問文は斜体字で示してある。

（146）情報取得

I: I'm sorry. It's our policy we cannot exchange from.
E6: I can exchange it to the urr non-reserved one much cheaper than urr urr actually I urr the one I got. *So maybe it's it's pos it's possible, isn't it?*
I: Urm OK, but can I ask why you missed the train?

（File00139.stt lines86~88）

これはロールプレイの一部で，受験者（客）が試験官（駅員）に，電車に遅れたので切符を交換してほしいと頼んでいた。付加疑問文は，チケットの交換が可能かどうかを尋ねるために用いられていたため，主要機能は情報取得であった。

（147）確認

I: So do you have any examinations this week?
E5: No. No, I haven't I don't have urr this week but umm from twentieth, I urr maybe from twentieth I have,
I: Oh Really?
E5: Eight or nine examinations.
I: Wow. That's a lot.
E5: Yeah, it's a lot.
I: Ahh. *It's rather late for exam week, isn't it?*
E5: Yeah, but …

（File00525.stt lines173~180）

この例では，日本の大学の一般的な期末試験期間を，すでに試験官が知っていたことが文脈から示されていた。試験官は受験者に付加疑問文を使って，その情報を確認していたため，付加疑問文の主要機能は確認であった。

（148）促進

I: OK. Thank you. How are you today, …?

E5: Er I'm so fine, thank you.

I: Good. *But it's very hot outside, isn't it*?

E5: Yes, it is.

I: Do you like summer?

E5: Yes. I like summer.

I: Hmm. What do you enjoy summer time?

（File00557.stt lines26~32）

この付加疑問文は，テストの冒頭において，受験者への会話の参加を促すために用いられていたため，促進の機能を担っていた。

（149）強調

E9: Em. How about tonight?

I: Eh uh. That's gonna be very difficult.

E9: Em. Wh why is that?

I: Oh. Just so many things I have to take care of.

E9: Come on. You're a landlord. *You you are responsible for this, aren't you*? I'm paying a rent for it, too.

（File00319.stt lines126~130）

この例は，ロールプレイにおいて，受験者（貸借人）が試験官（大家）に窓の修理を依頼しているところである。受験者は，試験官に要求を拒否された後に，大家は責任をもつべきだという点を強調するために付加疑問文を用いた。よって，この付加疑問文の主要機能は，強調であった。

NICT JLE Corpus においては，付加疑問文のうち３例の主要機能が情報取得（3.8%），9 例が確認（11.3%），58 例が促進（72.5%），10 例が強調（12.5%）であった。この結果は，日本人英語話者は付加疑問文を，主に対話者を会話に引き込んで，会話を促進するために用いる傾向があることを示していた。ただし，スピーキングテストという文脈によって，促進の付加疑問文の割合が高くなっていた可能性はある。この点を考慮しても，日本人英語話者による促進の付加疑問文の使用割合は，他のアジア英語話者に比べて高かった。

6.1.3 日本英語の不変化タグ

NICT JLE Corpus には 1583 例の不変化タグが出現した。形式は全部で 8 形式あり，eh, huh, no, okay/OK, right, yeah, you know, ne であった。結果は表 22 にまとめてある。8 形式のうち ne は日本語に由来すると考えられ，地域特有の不変化タグと分類することができる。第 3 章で述べたように，香港英語の lo，フィリピン英語の ba のように，外部圏のアジア英語話者は，地域特有の多様な不変化タグを用いていた。そうすることで，付加疑問文や英語共通の不変化タグでは表現できない，微妙な態度の違いを表現していた。しかしながら，NICT JLE Corpus に出現した地域特有の不変化タグは 1 形式のみであり，割合も 1.3%と非常に低かった。このことは，日本人英語話者は会話の中で，地域特有の不変化タグをほとんど使用しないことを示していた。ただし，テストという場面において，日本語に由来する形式の使用が避けられていたとも考えられる。

表 22. NICT JLE Corpus における不変化タグの形式と頻度

	試験官	受験者	合　計
eh	6	0	6 (0.4%)
huh	6	2	8 (0.5%)
no	1	4	5 (0.3%)
okay/OK	1273	102	1375 (86.9%)
right	82	44	126 (8.0%)
yeah	3	1	4 (0.3%)
you know	12	26	38 (2.4%)
ne	0	21	21 (1.3%)
合　計	1383	200	1583

表 22 が示すように，コーパスで最も頻度の高かったのは okay/OK（86.9%）であり，その次は right（8.0%）であった。その他の形式の頻度は低かった。Okay/OK は試験官の発言に頻繁に出現し，これは受験者に対し，テストにおいて何をすればよいか理解しているかを確かめる必要があったからであると考えられる。また，英語レベルの高い受験者においては，ok よりも right が使用される傾向にあった。この点はさらに確認する必要があるが，right は発言の

強調にも使えるため，英語スピーキングへの自信と流暢さを示している可能性がある。以下の（150)～(157）に，各不変化タグの具体例を，不変化タグが担っていた主要機能とともに示す。不変化タグの各形式は複数の機能をもつ傾向にあったため，以下に示す機能は，あくまで具体例における主要機能である。不変化タグは斜体字で示してある。

（150） eh

E5: These neighbor was relatively less damaged compared to other.
I: Wow OK. That's good. Hm. Well it's a small world, *eh*?
E5: Yeah.

（File00356.stt, lines181~183）

この例では，試験官と受験者は共通の経験について話していた。ここでの eh は試験官の驚きを伝えるとともに，会話を促進する機能も担っていた。

（151） huh

I: All right. So for wedding party?
E3: Uum
I:Thank you very much. Looks like you like to drink, *huh*?

（File00703.stt, line98~100）

これは絵の描写問題を終えた後の，試験官からのフォローアップ質問の一部であった。内容は描写問題で受験者が話したことにもとづいていたため，huh は受験者の同意を引き出すために用いられていた。

（152） no

I: Hm. Only that?
E9: Erm I'm not good at these. Erm. Isn't the light just broken, *no*?
I: Hmm. OK. OK. Good. Then […].

（File00253.stt, line130~132）

この例においては，受験者が試験官に対し，絵の理解が正しいかを確認しようとしていた。よって，no は確認の機能を担うとともに，試験官の返答を促す役割も担っていた。

（153） okay/ OK

I: […] this time, please make a short story using these four pictures. But this happened before, *OK*?
E3: Mm
I: So, please start your story with “last week.”

(File00868.stt line 137~139)

この例における OK は，試験官のタスクの説明の最後に出現した。よって，受験者の理解を確かめる，すなわち確認の機能と，説明した内容を強調する機能をもっていた。

(154) right

E5: So will you have any plan to mm hold a party next time?
I: Yeah, maybe, ah three month in three months, probably.
E5: In three months?
I: Yeah.
E5: Oh OK. So, maybe, in the in the spring, *right*?
I: So, er please ah ahm please make sure to erm give me the invitation again.

(File00853.stt line 179~184)

この例において，受験者は試験官の発言内容を確かめようとしていた。よって，right は確認の機能を担っていた。

(155) yeah

E5: Or ur give him a mlik.
I: Hmm. Oh you are a good father, *yeah*?

(File00431.stt line100~101)

この例において，yeah は試験官の発言の末尾に出現し，受験者からさらなる返答を引き出すために用いられていた。よって，会話を促進する機能をもっていた。

(156) you know

I: Well I understand your situation, sir. But it’s not our fault, *you know*.
E9: I underst
I: You should’ve left your home earlier.
E9: I understand. I’ll even give you my address and my phone number […].

(File01252.stt line184~187)

これはロールプレイの一部であり，試験官は主張内容を強調するために you know を用いていた。

(157) ne

I: I see. Did you have any difficulty in using e-mails?
E4: No. No.
I: No. Not at all?
E4: No, not at all.
I: Mhm.
E4: But only in Japanese *ne*.

(File0013.stt line 124~129)

この例において，試験官は受験者に対して，コンピュータの使用について聞いていた。受験者の発言の末尾に出現した ne は，発言を強調する役割を担っていた。

6.1.4 日本英語の付加疑問文および不変化タグに関する考察

結果と分析から，日本人英語話者，特に英語のスピーキングスキルが高くはない話者は，会話で付加疑問文をあまり使用しないことがわかった。コーパスで出現した付加疑問文の大半は肯定－否定の付加疑問文であり，日本人英語話者が付加疑問文を使う際は，このタイプの付加疑問文を主に用いる。実際，日本人英語話者は，日本の英語教育において示される，付加疑問文の典型的な構成［日本の英文法書における付加疑問文の説明は，たとえば Watanuki, Miyakawa, Sugai, Takamatsu, & Petersen（2000, pp. 69-73）を参照］に沿った付加疑問文を使用する傾向にある。これは，研究におけるデータがスピーキングテストのデータであったことも要因ではあるが，そもそも日本では英語が主に外国語として学ばれることから，生じる傾向であると考えられる。また，日本人英語話者が付加疑問文のタグとして用いる組み合わせの種類は，他の英語話者に比べて限られている。これは，テスト環境のプレッシャーに加え，付加疑問文を産出する認知的負荷が高いことによるのかもしれない。そして，今回のデータにもとづくと，日本人英語話者は付加疑問文を，主に会話の促進のために使用することがわかった。

不変化タグは付加疑問文に比べ，会話において，より頻繁に用いられる。そして，okay/OK と right の 2 形式が最も多く出現する形式である。外部圏の他のアジア英語話者に比べると，日本人英語話者の使用する不変化タグの種類は少なく，地域特有の不変化タグを用いることはほとんどない。英語は非ネイティブ英語話者の間の共通語として用いられることも多いため（Jenkins, 2015, p. 45），日本人英語話者はネイティブ話者とだけではなく，アジアの他の地域からの英語話者と英語で会話する可能性も高い。よって，地域特有の不変化タグの使用など，他のアジア英語話者の使用する英語の特徴を知っておくことは，コミュニケーションに有用であると考えられる。

6.2 アジア英語の口語表現に関する研究の今後の展開

今後の研究の展望としては，6.1 で具体的な研究をあげて論じたように，拡張圏のアジア英語の特徴についても，分析を進めていく必要がある。また，主に会話で使われる表現は，話し言葉であるからこそ，たとえば第 5 章で扱った新しい引用表現が生じたように，常に変化していくものである。本書の目的は ICE コーパスが編纂された時期のアジア英語について，主に会話で出現する言語事象から付加疑問文，不変化タグ，general extenders，そして新しい引用表現を分析対象とし，その記述および比較を通して，2000 年前後のアジア英語における特徴の記録を行うことであった。

本書で分析対象としたアジア英語，すなわち香港英語，フィリピン英語，インド英語，シンガポール英語についての各 ICE コーパスが公開されてから 15 年以上が経過し，それぞれの英語の特徴もまた変化しているであろう。本書で対象とした言語事象については，本書の元となった博士論文および既刊論文が発行された後も，研究が進められてきている。アジア英語に限定したものは少ないが，以下に各言語事象についての最近の研究をいくつかあげておく。

付加疑問文に関しては，イギリス英語とアイルランド英語についての Barron, Pandarova and Muderack（2015），香港英語についての Wong（2017），イギリス英語についての Axelsson（2018），機能面に焦点をあてた Kimps（2018），韻律についての Gómez González and Dehe（2020），カメルーン英語についての Mbakop（2022）などがある。不変化タグについては，シンガポール英語についての Leimgruber（2016）や Botha（2018），ナイジェリア英語についての Unuabonah and Oladipupo（2018），フィリピン英語とトリニダード英語についての Westphal（2021）などがある。また，付加疑問文のうち主節とタグの一致しないもの，特に isn't it や is it を形式の変化しない付加疑問文として分析したものには，Parviainen（2016），Gonzales, Hiramoto, Leimgruber, and Lim（2022）などがある。さらに，付加疑問文や不変化タグに関しては，Botha and Bernaisch（2020）のように，アジア英語の特徴を総合的に記述する際に，言及がなされる場合もある。

General extenders に関しては，歴史的発達や機能，社会言語学的側面や他言語における GE，英語教育との関係について総合的に論じた Overstreet and Yule（2021）が代表例である。他にもカナダ英語についての Denis（2017）や，イギリス英語とナイジェリア英語についての Unuabonah and Oyebola（2022）などがある。そして，新しい引用表現に関しては，カナダ英語とアイルランド英語についての Diskin and Levey（2019），インドとドイツの大学で学ぶ現地の学生および留学生に焦点をあてた Davydova（2019），トリニダード英語についての Deuber, Hänsel, and Westphal（2021）などがある。

アジア英語についての，より新しいデータを既存のコーパスを使って分析する場合，たとえば以下のコーパスの使用が考えられる。Asian Corpus of English（Kirkpatrick, Wang, Patkin, & Subhan, 2020）は，アジアの英語話者間の会話を書き起こした，アジアの共通語としての英語コーパスである。略称は ACE で，主に東南アジア諸国連合（ASEAN）の諸国および日本，中国，韓国の英語話者のデータが含まれている。2009 年から 2014 年に収集されたデータからなり，インフォーマルな日常会話から比較的フォーマルな教育やビジネスの場での会話まで，多様な場面のデータが収録されているため，話し言葉の特徴を分析するのに適している。また，International Corpus Network of Asian Learners of English（Ishikawa, 2013; 2014; 2018; 2019）では，アジアの 10 ヵ国・地域の大学生およびネイティブ英語話者のデータが扱われていて，対話（Ishikawa, 2019），モノローグ（Ishikawa, 2014），エッセイ（Ishikawa, 2013），編集されたエッセイ（Ishikawa, 2018）の 4 つのコーパスからなる。略称は ICNALE であり，アジア各地の英語特徴について分析することができる。

そして，Corpus of Global Web-Based English（Davies, 2013）は世界の20ヵ国からの，オンライン上の英語データを集めたもので，アジアからは8ヵ国・地域が対象となっている。略称はGloWbEである。会話が中心ではないが，ウェブサイトやブログなどインフォーマルな書き言葉が主で，全体では19億語という大きなコーパスのため，各地の英語特徴の分析が可能である。

World Englishes，そしてAsian Englishesが分野として確立してから，多くの研究が蓄積されてきたが，言語事象は非常に多岐にわたるため，各地の英語特徴を捉えるために記述が必要な言語事象は，まだ幅広く残っていると考えられる。また，国・地域間で英語の比較を行うことで，類似点および相違点が明らかになり，それぞれの国・地域の英語特徴がより明らかになり，英語の地域的特徴の発達を捉えることができる。英語は今後も，アジアにおいて重要な言語であり続けると考えられる。それと同時に，言語は常に変化していくため，アジア英語の特徴に焦点をあてた研究は，今後ますます重要となっていくであろう。

引用文献

Aijmer, K. (2013). General extenders. In *Understanding pragmatic markers: A variational pragmatic approach* (pp. 127–147). Edinburgh: Edinburgh University Press.

Algeo, J. (1988). The tag question in British English: It's different I'n'it? *English World-Wide, 9*, 171–191.

Algeo, J. (1990). It's a myth, innit? Politenss and the English tag question. In C. Ricks & L. Michaels (Eds.), *The state of the language* (pp. 443–450). Berkeley, CA: University of California Press.

Algeo, J. (2006). *British or American English? A handbook of word and grammar patterns*. Cambridge: Cambridge University Press.

Anthony, L. (2011). AntConc (Version 3.2.4w) [Computer Software]. Tokyo, Japan: Waseda University. Available from https://www.laurenceanthony.net/software.html

Axelsson, K. (2018). Canonical tag questions in contemporary British English. In V. Brezina, R. Love, & K. Aijmer (Eds.), *Corpus approaches to contemporary British speech* (pp. 96–119). Abingdon: Routledge.

Bamiro, E. O. (2011). Transcultural creativity in world Englishes: Speech events in Nigerian English literature. *International Journal of Linguistics, 3*(1), E7.

Barber, C. (2000). *The English language: A historical introduction* (Canto ed.). Cambridge: Cambridge University Press.

Barbieri, F. (2007). Older men and younger women: A corpus-based study of quotative use in American English. *English World-Wide, 28*(1), 23–45.

Barbieri, F. (2009). Quotative *be like* in American English: Ephemeral or here to stay? *English World-Wide, 30*(1), 68–90.

Barron, A., Pandarova, I., & Muderack, K. (2015). Tag questions across Irish English and British English: A corpus analysis of form and function. *Multilingua, 34*(4), 495–525.

Bauer, L. & Warren, P. (2004). New Zealand English: Phonology. In E. W. Schneider, K. Burridge, B. Kortman, R. Mesthrie, & C. Upton (Eds.), *A handbook of varieties of English: Vol. 1. Phonology* (pp. 580–602). Berlin: Mouton de Gruyter.

Bautisa, M. L. S., Lising, J. L., & Dayag, D. T. (2004). *The ICE-Philippines Corpus. Version 1*. Retrived from http://ice-corpora.net/ice/download.htm.

Bhatt, R. M. (2004). Indian English: Syntax. In E. W. Schneider, K. Burridge, B. Kortman, R. Mesthrie, & C. Upton (Eds.), *A handbook of varieties of English: Vol. 2. Morphology and syntax* (pp. 1016-1030). Berlin: Mouton de Gruyter.

Bieber, D., Johansson, S., Leech, G., Conrad, S., & Finegan, E. (1999). *Longman grammar of spoken and written English.* White Plains, NY: Longman.

Blyth, C.J., Recktenwald, S. & Wang, J. (1990). "I'm like, 'Say what?!'": A new quotative in American oral narrative. *American Speech, 65*(3), 215-227.

Boberg, C. (2004). English in Canada: Phonology. In E. W. Schneider, K. Burridge, B. Kortman, R. Mesthrie, & C. Upton (Eds.), *A handbook of varieties of English: Vol. 1. Phonology* (pp. 351-365). Berlin: Mouton de Gruyter.

Bolt, P., & Bolton, K. (2006). *The ICE-Hong Kong Corpus. Version 1.* Retrieved from http://ice-corpora.net/ice/download.htm.

Borlongan, A. M. (2008). Tag questions in Philippine English. *Philippine Journal of Linguistics, 39*(1). Retrieved from http://ejournals.ph/index.php?journal=PJL

Botha, W. (2018). A social network approach to particles in Singapore English. *World Englishes, 37*(2), 261-281.

Botha, W., & Bernaisch, T. (2020). The features of Asian Englishes: Morphosyntax. In K. Bolton, W. Botha, & A. Kirkpatrick (Eds.), *The handbook of Asian Englishes* (pp. 169-188). Hoboken, NJ: Wiley Blackwell.

Brown, R. (1973). Development of the first language in the human species. *American Psychologist, 28*(2), 97-106.

Buchstaller, I. (2008). The localization of global linguistic variants. *English World-Wide, 29*(1), 15-44.

Buchstaller, I. (2013). Quotatives: New trends and sociolinguistic implications [Kindle version]. Hoboken, NJ: John Wiley & Sons.

Channell, J. (1993). *Vague language.* Oxford University Press: Oxford.

Cheng, K. K. Y. (1995). Is it a tag question, isn't it? *The English Teacher, 14.* Retrieved from http://www.melta.org/my/ET/1995/main5.html

Cheng, W., & Warren, M. (2001). 'She knows more about Hong Kong than you do isn't it': Tags in Hong Kong conversational English. *Journal of Pragmatics, 33,* 1419-1439.

Cheshire, J. (2007). Discourse variation, grammaticalisation and stuff like that. *Journal of Sociolinguistics, 11*(2), 155-193.

Coates, J. (1996). *Women talk.* Cambridge, MA: Blackwell.

Collins, P., & Yao, X. (2013). Aspects of the verbal system of Malaysian English and other Englishes. *The Southeast Asian Journal of English Language Studies, 19*(1), 93-104.

Columbus, G. (2009). A corpus-based analysis of invariant tags in five varieties of

English. In A. Renouf & A. Kehoe (Eds.), *Corpus linguistics: Refinements and reassessments* (pp. 401-414). Amsterdam and New York, NY: Rodopi.

Columbus, G. (2010a). "Ah lovely stuff, eh?" - invariant tag meanings and usage across three varieties of English. In S. T. Gries, S. Wulff, M., & M. Davies (Eds.), *Corpus-linguistic applications: Current studies, new directions* (pp. 85-102). Amsterdam and New York, NY: Rodopi.

Columbus, G. (2010b). A comparative analysis of invariant tags in three varieties of English. *English World-Wide, 31*(3), 288-310.

Crystal, D. (2003). *English as a global language* (2nd ed.). Cambridge: Cambridge University Press.

Dailey, R. M., Giles, H., & Jansma, L.L. (2005). Language attitudes in an Anglo-Hispanic context: The role of the linguistic landscape. *Language & Communication, 25*, 27-38.

Dailey-O'Cain, J. (2000). The sociolinguistic distribution of and attitudes toward focuser *like* and quotative *like*. *Journal of Sociolinguistics, 4*(1), 60-80.

D'Arcy, A. (2007). *Like* and language ideology: Disentangling fact from fiction. *American Speech, 82*, 386-419.

D'Arcy, A. (2012). The diachrony of quotation: Evidence from New Zealand English. *Language Variation and Change, 24*(3), 343-369.

Davies, M. (2013) *Corpus of Global Web-Based English*. https://www.english-corpora.org/glowbe/

Davydova, J. (2019). Quotative *like* in the Englishes of the Outer and Expanding Circles. *World Englishes, 38*(4), 578-592.

Denis, D. (2017). The development of and stuff in Canadian English: A longitudinal study of apparent grammaticalization. *Journal of English Linguistics, 45*(2), 157-185.

Dennis, M., Sugar, J., & Whitaker, H. A. (1982). The acquisition of tag questions. *Child Development, 53*(5), 1254-1257.

Deuber, D., Hänsel, E. C., & Westphal, M. (2021). Quotative *be like* in Trinidadian English. *World Englishes, 40*(3), 436-458.

Dines, E. R. (1980). Variation in discourse- "and stuff like that". *Language in Society, 9*(1), 13-31.

Diskin, C., & Levey, S. (2019). Going global and sounding local: Quotative variation and change in L1 and L2 speakers of Irish (Dublin) English. *English World-Wide, 40*(1), 53-78.

Douglas, F. (2006). English in Scotland. In B. B. Kachru, Y. Kachru, & C. L. Nelson (Eds.), *The handbook of World Englishes* (pp. 41-53). Malden, MA: Blackwell.

Drave, N. (2001). Vaguely speaking: A corpus approach to vague language in intercultural conversations. *Language and Computers, 36*(1), 25–40.

Du Bois, J. W., Chafe, W. L., Meyer, C., Thompson, S. A., Englebretson, R., & Martey, N. (2000–2005). *Santa Barbara corpus of spoken American English, Parts 1–4.* Philadelphia, PA: Linguistic Data Consortium.

Fernandez, J., & Yuldashev, A. (2011). Variation in the use of general extenders and stuff in instant messaging. *Journal of Pragmatics, 43,* 2610–2626.

Ferrara, K., & Bell, B. (1995). Sociolinguistic variation and discourse function of constructed dialogue introducers: The case of *be + like. American Speech, 70* (3), 265–290.

Finegan, E. (2004). American English and its distinctiveness. In E. Finegan, & J. R. Rickford (Eds.), *Language in the USA: Themes for the twenty-first century* (pp. 18–38). Cambridge: Cambridge University Press.

Garrett, P. (2010). *Attitudes to language.* Cambridge: Cambridge University Press.

Gisborne, N. (2009). Aspects of the morphosyntactic typology of Hong Kong English. *English World-Wide, 30*(2), 149–169.

Gold, E. (2004). Canadian eh?: A survey of contemporary use. In M. Junker, M. McGinnis, & Y. Roberge (Eds.), *Proceedings of the 2004 Canadian Linguistics Association Annual Conference.* Retrieved from http://homes.chass.utoronto.ca/~cla-acl/actes2004/Gold-CLA-2004.pdf

Gómez González, M. Á, & Dehe, N. (2020). The pragmatics and prosody of variable tag questions in English: Uncovering function-to-form correlations. *Journal of Pragmatics, 158,* 33–52.

Gonzales, W. D. W., Hiramoto, M., Leimgruber, J. R., & Lim, J. J. Is it in Colloquial Singapore English: What variation can tell us about its conventions and development. *English Today.* Advance online publication.

Gooden, P. (2009). *The study of English: How the English language conquered the world.* London: Quercus.

Greenbaum, S. (1996). Introducing ICE. In S. Greenbaum (Ed.), *Comparing English worldwide: The International Corpus of English* (pp. 3–12). Oxford: Clarendon Press.

Gupta, A. F. (2010). Singapore Standard English revisited. In L. Lim, A. Pakir, & L. Wee (Eds.), *English in Singapore: Modernity and management* (pp. 57–89). Hong Kong: Hong Kong University Press.

Hellermann, J., & Vergun, A. (2007). Language which is not taught: The discourse marker use of beginning adult learners of English. *Journal of Pragmatics, 39,* 157–179.

Hino, N. (2012). Endonormative models of EIL for the Expanding Circle. In A. Matsuda (Ed.), *Principles and practices of teaching English as an International*

Language (pp. 28-43). Bristol: Multilingual Matters.

Hoffmann, S., Blass, A-K., & Mukherjee, J. (2014). Canonical tag questions in Asian Englishes: Forms, functions, and frequencies in Hong Kong English, Indian English, and Singapore English. In M. Filppula, J. Klemola, & D. Sharma (Eds.), *The Oxford handbook of World Englishes (Forthcoming)*. Advance online publication. doi: 10.1093/oxfordhb/9780199777716.013.025
[Note: *The Oxford handbook of World Englishes* was published in 2017.]

Höhn, N. (2012). And they were all like 'What's going on?' In M. Hundt & U. Gut (Eds.), *Mapping Unity and Diversity World-wide: Corpus-based Studies of New Englishes* (pp. 263-290). Amsterdam: John Benjamins.

Holmes, J. (1995). *Women, men and politeness.* White Plains, NY: Longman.

Honna, N. (2006). *Eigo wa Asia o musubu [English unites Asia]*. Tokyo: Tamagawa Daigaku Shuppanbu.

Honna, N. (2008). *English as a multicultural language is Asian contexts: Issues and ideas.* Tokyo: Kuroshio.

Honna, N., Takeshita, Y., & D'Angelo, J. (2012). *Understanding English across cultures.* Tokyo: Kinseido.

Huddleston, R. (2002a). Clause type and illocutionary force. In R. Huddleston & G. K. Pullum (Ed.), *The Cambridge grammar of the English language* (pp. 851-945). Cambridge, UK: Cambridge University Press.

Huddleston, R. (2002b). The verb. In R. Huddleston & G. K. Pullum (Ed.), *The Cambridge grammar of the English language* (pp. 71-212). Cambridge, UK: Cambridge University Press.

Ishikawa, S. (2013). The ICNALE and sophisticated contrastive interlanguage analysis of Asian learners of English. *Learner corpus studies in Asia and the world, 1,* 91-118.

Ishikawa, S. (2014). Design of the ICNALE Spoken: A new database for multi-modal contrastive interlanguage analysis. *Learner corpus studies in Asia and the world, 2,* 63-76.

Ishikawa, S. (2018). The ICNALE edited essays; A dataset for analysis of L2 English learner essays based on a new integrative viewpoint. *English Corpus Studies, 25,* 117-130.

Ishikawa, S. (2019). The ICNALE Spoken Dialogue: A new dataset for the study of Asian learners' performance in L2 English interviews. *English Teaching* (The Korea Association of Teachers of English), *74*(4), 153-177.

Izumi, E, Uchimoto, K., & Isahara, H. (2004). *Nihonjin 1200nin no Eigo speaking corpus [The NICT JLE Corpus]*. Tokyo: ALC.

Izumi, E., Uchimoto, K., & Isahara, H. (2012). *Nihonjin 1200nin ni yoru Eigo speak-*

ing corpus [*The NICT JLE Corpus*] [Data file]. Retrieved from https://alaginrc.nict.go.jp/nict_jle/

Jenkins, J. (2000). *The phonology of English as an international language.* Oxford: Oxford University Press.

Jenkins, J. (2002). A sociolinguistically based, empirically researched pronunciation syllabus for English as an international language. *Applied Linguistics, 23*(1), 83-103.

Jenkins, J. (2006). *English as a lingua franca: Attitudes and identity.* Oxford: Oxford University Press.

Jenkins, J. (2009). *World Englishes: A resource book for students* (2nd ed.). London: Routledge.

Jenkins, J. (2015). *Global Englishes: A resource book for students* (3rd ed.). London: Routledge.

Jones, G., & Schieffelin, B. B. (2009). Enquoting voices, accomplishing talk: Uses of *be + like* in Instant Messaging. *Language & Communication, 29,* 77-113.

Jucker, A. H., Smith, S. W., & Lüdge, T. (2003). Interactive aspects of vagueness in conversation. *Journal of Pragamatics, 35,* 1737-1769.

Kachru, B. B. (1985) Standards, codification and sociolinguistic realism: the English language in the outer circle. In R. Quirk & H. G. Widdowson (Eds.), *English in the world: Teaching and learning the language and literatures* (pp. 11-30). Cambridge: Cambridge University Press.

Kachru, B. B. (1990). *The alchemy of English: The spread, functions, and models of non-native Englishes.* Urbana: University of Illinois Press.

Kachru, B. B. (Ed.). (1992). *The other tongue: English across cultures* (2nd ed.). Urbana: University of Illinois Press.

Kachru, B. B. (2005). *Asian Englishes: Beyond the canon.* Hong Kong, Hong Kong University Press.

Kachru, B. B., Kachru, Y., & Nelson, C. L. (2006). Introduction: The world of World Englishes. In B. B. Kachru, Y. Kachru, & C. L. Nelson (Eds.), *The handbook of World Englishes* (pp. 1-16). Malden, MA: Blackwell.

Kachru, Y., & Nelson, C. L. (2006). *World Englishes in Asian contexts.* Hong Kong: Hong Kong University Press.

Kachru, Y., & Smith, L. E. (2008). *Cultures, contexts, and World Englishes.* New York and London: Routledge.

Kachru, Y., & Smith, L. E. (2009). The Karmic cycle of world Englishes: some futuristic constructs. *World Englishes, 28*(1), 1-14.

Kennedy, G. (1996). The corpus as a research domain. In S. Greenbaum (Ed.), *Comparing English worldwide: The International Corpus of English* (pp. 217-226).

Oxford: Clarendon Press.

Kiesling, S. F. (2006). English in Australia and New Zealand. In B. B. Kachru, Y. Kachru, & C. L. Nelson (Eds.), *The handbook of World Englishes* (pp. 74-89). Malden, MA: Blackwell.

Kim, J. B., & Ann, J. Y. (2008). English tag questions: Corpus findings and theoretical implications. *English Language and Linguistics, 25,* 103-126.

Kimps, D. (2007). Declarative constant polarity tag questions: A data-driven analysis of their form, meaning and attitudinal uses. *Journal of Pragmatics, 39,* 270-291.

Kimps, D. (2018). T*ag questions in conversation: A typology of their interactional and stance meanings.* Amsterdam: John Benjamins Publishing Company.

Kimps, D., & Davidse, K. (2008). Illocutionary force and conduciveness in imperative constant polarity tag questions: A typology. *Text & Talk, 28*(6), 699-722.

Kimps, D., Davidse, K., & Cornillie, B. (2014). Speech function analysis of tag questions in British English spontaneous dialogue. *Journal of Pragmatics, 66,* 64-85.

King, R. D. (2006a). The beginnings. In B. B. Kachru, Y. Kachru, & C. L. Nelson (Eds.), *The handbook of World Englishes* (pp. 19-29). Malden, MA: Blackwell.

King, R. D. (2006b). First steps: Wales and Ireland. In B. B. Kachru, Y. Kachru, & C. L. Nelson (Eds.), *The handbook of World Englishes* (pp. 30-40). Malden, MA: Blackwell.

Kirkpatrick, A. (2007). *World Englishes: Implications for international communication and English language teaching.* Cambridge: Cambridge University Press.

Kirkpatrick, A., Deterding, D., & Wong, J. (2008). The international intelligibility of Hong Kong English. *World Englishes, 27*(3), 359-377.

Kirkpatrick, A., Wang, L., Patkin, J., & Subhan, S. (2020). *The Asian Corpus of English* (*ACE*). Retrieved from https://corpus.eduhk.hk/ace/index.html

Kjellmer, G. (1991). A mint of phrases. In K. Aijmer & B. Alterberg (Eds.), *English corpus linguistics: Studies in honour of Jan Svartvik* (pp. 111-127). London: Longman.

Koga, K., & Takahashi, A. (2006). *Hindi-go Nihon-go jiten* [*Hindi-Japanese dictionary*]. Tokyo: Taishukan Shoten.

Lai, M. (2005). Language attitudes of the first postcolonial generation in Hong Kong secondary schools. *Language in Society, 34,* 363-388.

Lee, J. S., & Moody, A. (2011). Sociolinguistics and the study of English in Asian popular culture. In J. S. Lee & A. Moody (Eds.), *English in Asian popular culture* (pp. 10-11). Hong Kong: Hong Kong University Press.

Leimgruber, J. R. (2016). *Bah* in Singapore English. *World Englishes, 35*(1), 78-97.

Levey, S. (2012). General extenders and grammaticalizaion: Insights from London preadolescents. *Applied Linguistics*, 1-26.

Li, M. & Xiao, Y. (2012). A comparative study on the use of the discourse marker 'well' by Chinese learners of English and native English speakers. *International Journal of English Linguistics, 2*(5), 65-71.

Lim, L. (Ed.). (2004). *Singapore English: A grammatical description.* Amsterdam and Philadelphia: John Benjamins Publishing Company.

Lim, L. (2007). Mergers and acquisition: On the ages and origins of Singapore English particles. *World Englishes, 26*(4), 446-473.

Lim, L., & Gisborne, N. (2009). The typology of Asian Englishes: Setting the agenda. *English World-Wide, 30*(2), 123-132.

Lowry, A. (1992). Style range in new English literatures. In B. B. Kachru (Ed.), *The other tongue: English across cultures* (2nd ed., pp. 283-98). Urbana: University of Illinois Press.

Macaulay, R. (2001). *You're like 'why not?'* The quotative expressions of Glasgow adolescents. *Journal of Sociolinguistics, 5*(1), 3-21.

Mahboob, A. (2004). Pakistani English: Morphology and syntax. In E. W. Schneider, K. Burridge, B. Kortman, R. Mesthrie, & C. Upton (Eds.). *A handbook of varieties of English: Vol. 2. Morphology and syntax* (pp. 1045-1057). Berlin: Mouton de Gruyter.

Martínez, I. M. P. (2011). *"I might, I might go I mean it depends on money things and stuff"*. A preliminary analysis of general extenders in British teenagers' discourse. *Journal of Pragmatics, 43*(9), 2452-2470.

Matsuda, A. (2009). Desirable but not necessary? The place of world Englishes and English as an international language in English teacher preparation programs in Japan. In F. Sharifian (Ed.), *English as an international language: Perspectives and pedagogical issues* (pp. 169-189). Bristol: Multilingual Matters.

Matsuda, A., & Friedrich, P. (2011). English as an international language: A curriculum blueprint. *World Englishes, 30*(3), 332-344.

Matsuda, A., & Friedrich, P. (2012). Selecting an instructional variety for an EIL curriculum. In A. Matsuda (Ed.), *Principles and practices of teaching English as an International Language* (pp. 17-27). Bristol: Multilingual Matters.

Mbakop, A. W. N. (2022). Question tags in Cameroon English. *English Today, 38*(1), 27-37.

McArthur, T. (1998). *The English languages.* Cambridge: Cambridge University Press.

McGregor, W. (1995). The English 'tag question': A new analysis, is (n't) it? In R.

Hasan & P. Fries (Eds.), *On subject and theme: a discourse functional perspective* (pp. 91-121). Amsterdam: Benjamins.

Mckay, S. (2002). *Teaching English as an international language.* Oxford: Oxford University Press.

Meyerhoff, M. (1994). Sounds pretty ethnic, eh?: A pragmatic particle in New Zealand English. *Language and Society, 23*(3), 367-388.

Mukherjee, J., & Gries, S. T. (2009). Collostructional nativisation in New Englishes: Verb-constructional associations in the International Corpus of English. *English World-Wide, 30*(1), 27-51.

Mukherjee, J. (2012). The development of the English language in India. In A. Kirkpatrick (Ed.), *The Routledge Handbook of World Englishes* (pp. 167-180). London and New York: Routledge.

Murata, K., & Jenkins, J. (Eds.). (2009). *Global Englishes in Asian contexts: Current and future debates.* New York: Palgrave Macmillan.

Nakajima, M. (1994). *Modern Cantonese dictionary.* Tokyo: Daigaku Shorin.

Násslin, S. (1984). *The English tag question: A study of sentences containing tags of the type ISN'T IT? IS IT?* Stockholm: Almqvist and Wiksell.

Nelson, C. (2008). Intelligibility since 1969. *World Englishes, 27*(3/4), 297-308.

Nelson, C. (2011). *Intelligibility in World Englishes: Theory and application.* New York and London: Routledge.

Nelson, G. (1996). The design of the corpus. In S. Greenbaum (Ed.), *Comparing English worldwide: The International Corpus of English* (pp. 27-35). Oxford: Clarendon Press.

Nesselhauf, N. (2009). Co-selectional phenomena across New Englishes: Parallels (and differences) to foreign learner varieties. *English World-Wide, 30*(1), 1-26.

Newman, J., & Columbus, G. (2010). *The ICE-Canada Corpus. Version 1.* Retrieved from http://ice-corpora.net/ice/download.htm.

Nihilani, P., & Yibin, N., Pakir, A., & Ooi, V. (2002). *The ICE-Singapore Corpus. Version 1.* Retrieved from http://ice-corpora.net/ice/download.htm.

Nii, A. (2004). From writing to speaking: On Japanese ESL learners' ability in producing English tag questions. *Keio Gijuku Gaikokugo Kyouiku Kenkyuu [Keio University's Journal on Foreign Language Teaching], 1,* 125-155.

Norrick, N. R. (1995). Hunh-tags and evidentiality in conversation. *Journal of Pragmatics, 23,* 687-692.

Ong, K. K. W. (2011). Disagreement, confusion, disapproval, turn elicitation and floor holding: Actions as accomplished by ellipsis marks-only turns and blank turns in quasisynchronous chats. *Discourse Studies, 13*(2), 211-234.

Overstreet, M. (2005). And stuff *und so*: Investigating pragmatic expressions in

English and German. *Journal of Pragmatics, 37*, 1845–1864.

Overstreet, M., & Yule, G. (1997). On being inexplicit and stuff in contemporary American English. *Journal of English Linguistic, 25*, 250–258.

Overstreet, M., & Yule, G. (2021). *General extenders: The forms and functions of a new linguistic category*. Cambridge: Cambridge University Press.

Parvaresh, V., Tavangar, M., Rasekh, A. E., & Izadi, D. (2012). About his friend, how good she is, and this and that: General extenders in native Persian and non-native English discourse. *Journal of Pragmatics, 44*, 261–279.

Parviainen, H. (2016). The invariant tag isn't it in Asian Englishes. *World Englishes, 35*(1), 98–117.

Payne, J. R. (1985). Negation. In T. Shopen (Ed.). *Language typology and syntactic description: Vol. 1. Clause structure* (pp. 197–242). Cambridge: Cambridge University Press.

Payne, J. R., & Huddleston, R. (2002). Nouns and noun phrases. In R. Huddleston & G. K. Pullum (Ed.), *The Cambridge grammar of the English language* (pp. 323–524). Cambridge, UK: Cambridge University Press.

Pennycook, A. (2009). Plurilithic Englishes: Towards a 3D model. In K. Murata, & J. Jenkins (Eds.), *Global English in Asian contexts* (pp. 194–207). Hampshire: Palgrave Macmillan.

Phillipson, R. (1992). *Linguistic imperialism*. Oxford: Oxford University Press.

Phillipson, R. (2009). *Linguistic imperialism continued*. New York and London: Routledge.

Pichler, H., & Levey, S. (2011). In search of grammaticalization in synchronic dialect data: general extenders in northeast England. *English Language and Linguistics, 15*(3), 441–471.

Quirk, R., Greenbaum, S., Leech, G., & Svartvik, J. (1985). *A comprehensive grammar of the English language*. London: Longman.

Ramos, T. (1971). *Tagalog dictionary*. Honolulu: University of Hawaii Press.

Razali, N. (1995). Tagging it the Malaysian style. *The English Teacher, 14*. Retrieved from http:// www.melta.org/my/ET/1995/main5.html

Romaine, S., & Lange, D. (1991). The use of like as a marker of reported speech and thought: A case of grammaticalization in progress. *American Speech, 66*(3), 227–279.

Rubino, C. R. G., & Llenado, M. G. T. (2002). *Tagalog-English, English-Tagalog dictionary*. New York: Hippocrene Books.

Sand, A. (2004). Shared morpho-syntactic features in contact varieties of English: Article use. *World Englishes, 23*(2), 281–298.

Sand, A. (2013). Singapore weblogs: Between speech and writing. *Studies in Varia-*

tion, Contacts and Change in English, 13. Retrieved from https://varieng.helsinki.fi/series/volumes/13/sand/

Schneider, E. W. (2003). The dynamics of New Englishes: From identity construction to dialect birth. *Language, 79*(2), 233-281.

Schneider, E. W. (2006). English in North America. In B. B. Kachru, Y. Kachru, & C. L. Nelson (Eds.), *The handbook of World Englishes* (pp. 58-73). Malden, MA: Blackwell.

Schneider, E. W. (2007). *Postcolonial English: Varieties around the world.* Cambridge: Cambridge University Press.

Schneider, E. W. (2010). Developmental patterns of English: Similar or different?. In A. Kirkpatrick (Ed.), *The Routledge handbook of World Englishes* (pp. 372-384). New York: Routledge.

Schneider, E. W. (2014). New reflections on the evolutionary dynamic of world Englishes. *World Englishes, 33*(1), 9-32.

Seargeant, P. (2012). English in the world today. In P. Seargeant, & J. Swann (Eds.), *English in the world: History, diversity, change* (pp. 5-35). New York: Routledge.

Sedlatschek, A. (2009). *Contemporary Indian English: Variation and change.* Amsterdam and Philadelphia: John Benjamins Publishing Company.

Seidlhofer, B. (2011). *Understanding English as a lingua franca.* Oxford: Oxford University Press.

Setter, J., Wong, C. S. P., & Chan, B. H. S. (2010). *Hong Kong English.* Edinburgh: Edinburgh University Press.

Sharma, D. (2009). Typological diversity in New Englishes. *English World-Wide, 30* (2), 170-195.

Shastri, S. V., & Leitner, G. (2002). *The ICE-India Corpus. Version 1.* Retrieved from http://ice-corpora.net/ice/download.htm.

Sheng, H. J. (2007). *Grammatical features of Singapore colloquial English: A corpus-based variation study.* (Doctoral dissertation). Retrieved from http://scholarbank.nus.edu.sg/

Shishido, M., Allen, B., & Takahashi, M. (2012). *AFP world news report.* Tokyo: Seibido.

Shishido, M., Allen, B., & Takahashi, M. (2014). *AFP world news report 2.* Tokyo: Seibido.

Shishido, M., Murphy, K., & Takahashi, M. (2016). *AFP world news report 3.* Tokyo: Seibido.

Smakman, D., & Wagenaar, S. (2013). Discourse particles in colloquial Singapore English. *World Englishes, 32*(3), 308-324.

Smith, L. E. & Nelson, C. (1985). International intelligibility of English: directions and resources. *World Englishes, 4*(3), 333–342.

Stenström, A-B. (1997). Tags in teenage talk. In U. Fries, V. Müller, & P. Schneider (Eds.), *From AElfric to the New York Times: Studies in English Corpus Linguistics* (pp. 139–147). Amsterdam: Rodopi.

Stubbe, M., & Holmes, J. (1995). You know, eh and other 'exasperating expressions': An analysis of social and stylistic variation in the use of pragmatic devices in a sample of New Zealand English. *Language and Communication, 15*, 63–88.

Tagliamonte, S.A. & D'Arcy, A. (2004). *He's like, she's like*: The quotative system in Canadian youth. *Journal of Sociolinguistics, 8*(4), 493–514.

Tagliamonte, S. A., & Denis, D. (2010). The stuff of change: General extenders in Toronto, Canada. *Journal of English Linguistics, 38*, 335–368.

Tagliamonte, S.A., & Hudson, R. (1999). *Be like* et al. beyond America: The quotative system in British and Canadian youth. *Journal of Sociolinguistics, 3* (2), 147–172.

Takahashi, M. (2012). Language attitudes of Japanese university students toward Japanese English: A proposal for English education. *Proceedings of the 41st Annual Meeting of the English Language Education Society of Japan*, 27–34.

Takahashi, M. (2013). *A comparative analysis of tag questions in four Asian Englishes: A borpus-based approach* (Unpublished master's thesis). Graduate School of Human and Environmental Studies, Kyoto University, Kyoto.

Takahashi, M. (2014a). A comparative study of tag questions in four Asian Englishes from a corpus-based approach. *Asian Englishes, 16*(2), 101–124.

Takahashi, M. (2014b). A corpus-based comparative analysis of new quotatives in Philippine English. *Studies in Comparative Culture, 114*, 131–141.

Takahashi, M. (2014c). Features and use of tag questions and invariant tags by Japanese speakers of English. *Working Papers from the North-East Asian Regional Language Education Conference 2014*, 13–31.

Takahashi, M. (2014d). Invariant tags in Asian Englishes: A corpus-based approach. *Proceedings of the 20th Annual Meeting of the Association for Natural Language Processing*, 310–313.

Takahashi, M. (2015). A comparative study of general extenders in Hong Kong English and Philippine English: A corpus-based approach. *Studies in Compartive Culture, 115*, 59–71.

Takahashi, M. (2016a). *A comparative study of tag questions and invariant tags in Asian Englishes: A corpus-based analysis* (Doctoral dissertation). Graduate School of Human and Environmental Studies, Kyoto University, Kyoto. Summary available from https://repository.kulib.kyoto-u.ac.jp/dspace/

handle/2433/215623

Takahashi, M. (2016b). A corpus-based comparative analysis of indigenous invariant tags in Asian Englishes: Features, usage, and registers. In R. Muhr (Ed.), *Pluricentric languages and non-dominant varieties worldwide: Part 1: Pluricentric languages across continents: Features and usage* (pp. 205–220). Frankfurt am Main: Peter Lang.

Takahashi, M. (2016c). Indo eigo ni okeru general extenders no tokucho ni tsuite: naiken gaiken no taeigo tono kopasu o mochiita kyojiteki hikakubunseki [Features of general extenders in Indian English: A synchronic comparative analysis against other Inner and Outer Circle varieties by using corpora]. *Nihon Gengo Gakkai Dai 153-kai Taikai Yokoshu [Proceedings of the 153rd Conference of the Linguistic Society of Japan]*, 230–235.

Takahashi, M. (2018). A comparative study of new quotatives in Asian Englishes: A corpus-based approach. *Proceedings of the 24th Annual Meeting of the Association for Natural Language Processing*, 316–319.

Takahashi, M., & Calica, D. (2015). The significance of English in Japanese popular music: English as a means of message, play, and character. *Proceedings of the 21st Annual Meeting of the Association for Natural Language Processing*, 868–871.

Thumboo, E. (1992). The literary dimension of the spread of English. In B. B. Kachru (Ed.), *The other tongue: English across cultures* (2nd ed., pp. 255–282). Urbana: University of Illinois Press.

Tokumoto, M., & Shibata, M. (2011). Asian varieties of English: Attitudes towards pronunciation. *World Englishes, 30*(3), 392–408.

Tottie, G., & Hoffmann, S. (2006). Tag questions in British and American English. *Journal of English Linguistics, 34*(4), 283–311.

Tottie, G., & Hoffmann, S. (2009). Tag questions in English: The first century. *Journal of English Linguistics, 37*(2), 130–161.

Trudgill, P., & Hannah, J. (2008). *International English: A guide to the varieties of Standard English*. London: Hodder Education.

Tsuchihashi, M. (1983). The speech act continuum: An investigation of Japanese sentence final particles. *Journal of Pragmatics, 7*(4), 361–387.

Unuabonah, F. O., & Oladipupo, R. O. (2018). “You're not staying in Island sha o”: O, sha and abi as pragmatic markers in Nigerian English. *Journal of Pragmatics, 135*, 8–23.

Unuabonah, F. O., & Oyebola, F. (2022). “He's a lawyer you know and all of that”: General extenders in Nigerian English. *English World-Wide*. Advance online publication.

Wagner, S. E., Hesson, A., Bybel, K., & Little, H. (2015). Quantifying the referential function of general extenders in North American English. *Language in Society, 44*, 705-731.

Walker, R. (2010). *Teaching the pronunciation of English as a lingua franca.* Oxford: Oxford University Press.

Wallis, S. A., Nelson, G., Aarts, B. (2006). ICE-GB: The British component of the International Corpus of English. [Software]. Survey of English Usage, UCL: London.

Ward, G., & Birner, B. (1993). The semantics and pragmatics of and everything. *Journal of Pragmatics, 19*, 205-214.

Watanabe, T. (2010). Functions of and so on and or something (like that) spoken by Japanese learners of English at different speaking proficiency levels in a learner corpus. *Applied Linguistics, Global and local: Proceedings of the BAAL Annual Conference 2010*, 363-372.

Watanuki, Y., Miyakawa, Y., Sugai, T., & Takamatsu, N. (2000). *Royal English grammar with complete examples of usage* (new ed.). Tokyo: Obunsha.

Wee, L. (2002). Lor in colloquial Singapore English. *Journal of Pragmatics, 34*, 711-725.

Wee, L. (2004). Reduplication and discourse particles. In L. Lim (Ed.), *Singapore English: A grammatical description* (pp. 105-126). Amsterdam and Philadelphia: John Benjamins Publishing Company.

Westphal, M. (2021). Question tags across New Englishes. *World Englishes, 40*(4), 519-533.

Winter, J. (2002). Discourse quotatives in Australian English: Adolescents performing voices. *Australian Journal of Linguistics, 22*(1), 5-21.

Winter, J., & Norrby, C. (1999). Set marking tags- 'and stuff.' *Proceedings of the 1999 Conference of the Australian Linguistic Society*, 1-8.

Wong, J. (2004). The particles of Singapore English: A semantic and cultural interpretation. *Journal of Pragmatics, 36*, 739-793.

Wong, M. L.-Y. (2007) Tag questions in Hong Kong English: A corpus-based study. *Asian Englishes, 10*(1), 44-61.

Wong, M. (2017). *Hong Kong English: Exploring lexicogrammar and discourse from a corpus-linguistic perspective.* London: Palgrave Pivot.

Yano, Y. (2009). The future of English: Beyond the Kachruvian Three Circle model? In K. Murata, & J. Jenkins (Eds.), *Global English in Asian contexts* (pp. 208-225). Hampshire: Palgrave Macmillan.

Yoshikawa, H. (2005). Recognition of world Englishes: changes in Chukyo University students' attitudes. *World Englishes, 24*(3), 351-360.

Zhiming, B., & Huaqing, H. (2006). Diglossia and register variation in Singapore English. *World Englishes, 25*(1), 105-114.

索　引

事項索引

た行

な行

は・ま行

ら行

人名索引

著者紹介

高橋 真理子（たかはし まりこ）
博士（人間・環境学）
米国コロンビア大学教育大学院 TESOL Certificate 取得
京都大学大学院人間・環境学研究科博士課程修了
現在　摂南大学国際学部講師

主要著訳書
『ロールシャッハ・アセスメントシステム』（訳）（2014 年，金剛出版）
『子どものアートセラピー実践ガイド：発達理論と事例を通して読み解く』（訳）（2018 年，金剛出版）
『統合的なカウンセリングと心理療法への招待』（訳）（2022 年，北大路書房）
『AFP World News Report』（共著）（2012 年，成美堂）
『AFP World News Report 5：Achieving the Sustainable Development Goals（SDGs）』（共著）（2020 年，成美堂）

アジア英語における口語表現の比較：
コーパスにもとづく分析

2023 年 3 月 20 日　初版第 1 刷発行　定価はカヴァーに表示してあります

著　者　高橋 真理子
発行者　中西　良
発行所　株式会社ナカニシヤ出版
〒606-8161　京都市左京区一乗寺木ノ本町 15 番地
Telephone 075-723-0111
Facsimile 075-723-0095
Website http://www.nakanishiya.co.jp/
Email iihon-ippai@nakanishiya.co.jp
郵便振替　01030-0-13128

装幀＝白沢　正／印刷・製本＝創栄図書印刷株式会社

Printed in Japan

ISBN 978-4-7795-1696-2 C3082